沈阳师范大学法律实务实训系列教程
沈阳师范大学涉外法治实务实训教程

U0587040

非诉讼法律业务实训教程

周 琳 /主 编

史玉芳 /副主编

中国民主法制出版社

图书在版编目（CIP）数据

非诉讼法律业务实训教程／周琳主编；史玉芳副主

编． -- 北京：中国民主法制出版社，2024.11.

ISBN 978-7-5162-3772-4

Ⅰ. D92

中国国家版本馆 CIP 数据核字第 2024ZP8009 号

图书出品人：刘海涛

责任编辑：李　郎

书　　名／非诉讼法律业务实训教程

作　　者／周　琳　主编　史玉芳　副主编

出版·发行／中国民主法制出版社

地址／北京市丰台区右安门外玉林里 7 号（100069）

电话／（010）63055259（总编室）　　63058068　63057714（营销中心）

传真／（010）63055259

http：//www.npcpub.com

E-mail：mzfz@npcpub.com

经销／新华书店

开本／16 开　710 毫米×1000 毫米

印张／21.75　　**字数**／320 千字

版本／2025 年 1 月第 1 版　2025 年 1 月第 1 次印刷

印刷／北京建宏印刷有限公司

书号／ISBN 978-7-5162-3772-4

定价／80.00 元

出版声明／版权所有，侵权必究。

▌目　录▌

导　论

　　非诉讼法律业务简称非诉业务，是指诉讼案件及仲裁案件之外，由律师完成的各项法律事务的总称。广义地讲，除第三方裁判机构审理的案件外的所有法律事务都应属于非诉讼法律业务。由此可见，非诉讼法律业务实训课程主要是一门注重律师及法务人员思维及技能培养的课程，是基于培育实践性、应用性的一流法科人才这一目标，对学生培养方向的进一步细化。

　　法学实践教学是培养学生职业能力和创新能力的重要环节，也是提高学生法律职业素养和职业竞争力的重要途径。与以往传统法学教育对学生居中裁判思维定式的培养不同，非诉讼法律业务实训课程则强调从律师或法务人员的角度分析问题和解决问题，使学生掌握基本的非诉讼法律业务的内容、执业流程、职业风险防范，更为重要的是让其直面真实的职场业务，锻炼以实习律师的身份去处理非诉讼法律业务的能力，形成法律职业素养，深化法律职业理想，解决学生法学理论与法学实践脱节、高校法学人才培养供给侧与法学产业需求侧的结构性矛盾。

　　本书共分为三章：第一章从宏观角度出发，概括介绍了非诉讼法律业务的基本内容；第二章主要介绍了基础类非诉讼法律业务，包括律师见证、尽职调查、合同制定及审查、法律意见书的出具、律师函的出具和项目书及方案的起草与制作；第三章主要介绍了常见公司类非诉讼法律业务，包括公司设立、公司发展并购、公司解散清算、公司上市及上市公司非公开发行股票这一过程中主要的非诉讼法律业务。

　　实训是本书的一大特色。在每一节的结构安排上，均是先通过一个具体的案例引出本章节的主要问题，在此基础上明确本实训课程的目标、实训技能及实训方法；实训素材、实训准备、实训要点及实训过程作为实训课程的主要内容，主要是通过真实具体的案例引导学生从律师的专业性和职业性角度来学习相关的知识，训练相关技能，同时也会介绍律师在办理相关业务时的经验和技巧；实训作业及点评部分是本书的一大特点，让学生在实训中出现的主要问题更加直观，也让教师的点评更加有的放矢；实训文书部分让实训内容得以归纳和提炼，并给出实训文书范例；实训拓展部分则是对课程内容的巩固和延伸，同时针对每节课内容的不同，有的课程还设置了补充资料部分，就课程内容予以进一步的扩展。

本书基于以往的教学实践编写，并于 2015 年 11 月第一次出版发行，在近 10 年的教学应用中，反馈效果良好。10 年间，社会经济发展，法律也作了很多的修改和完善，加之在教学及法律实践工作中的感悟及思考，因此进行了本次的修订和再版，但由于水平有限，书中难免存在疏漏或不足之处，敬请广大读者和同人批评指正，以使本书在今后的修订中逐渐完善。

第一章

非诉讼法律业务概述

提起法律业务，人们就会习惯性地将其与打官司联系在一起，大部分人只是在遇到法律纠纷且迫在眉睫之际才会想到找律师，谁会平时请个不打官司的律师呢？其实，随着社会分工的日益精细，律师的业务服务领域早已不限于诉讼业务，从法律咨询到公司上市，从企业设立到公司并购，从商务谈判到国企改制，律师的服务已覆盖各领域、各方面的法律风险防范。

一、非诉讼法律业务的概念

正是因为诉讼法律业务与非诉讼法律业务共同构成了律师业务的整体，所以要明晰非诉讼法律业务的内涵和外延，必须从界定诉讼法律业务入手。诉讼法律业务是指那些进入法院审理程序和仲裁机构仲裁程序的法律事务，与之相对，非诉讼法律业务是指除上述诉讼法律事务外的其他一切法律业务。具体来说，非诉讼法律业务是指律师接受公民、法人或其他组织的委托，在其职权范围内为委托人处理不与法院、仲裁委员会发生关联的法律事务。其特点就是不与法院和仲裁委员会发生司法意义上的联系，也无独立于委托人之外的第三人对纠纷作出具有强制意义的裁决。

非诉讼法律业务的内容很庞杂，具体来说，如对企业涉及的法律问题提供法律咨询；对企业草拟的法律文书进行审查，帮助制定、修改内部规章制度；为企业草拟和修改经济合同，提供法律意见；为企业草拟和修改劳动合同、协调劳资关系；协助企业管理经济合同，监督合同的履行；对企业经营管理中的决策事项进行可行性法律分析，提供可行性报告；为企业的商标权、专利权、著作权、商业秘密和专有经营权的保护提供专业的法律意见，协助制定保密制度和保密协议；根据企业的需要，列席会议，现场提供法律咨询；根据企业的需要，以企业律师的名义对外签发律师函；对员工进行法律培训；根据企业的需要，介入各项投资活动，提供有关法律服务；根据企业提供的财务资料，对债权进行分析，对不良资产提出相应的处理方案；参与企业的重大经济项目谈判，提供专业的法律意见；不定期向企业介绍国家和地方新颁布的法律法规；协助企业设立法律机构，对其日常工作进行指导；对企业的合作伙伴、客户进行主体资格、工商登记、法律地位、背景、经营管理现状、资产状况等情况进行尽职调查；完善或建立客户内部规章制度及运作机制等。

二、诉讼法律业务与非诉讼法律业务的关系

目前，我国的律师业务并未实行完全的专项性分类，因此对于大多数律师而言，其不可能只从事诉讼法律业务或只从事非诉讼法律业务。更为关键的是，诉讼法律业务与非诉讼法律业务间相辅相成、不可绝对割裂。具体来说，如果不接触诉讼法律业务，或者缺乏这类案件相关的经验，就无法获知司法实践中通常对此类情况的判案原则，在非诉讼法律业务中也就无法知道怎么去防范相应的风险。可想而知，在此情况下进行的非诉讼法律业务通常会存在一定瑕疵，制作出的法律文件也大多不尽完善。由此可见，具备大量诉讼法律业务的经验对于非诉讼法律业务是很有帮助的，这就好比在一条你熟知的路上，你会轻松地绕过路上设置的障碍一样。同样，诉讼法律业务方面的经验越丰富，非诉讼法律业务的完成就会相对完美，未来发生诉讼的可能性就大大减少，风险也就大大降低，从而形成一个良性循环。

随着社会的发展，越来越多的委托人选择在事前将法律风险最小化，而发生纠纷后不得不进行诉讼解决，在某种程度上，非诉讼法律业务的数量和比重已成为衡量所在地区律师事务所商业化程度的一个重要标志。

三、非诉讼法律业务的分类

非诉讼法律业务的范围十分广泛，无法对其一一列举，因此以分类的方

法来了解非诉讼法律业务的范围是比较简便的。

按不同的分类标准,可以对非诉讼法律业务作不同的分类。

1. 按提供非诉服务的方式可分为咨询类非诉讼法律业务与专项类非诉讼法律业务,前者通常指比较简单的非诉讼业务,一般不需出具书面文件,后者通常是非单一性的非诉讼业务,如国企改制专项法律服务。

2. 按服务对象可分为针对自然人的非诉讼法律业务和针对法人类的非诉讼法律业务,前者一般包括法律咨询、代写法律文书等,后者一般可涉及公司设立、公司并购、公司破产、公司解散清算、企业改制、公司上市等内容。

3. 按业务内容可分为基础类非诉讼法律业务与综合类非诉讼法律业务,前者一般包括律师见证、合同审查、尽职调查、法律意见书出具等内容,后者如公司上市、企业并购、企业破产清算等,每个综合类非诉讼法律业务中大多包括多个基础类非诉讼法律业务。

除此之外,还存在多种分类,如按是否含有涉外因素可分为涉外非诉讼法律业务与国内非诉讼法律业务。

四、处理非诉讼法律业务的基本要求

非诉讼法律业务的对象不同、内容不同,处理业务所需要的技能和方法也会有所不同,所以在此只涉及一些处理非诉讼法律业务的基础技能。

(一)全面的知识结构和良好的业务技能

首先需要具备全面系统的法律知识,其中全面强调的是知识的广度,系统强调的是知识的深度,两者缺一不可。在众多部门法中《民法典》《公司法》《证券法》尤为重要,再就是基本的财税知识,如企业的资产负债表、现金流量表、利润表及所有者权益表要能基本看懂。另外,知识需要随时更新,不仅要对全国人大及其常委会发布的基本法律做到精准掌握,还要对地方人大、政府及政府相关部门所颁发的地方性法规、规章、规范性文件做到全面了解,尤其需要随时掌握最高人民法院发布的司法解释的最新情况,这些都可能影响到非诉讼法律业务的处理。

在丰富的知识储备下,良好的业务技能也是处理非诉讼法律业务所必需的，如接谈沟通能力、风险防控能力、文件处理能力等。

（二）团队合作的精神内核

在非诉讼法律业务中，除了自身具备丰富的知识储备及适宜的业务技能，还需要有一个懂得相互配合的合作团队。非诉讼法律业务的主要服务对象是公司、企业或其他组织，因此其所需要的非诉讼法律服务也是多方面的，或者某一专项非诉讼法律业务环节较多、内容较复杂，因此，个人通常很难单打独斗地完成这些非诉讼法律业务，一个具有合作精神、配合默契的团队是提供非诉讼法律服务所必需的。

五、非诉讼法律业务的职业风险

（一）非诉讼法律业务职业风险概述

虽然从事非诉讼法律业务不会如诉讼法律业务般存在败诉的风险，但这绝不是说非诉讼法律业务毫无风险，更不意味着在做非诉讼法律业务时可以掉以轻心、粗心大意。

以风险的性质为划分标准，从事非诉讼法律业务的职业风险有刑事风险、行政风险与民事风险。例如，在从事非诉讼法律业务时，如果明知委托人从事的是刑事法律所明确禁止的事项，不仅不予阻止反而参与其中，形成共犯或帮助犯，就会触犯相应的刑法规定。再如，在提供非诉讼法律服务时，对于因自身过错给他人造成的损害必须承担民事赔偿责任。又如，律师违反律师职业道德和执业纪律规范私下接受委托人委托，则会受到司法局的行政处罚。

（二）非诉讼法律业务职业风险的防范方法

由于非诉讼法律业务与诉讼法律业务一样，均存在一定的职业风险，因此学会在非诉讼法律业务中防范风险就显得极为重要。虽然目前很多省市的律师协会为其协会内的律师投保了职业险，但如律师因其自身过错而承担责任则会严重影响其日后的执业生涯，因此风险的防范仍是第一位的。除了在每一具体的非诉讼法律业务中的个别风险防控，在总体上，需要注重以下两点。

第一，加强法律职业道德修养。从事任何工作，均要有不能触及的底线，这个底线就是法律、行政法规的强制性或禁止性规定。对于从事非诉讼法律业务的律师而言，这一底线就具体体现在《律师法》及《律师职业道德和执业纪律规范》。只有以上述底线为内核，才能用掌握的法律知识和技能为委托人提供更好的法律服务，否则就不能很好地防控风险，最终自尝苦果。

第二，加强规范性管理。在职业道德修养和职业纪律约束的基础上，律师协会及律师事务所要有健全而完善的工作制度，以进一步防范职业风险。如对于法律意见书的签发，要设定层层审核的管理制度，每层审核均保持自身的独立性，一旦发现问题及瑕疵，就要及时纠正更改，从而降低非诉讼法律业务的职业风险。

第二章

非诉讼基本法律业务

第一节　律师见证非诉讼法律业务

引例：

××火炬有限公司欲从中国工商银行××市××支行贷款 1000 万元，中赢房地产开发有限公司作为该笔贷款的一般保证人，现三方于 20×× 年 8 月 22 日签订保证担保贷款合同，中国工商银行委托××律师事务所见证签约的整个过程。

假设你作为××律师事务所指派的律师之一见证上述签约过程，现根据上述材料，制作一份《律师见证书》。

一、实训目标

通过本节学习，同学们可以了解律师见证的含义及作用，掌握律师见证的业务流程和需要注意的要点，会做基本的律师见证业务，同时最大限度地控制和降低执业风险。具体目标如下：

1. 了解并掌握律师见证的业务流程，懂得接谈委托人、确定委托关系、制作接谈笔录。

2. 熟知常见的律师见证中的风险点，并能有效控制风险。

3. 区分不同类型的律师见证，并规范制作《律师见证书》。

在教学中，主要的实训方法是坚持以学生讨论、角色扮演为主，教师讲授和要点提示为辅。

二、实训素材

案例一：

王××，女，汉族，1950年9月2日出生，身份证号……，住××市××区××号，其欲将其拆迁所得的房屋，即《拆迁住宅房屋补偿协议》中约定的××市××区××小区××号楼2单元3室留给其儿子彭×（身份证号……）。

20××年9月26日，王××在同事张×和孙××的陪同下前往××律师事务所要求对孙××代书的遗嘱进行律师见证。

案例二：

李玉花，女，73岁，其在房产中介门口认识了李刚，李刚称其有一处位于××市一环北的66平方米的房屋要低价转让，李玉花正有买一住处的想法，加上对地理位置、房屋面积、价款等因素的综合考虑，李玉花与李刚达成了购房协议，因为此次购房的40万元是李玉花的全部积蓄，出于谨慎考虑，李玉花想请律师对购房予以把关，××中泰律师事务所接受委托对购房予以律师见证，之后李刚携首期款10万元不知所终，由于此房产处于李刚的母亲名下，但其母亲并不知晓转让事宜，之后李玉花将见证律师事务所告上法庭。

案例三：

上海诚信信托有限公司是江南音乐餐厅的所有人，该餐厅在××市经营期间效益欠佳，经公司研究决定，以对外租赁方式转由他人经营。后经多方洽谈，将承租方锁定为北京忆江南餐饮有限公司，双方签订了租赁经营合同。北京忆江南餐饮有限公司将江南音乐餐厅更名为忆江南音乐餐厅。

在经营期间内，上海诚信信托有限公司的保安与北京忆江南餐饮有限公司的员工发生酒后殴打事件，给餐厅财产造成严重损失。北京忆江南餐饮有限公司认为是上海诚信信托有限公司违约，遂要求单方解除合同并决定搬离忆江南音乐餐厅。

20××年1月3日，北京忆江南餐饮有限公司对搬离后餐厅每一房间的物品进行逐一清点，并予以记录（后附部分）。清点餐厅物品后，由员工王丽丽、王大伟持忆江南音乐餐厅的全部钥匙到位于××市××区××街68号诚信公寓的上海诚信信托有限公司交付钥匙，一名被称为陈总的男子拒绝接收。王丽丽将钥匙留置在办公桌上，乘坐电梯下楼过程中，该男子将上述的全部钥匙扔入电梯中，王丽丽将钥匙拾起后交给见证律师保存。

20××年1月5日，王丽丽与王大伟到××市××区的南五马路邮政所将忆江南音乐餐厅的全部钥匙，以国内快递包裹的方式邮寄至××市××区××街68号诚信公寓上海诚信信托有限公司，收件人陈×，电话：138××××××××。

××律师事务所受托见证此搬离的全过程，该律师事务所指派律师丁一、王一、张一和方×进行此项工作。

物品清单（部分）见下表。

房间名称	物品名称	数量	备注
101 聚贤厅	沙发	1	
	靠垫	4	
	窗帘	2	
	衣架	3	
	烛台	1	
	椅子	4	
	桌子	1	
	绿色植物	2	
	骨碟	8	

三、实训准备

（一）理论准备

1. 律师见证的概念

律师见证，顾名思义，是指律师事务所根据委托人的请求，以律师事务所名义委派相关律师在场亲身所见，对具体的法律行为或者法律事件的真实性和合法性进行证明的一种活动。

2. 律师见证的历史起源

律师见证制度源于英美法系国家的沉默权制度，沉默权是刑事诉讼程序中保障犯罪嫌疑人、被告人人权的一项重要制度。沉默权是指犯罪嫌疑人、被告人在接受侦查机关工作人员讯问或出庭受审时，有保持沉默而拒不回答的权利。在西方各国的刑事诉讼中，大都赋予犯罪嫌疑人、被告人享有沉默权，并且认为是受刑事追诉者用以自卫的最重要的一项诉讼权利。律师见证制度的建立有利于最大限度地保护犯罪嫌疑人的合法权益，该项制度的实施也符合国际刑事司法的一般原则和国际惯例。律师见证业务在英美法系国家大量适用于刑事案件及民商事案件。

3. 律师见证的发展现状

目前，我国的律师见证在刑事司法方面还未发展起来，主要集中在民商事领域。律师见证在我国的实践证明，律师见证非诉讼法律业务对于增强委托人的法制观念，促使合同的依法履行，保护委托人的合法权益，都是行之有效的措施。由于律师见证的灵活性、程序的简单性，律师见证非诉讼法律业务已经显示出明显的优势。然而，我国目前没有法律法规对律师见证作出明确规定，这就造成了律师见证发展很久，但对于很多人仍是很陌生的一个现状。

很多省、市的律师协会发布了有关律师见证业务的操作指引或指南，如2008年12月27日上海市律师协会业务研究与职业培训委员会在借鉴《上海市律师国内见证工作暂行规定》（已废止）、福建省律师协会律师见证业务操作指引的基础上通过了《上海市律师见证业务操作指引》，后来天津律协在借鉴上海这个文件的基础上也出台了自己的律师见证业务操作指引。总之，应尽快通过法律形式明确律师见证这一非诉讼法律业务，并对律师见证相关事项作出明确的说明和界定，使之与其他见证、鉴定活动相互配合，相互补充，并行不悖，共同发展。

4. 律师见证的范围

律师见证主要是对法律行为的见证。法律行为是指行为人依据自己的意志使民事法律关系发生、变更和消灭，达到一定法律效果的行为，它包括单务法律行为、双务法律行为、共同法律行为等，如赠与、买卖、继承均为法律行为范畴。由于法律事件不以人的意志为转移便能使民事法律关系发生、变更和消灭，如出生、死亡等，因此法律事件发生时，一般不容易亲身所见，这些法律事件作为律师见证对象的情况较少。

实践中，只要是民商事领域内的法律行为或法律事件，律师均可予以见证，法律并无有关见证范围的禁止性规定，可见律师见证的业务范围是很广的，很难通过列举的方式予以穷尽，因此以下只列举一些出现频率较高的见证事项。（1）委托人亲自在律师面前签名、盖章。（2）委托人签署法律文件的意思表示的真实性。该等法律文件包括但不限于各类合同协议、公司章程、股东会决议、声明、遗嘱。（3）其他法律行为（其他法律事实）发生的真实性或其过程的真实性，例如：委托代理关系的设立、变更、撤销；财产的继承、赠与、分割、转让、放弃。（4）文件原本同副本、复印件是否相符。

5. 律师见证的效力

（1）约束效力。由于律师见证是基于委托人的主动申请而发生，委托人通常不会对已见证的行为随意变更、修改或废止，而是自觉履行，因此律师见证对于委托人自身具有一定的约束效力。

（2）证据效力。律师见证是指律师以其自身特殊的身份、丰富的法律专业知识并以律师事务所的名义作为见证人，从第三方的角度客观公正地证明委托人所为的一定的法律行为或法律事件，这在客观上使被见证的对象具有真实性和合法性，同时具有一定的权威性，其性质与专家见证相似，因而在委托人发生纠纷引起诉讼时，律师见证通常可作为认定事实、确定双方委托人之间权利义务关系的有力证据。

6. 律师见证与国家公证的关系

律师见证与国家公证都起到证明作用，无论是公证书还是律师见证书均具有法律效力。相较于国家公证，律师见证是一种私证，但又不同于一般的民间私证。

国家公证与律师见证的不同之处在于：（1）行为的主体不同。前者是不以营利为目的的国家证明机构，后者是以营利为目的的律师事务所。（2）行为的依据不同。前者是基于法律的规定和委托人的申请，而后者是基于委托人的委托和双方的自愿。（3）适用的范围不同。前者适用的范围有法律法规的明确规定，而后者适用的范围没有法律法规的明确规定，一般来说只要是法律法规没有禁止的事项都是可以见证的，从目前来看，两者在见证范围上几乎一致，大多取决于委托人在某一证明事项上的个人倾向或习惯做法，如股东会的召开通常选择的是律师见证而非国家公证，又如某些奖项的评比一般选择的是国家公证而非律师见证。（4）认可程度不同。某些产权登记机关及银行对于国家公证的认可度是较高的，而对于律师见证的认可度是保留的。如在遗嘱继承案件中，不动产登记部门对于公证遗嘱的认可度是无须其他财产继承人的书面放弃配合的，但是对于律师见证的遗嘱其是不会直接办理不动产变更登记于继承人的，需要经过法院确认遗嘱效力的程序，最后以法院判决来进行产权的变更登记，而律师见证成为上述案件中的一个证据来使用。

需要强调的是，《民法典》修改了原《继承法》中公证遗嘱效力优先的规定，也就是说，按照《民法典》的规定，公证遗嘱与律师见证遗嘱的效力是相同的，但上述产权机关及银行的做法却与现行《民法典》的规定不一致，造成这种现象是不是因为上述主体仍然受原《继承法》的影响不得而知，但这种法律规定与现实操作间的矛盾必须得到解决。

7. 由律师见证引发纠纷的责任承担问题

由于律师见证的有偿性，也由于律师的专业性，因此对于见证律师的过错引发的责任，原则上采用过错责任原则，即以见证律师主观上的过错为承担民事责任的基本条件。在具体的责任承担上，见证律师由于见证错误给委托人造成损失，应当承担责任，但这一责任承担方式是间接的，也就是说，委托人只能依照委托见证合同追究见证律师事务所的责任，再由见证律师事务所向具体见证律师追偿，对于委托人直接要求见证律师承担责任的，一般不应当支持。

（二）实践准备

1. 将学生分为若干小组，每组 6～8 人为宜，方便小组讨论和角色扮演。

2. 查找阅读有关律师见证的基本介绍，如历史起源、法律界定等。

3. 将本节课的实训案例发给学生，了解案件基本情况。

四、实训要点

律师见证是非诉讼法律业务中一项最基本的业务，也可以说是一项相对简单的非诉讼法律业务。但是基于律师见证的专业性，对于没有接触过律师见证业务的人来说，其也是神秘而复杂的。不同于英美法系，我国的律师见证仅限于民商事领域，并不适用于刑事司法领域，随着法治进程的逐渐推进，律师见证已经越来越多地被了解、被接受。

（一）律师见证的业务流程

律师见证有其固有的业务流程。按照工作顺序，分别为接谈委托人阶段、询问准备阶段、见证记录阶段、出具文件阶段、整理归档阶段，每个阶段对应一个工作成果，前面阶段的工作成果是出具律师见证的基础和附件，因此每个阶段均不能省略。律师见证的业务流程见下表。

阶段	业务流程	对应的工作成果
一	接谈委托人阶段	委托合同
二	询问准备阶段	询问笔录
三	见证记录阶段	照片或摄像记录的载体
四	出具文件阶段	律师见证书
五	整理归档阶段	结案小结

以下就各个业务流程阶段分别详述。

1. 接谈委托人

接谈委托人是律师应具备的一项重要业务技能，一名优秀的非诉讼律师绝不仅仅体现在其制作的法律文件上，与委托人的沟通协调能力是其一切工作的前提。

（1）倾听并摘录。在初次接待委托人时，要注意倾听委托人的叙述，在对案件事实及委托人的要求不明确前避免过早妄下结论，在倾听时，要对委托人的叙述有选择性地摘录，对于不清楚的事实部分可在叙述之后进一步询问。

（2）明确委托人的要求。在对案件情况有了大概了解之后，询问委托人需要律师提供什么帮助，在明确委托人的要求后，再对委托人有针对性地询问与本次律师见证相关的、重要的案件情况，并查看相关案件材料。

需要注意的是，如法律规定必须经过国家公证才生效的法律行为，这些强制性公证是相关法律行为生效的必要条件之一，对这类法律行为的律师见证是没有法律效力的，即使委托人不清楚，请求律师见证，律师也应告知委托人履行公证程序。

（3）对委托人的诉求作基本的法律解答。在了解了基本案情之后，针对委托人的诉求做基本的法律回应，在接谈阶段由于对案件情况的了解只是最基本的，而且对于案件证据的梳理也是初步的，因此只能在假设委托人所说的案件情况属实且证据充分的前提下，给予基本的回答。

（4）委托关系的确立

第一，委托关系的双方主体。委托人在清楚了解律师见证的含义和作用之后，可以通过书面形式确定委托人与律师事务所之间的委托关系，再由律师事务所指派具体的律师从事律师见证。需要强调的是，见证行为的主体是律师，但见证的名义是律师所在的律师事务所，在此不同于一般的民间私证。

第二，委托关系确立的形式。至于书面形式可以是《委托见证合同》或者《专项法律服务合同》，但无论是何种具体的书面形式，其内容均应含有：委托人的身份信息；委托见证事项和用途/目的；双方的权利义务；律师见证费用及支付方式；办理见证事项的期限；必要的提示、保留和声明，主要是对委托人所提供材料虚假、遗漏、不合法情形下的责任保留；不予见证/撤销见证的情形。

2. 询问准备阶段

（1）文件审查。律师见证包括对法律行为和法律事件真实性及合法性的见证，但无论是哪种见证内容，均须要求委托方出示与案件情况相关的材料（包括但不限于居民身份证、企业营业执照、社团法人登记证照等文件）并进行一定的审查。至于审查的程度，对某一法律行为和法律事件真实性的见证，通常只需要对相关材料作基本的形式审查，如房屋权属证书中所有人的名字是否与出卖人的个人情况一致，至于房屋权属证书是否为伪造的，则见证律师没有去房屋产权登记部门查询核实的义务，只要肉眼审查没有瑕疵即可，而合法性见证的审查义务需要对权属证书的合法性进行进一步核实，而非仅限于形式审查即可。由此可知，律师在真实性见证下的审查义务较轻，风险也相对较小，因此在委托人无特殊要求的情况下，建议我们所从事的律师见证仅为对某一法律事件或法律行为的真实性进行见证。另外，如认为委托人提供的文件、材料不完整或有疑问时，可要求委托人作必要的说明或进行补充。

另外，若委托人要求出具律师见证书的时间紧迫，致使律师无法事先进行上述审查工作的，则律师见证书应予以披露和说明，即在一个什么前提条件下，得出律师见证的结论。

（2）文件备份。在对委托人出示的文件审核完成后，应对那些与案件相关的文件备份留存，作为最终出具律师见证书的重要依据及附件。需要注意的是，除特殊情况外，律师并不保有委托人所出示材料的原件，对于复印件则要求委托人做"复印件与原件相一致"及"原件已收回"或类似意思的标注，以防因原件丢失而引发纠纷。

（3）询问笔录的制作。在完成文件审查和备份之后，律师应对询问制作询问笔录，其作用相当于最终律师见证书的工作底稿。询问笔录应列明询问时间、询问地点、询问律师、询问对象、记录人等基本情况，同时律师还要问及以下问题并记录在笔录中，具体包括：委托人对律师见证的理解和效力，对于提供材料的真实性、合法性、完整性的声明；笔录有无遗漏或委托人有无补充说明的情况；笔录与委托人的口述是否一致；等等。上述这些问题是律师见证接谈笔录中一定要有的固定内容，除此之外，接谈笔录里还要包括与律师见证相关的案件事实情况的说明，如在遗嘱见证中，一般应询问立遗嘱人与遗嘱相关的问题，如立遗嘱人的婚姻情况，其遗嘱所涉及的财产为单独所有还是夫妻共有，其是否还有其他儿女，有无子女无生活自理能力，其立遗嘱的行为家人是否知晓等。询问笔录的最后需要问及委托人是否还有补充的情况需要说明，如无补充，请核对笔录内容与口述是否一致，如一致请签字确认。

3. 见证记录阶段

见证律师在完成上述工作流程后，依据委托人所提供的材料及询问笔录的内容，就某一具体的法律行为或法律事件的真实性予以见证，具体见证的方法可依靠亲眼所见，也可以用拍照、摄像等方式记录下所见的法律行为或法律事件。拍照或摄像固定下来的有关真实性的载体留作最后出具律师见证书的附件之一。

需要强调的是，如为遗嘱见证，按照《民法典》第六编第三章的规定，则至少需要两名见证律师同时在场予以见证。如为代书遗嘱，则须有代书人宣读遗嘱，由遗嘱人确认所宣读的遗嘱内容与遗嘱人的口述一致这一流程。

4. 出具文件阶段

经过上述三个阶段的工作，委托人的工作就完成了，如无特殊情况，委托人可以离开见证地点了。接着律师就需要基于上述三个阶段的工作成果进入第四阶段，即出具文件阶段。

此阶段出具的文件为《律师见证书》，通常包括以下内容：委托人的身份信息；委托见证的事项、范围；见证的法律依据；见证过程；见证结论；免责声明和保留条款；出具见证书的时间、见证书份数，最后由律师签字并加盖律师事务所公章。《律师见证书》除上述正文内容外，还应有附件部分，通常有委托人的主体信息，询问笔录，见证记录阶段拍照或摄像固定下来的有关真实性的载体（光盘），与见证事项有关的其他材料。

《律师见证书》并无固定的格式要求，只要在内容上包含上述内容即可。

5. 整理归档阶段

在将《律师见证书》交给委托人之后，这一非诉讼法律业务还没有结束，见证律师还需要将与本次律师见证有关的材料按照一定顺序整理归档并申请结案。具体整理归档的顺序，每一律师事务所的要求会有所不同，大致顺序如下：（1）委托见证合同文本；（2）律师事务所发票附联；（3）委托人身份证明；（4）工作底稿，包括询问笔录及与见证事项有关的其他材料；（5）如果决定不予见证的，应将不予见证的通知书附卷；（6）律师见证书原件；（7）律师见证书原件的签收确认书。

（二）《律师见证书》的制作要点

1. 委托见证关系的双方主体是委托人与律师事务所，见证律师只是由律师事务所指派完成见证工作的，因此这一委托及指派关系必须在《律师见证书》中明确体现，通常是在《律师见证书》的第一段中就予以列明。

2. 在强调委托及指派关系的同时，在《律师见证书》中需要对委托见证的事项进行突出强调，即按照律师见证的概念，强调是对某一法律行为或法律事件的真实性或合法性的见证，其中"真实性"或"合法性"三个字较之于"事项"等表述就更为准确。

3. 并不是对任何法律行为或法律事件的见证均需要以相关法律为衡量因素或审查标准，如某一法律事件，法律对其并无特别规定，则不需要在《律师见证书》中出现"依照××法"这样的字句，如清点库存产品并不会发生法律关系的变化，因此对清点行为的见证就不需要依照某部法律来予以审查和见证。

相反，某一法律行为会引起法律关系的变化，法律对于这一法律行为的生效有明确的规定，则需要依照相关法律对这一法律行为予以审查，以衡量这一法律行为是否违反国家法律及行政法规的强制性、禁止性规定，但并不需要做正向的完善性的审查，更不需要对委托人行为的完善提供建议。

4. 《律师见证书》的证明部分为律师亲眼所见或以拍照或摄像的方法所记录下的行为或事件本身，非以上方法亲身所见均不能出现在《律师见证书》的证明内容中。

例如，仅是清点库存商品，《律师见证书》只能证明现有的库存产品有多少，不能得出库存产品增加、减少这样的结论，也不能得出库存产品品质没变这样的结论，因为见证律师并不了解库存产品之前的状况，当然也不应得出库存产品前后对比下的结论。

另外，《律师见证书》的证明部分就是律师亲眼所见的内容，可以是某一行为，也可以是某一事件，这些见证内容也是见证结论，只需要详细地表述在《律师见证书》中即可。有些学生将见证内容作为见证方法或见证过程，而在见证结论中对上述见证的法律行为或法律事件作出合法或违法的结论，这是不正确的。

5. 出具《律师见证书》的相关材料要作为律师见证书的附件，如委托人的身份证明、委托见证合同、与见证行为或事件相关的材料、以拍照或摄像方法记录的见证内容等。

（三）律师见证中的执业风险防范

1. 要让委托人清楚了解：律师见证不同于合同审查，只是以见证人的身份对其法律行为或法律事件真实性的证明。

由于律师见证并非一个委托人易于理解的词语，因此一般来说，委托人并不清楚其作用，或者说委托人认为的律师见证可能并不是法律意义上的律师见证。很多委托人认为的律师见证是希望律师给其一个专业的建议，因此在委托人要求律师见证时，一定要清楚明了地告知和解释律师见证不同于法律咨询，也不同于合同审查，以防双方在此问题上因理解歧义而发生纠纷。如律师只对合同签字及盖章行为的真实性做见证，并不对双方合同的内容作完善审查，一旦因此而发生纠纷，由于律师的专业性以及服务的有偿性，则律师作为过错方对委托人的损失要承担最终的责任。

例如，一女士购买二手房，请律师对其二手房买卖合同予以见证，但其本意是委托律师对其合同内容予以审查，而律师想当然地认为委托人应该清楚律师见证的含义而并未予以充分的解释和说明，之后该女士的合同内容因违反法律的强制性规定而归于无效，该女士对于遭受的损失要求律师事务所予以赔偿，律师事务所赔偿后向办理此律师见证的律师进行追偿。

2. 要让委托人清楚了解：如无特殊要求，律师见证只是对真实性的见证。

从律师见证的概念界定可知，其包括对法律行为或法律事件真实性和合法性两种类型的见证。实践中，证章的合法性，或身份证的合法性，或健康状况证明的合法性，对这类合法性的见证是需要律师通过额外的工作予以确认的，律师个人没有职权和能力对文件的合法与否进行定论。同样，对于某些法律行为的合法性见证——某一法律行为是否符合我国现行法律及行政法规的规定，需要建立在见证律师对相关法律、行政法规清楚了解的基础上，因此相较而言，对某一法律行为真实性的见证是最为简单的，风险也是最小的。

3. 让委托人清楚了解：律师见证是建立在委托人所提供材料的真实、合法、有效且无重大遗漏的基础上，如因委托人提供的材料存在虚假、不实或重要性遗漏，则见证律师对于见证书引发的纠纷不承担责任。

4. 对委托人出示的与见证相关的材料予以必要的形式审查。

首先，审查核实委托人的主体身份。见证律师在对委托人主体身份进行审查时，可要求委托人出示证明其身份的材料，如自然人的身份证明、企业的营业执照等。除此之外，在某些情况下，还可以要求委托人出示其他证明材料，如代理人的代理资格、代理权限，工商登记、税务登记、外贸许可、特许经营等。

其次，审查核实与见证的法律行为或法律事件相关的材料。在审核委托人的主体身份之后，见证律师需要对与本次见证的法律行为或法律事件相关的材料予以审核，如不动产登记证书、委托人的资信状况、履约能力、商标专利的证书等。

需要注意的是，对于不同的见证内容，见证律师的审查标准是不同的。如身份证的合法性，见证律师需要到一定的机关予以核实查证；而对于法律行为真实性的见证，一般只需见证律师形式审核即可，如核实房屋买卖合同中的卖方是否与房屋不动产登记证书中的所有人相符。

5. 注重询问笔录的重要性。询问笔录不仅可以记录与见证法律行为或法律事件相关的、重要的事实情况，更为重要的是，其可以记录委托人对律师见证的理解，对提交材料的真实性、合法性的承诺，这就成为日后双方就此问题发生纠纷时的一个重要证据，也是一种职业风险防范的重要措施。

6. 律师见证应秉持直接原则，仅就亲眼所见的法律行为或法律事件予以证明。

（1）律师办理见证业务时应保有自己独立的地位，不可因委托人的委托而就自身未亲眼所见的法律行为或法律事件予以证明。委托见证不同于委托代理，在律师见证中，律师是以独立的身份从事见证活动，是在双方或多方委托人之外的具有独立地位的见证方，具有证明和监督的双重性质。

（2）律师见证有着严格的时间与空间上的限制。律师见证仅能对见证行为发生之时其亲眼所见进行见证，而不能超越上述时间和空间范围。

7. 律师见证应坚持回避原则。不宜以律师身份办理与本人、配偶或本人、配偶的近亲属有利害关系的见证业务。

五、实训过程

（一）律师见证的流程训练

1. 通过投影仪，与学生回顾案例一的基本案情。

2. 接谈委托人训练：学生以小组为单位，先以小组内角色扮演的方式进行接谈训练，之后以不同小组角色对调的方式进行接谈实训，教师记录接谈中律师所遇到的问题，让各组同学共同思考解决上述问题的办法，教师启发并总结。

3. 确立委托关系训练：教师随机选择两个小组的学生分别做律师代表与委托人代表进行委托关系的办理，重点观察此阶段所必需的法律文件（委托代理合同、身份证明、费用交纳及发票开具）是否完备。之后，由教师出具上述文件的范本，以给学生更切实的观感，进而找到自己的差距及问题。

4. 制作询问笔录的训练，学生以小组为单位进行询问笔录的制作，教师注意观察每一小组的练习情况，主要注意其在询问阶段所问的问题是否为之后制作《律师见证书》所必需，以及询问笔录的格式。

（二）律师见证的风险防控训练

1. 通过投影仪，与学生回顾案例二的基本案情。

2. 通过小组讨论，引导学生发现案例中的风险点，并进而找到有效的风险防范方法。

3. 假设案例二中的情况发生，提问学生责任承担主体问题，强化要点记忆。

（三）《律师见证书》的写作训练

1. 通过投影仪，与学生回顾案例三的基本案情。

2. 以小组为单位，由教师指定制作案例一和案例三的《律师见证书》。

3. 从每一小组中随机抽取，将学生制作的上述两份律师见证书进行比较，找寻异同点。

4. 根据上述异同点，引导学生以见证对象为标准，将律师见证予以类型化划分，进而明确不同类型《律师见证书》的制作要点，达到举一反三的目的。

六、实训作业

案例一作业之一：

律师见证书

××律师事务所接受立遗嘱人王××（女，汉族，1950年9月2日出生，身份证号……，住××市××区××号）的委托，指定本所李×律师对其遗嘱事项进行见证。

根据《中华人民共和国民法典》等法律的规定，见证律师审查了委托人提供的相关必需文件，如委托人身份证原件和复印件、房产证原件和复印件、遗嘱原件，现场见证其立遗嘱过程。

兹证明：

1. 王××自愿立遗嘱一份，并且立遗嘱时有完全的民事权利和民事行为能力，遗嘱行为合法有效。

2. 王××遗嘱中表示自愿将其名下的房产留给其儿子彭×（身份证号……），其意思表示真实有效合法。

3. 王××在见证人张×（身份证号……）、孙××（身份证号……）的见证中来到本所，其与委托人王××无利害关系，证明王××在该遗嘱上的签字乃本人所签，张×、孙××在该遗嘱上的签字乃本人所签，证明见证过程真实合法。

××律师事务所：李×律师

20××年9月26日

附件：

1. 王××房产证复印件一份

2. 王××所立遗嘱复印件一份

3. 王××及其儿子彭×个人资料

4. 见证人张×、孙××身份证明

5. 王××授权委托书

案例一作业之二：

律师见证书

××律师事务所接受王××（身份证号……）委托就其订立《遗嘱》的真实性进行见证。

根据《中华人民共和国民法典》等法律的规定，见证律师审查了委托人提供的房产证书、身份证、户口簿等相关文件。

兹证明：

1. 王××（身份证号……）在张×（身份证号……）、孙××（身份证号……）的陪同下，自愿于20××年9月26日在××律师事务所订立《遗嘱》一份，立遗嘱人确认遗嘱内容与其表达的内容一致，且立遗嘱人订立的《遗嘱》符合《中华人民共和国民法典》等法律的规定。

2. 立遗嘱人王××订立的《遗嘱》内容是立遗嘱人王××的真实意思表示，立遗嘱人王××在该《遗嘱》上的指印是真实的。

3. 见证人张×、孙××和王×律师（身份证号……）之间无利害关系，见证人张×、孙××和王×律师在该《遗嘱》上的签字、指印都是真实的。

附件：

1. 代书遗嘱原件一份

2. 王××、张×、孙××、彭×身份证复印件各一份

3. 《拆迁住宅房屋补偿协议》复印件一份

4. 王××户口簿复印件一份

5. 彭×户口簿复印件一份

××律师事务所：王×律师

20××年9月26日

案例三作业：

<h2 style="text-align:center">律师见证书</h2>

××律师事务所接受北京忆江南餐饮有限公司委托对餐厅的搬离事项的见证，此餐厅原经营者为上海诚信信托有限公司。

在此次见证中，本所委派了丁一、王一、张一、方×四名律师见证此搬离过程，委托人北京忆江南餐饮有限公司完成对餐厅物品的清点和记录，物品均保持原样，没有任何损坏，在上海诚信信托有限公司工作人员拒绝接收钥匙后，通过 EMS 邮寄钥匙给上海诚信信托有限公司，顺利完成清点工作。

兹证明北京忆江南餐饮有限公司的此次搬离完全符合双方当初合同约定，遵守相关法律规定。

如对此次见证书有任何疑问，请与我们联系。

××律师事务所

见证律师：丁一、王一、张一、方×

20××年1月7日

七、实训点评

案例一点评：

第一，要清楚是对订立遗嘱的真实性予以见证。第二，一个有效的遗嘱见证一定要有立遗嘱人自愿行为、意思表示真实这一内容。第三，如果有其他见证人，要说明其与立遗嘱人以及继承人是否存在利害关系，但见证律师不同于一般见证人，无须在遗嘱正文中签字；如是代书遗嘱，则要有宣读遗嘱以及是否得到立遗嘱人的确认这一程序，并且说明遗嘱内容与其口述内容一致。第四，对于遗嘱的真实性审查只是审查所立遗嘱是否违反法律的强制性或禁止性规定。第五，律师需要对遗嘱中所涉及的财产作基本的形式审查，如《拆迁住宅房屋补偿协议》中的受补偿方是否与立遗嘱人的基本信息相同。第六，遗嘱见证中，需要有两位见证律师共同在场完成，否则不能起到律师见证的效力和意义。

案例三点评：

首先，要强调见证的是搬离的过程或者说是搬离的真实性，而不是对搬离是否合法、是否符合双方合同约定作见证，而且见证律师也无法得出上述结论；其次，搬离的过程不仅包括清点物品，还包括物品的交接，在本案例中即为钥匙的交接，这是很多学生漏掉的内容；再次，只对自己亲眼所见的事情予以见证，任何推理式的、延伸性的结论都不应出现；最后，在见证内容上——清点和归还钥匙，还是过于概括，没有亲眼所见的现场感。

另外，在批改过程中，发现其他普遍性存在的问题有：第一，搬离这一行为并非法律行为，因此不需要如遗嘱见证般以《民法典》等相关法律予以衡量；第二，在附件中要列明《清点物品清单》及EMS快递单这两个最为重要的附件，注意要将《物品清单》作为《律师见证书》的附件，而不要放置在《律师见证书》的正文部分；第三，要清楚本次见证发生的背景，即合同一方要求搬离以解除合同，而另一方不同意合同解除、不配合搬离清点工作，因此需要律师作为证明人见证整个清点搬离的过程，以免发生后续纠纷，明白这一背景，就可以很好地避免学生们擅自得出搬离过程合法有效这一错误结论了。

针对本节总结如下：

1. 风险提示与防范。

（1）明示律师见证的含义；

（2）真实性见证；

（3）谨慎原则、注意义务；

（4）不予见证的情形。

2. 律师见证的类型化。

（1）法律行为：须以相关法律及行政法规为形式审查的依据；

（2）法律事件：通常并无相关法律及行政法规为形式审查的依据。

3. 责任承担：过错责任原则。

八、实训文书

案例一范例：

律师见证书

（20××）正民见字第 1－133 号

××律师事务所接受见证申请人王××（身份证号……）的申请，指派王×、徐×律师对王××订立的《遗嘱》进行见证。

根据《中华人民共和国民法典》的规定，见证律师审查了委托人提供的有关文件资料。

兹证明：

1. 王××，女，汉族，出生于 1950 年 9 月 2 日，住××市××区××号，身份证号……，自愿于 20××年 9 月 26 日在××市××区青年大街×号××大厦 1001 室，在见证律师王×（律师证号……）、徐×（律师证号……）的见证下订立了由代书人孙××代书的《遗嘱》一式二份，代书人给立遗嘱人王××宣读了《遗嘱》内容，将由以王××为乙方的《拆迁住宅房屋补偿协议》中约定的××市××区××小区××号楼 2 单元 3 室留给其子彭×（身份证号……），立遗嘱人确认遗嘱内容与其表述的内容一致。

2. 立遗嘱人王××订立的《遗嘱》符合《中华人民共和国民法典》的规定，《遗嘱》内容是立遗嘱人王××的真实意思表示，立遗嘱人王××在该《遗嘱》上的指印是真实的。

3. 见证律师王×、徐×，见证人张×、孙××与立遗嘱人及其继承人之间无利害关系，见证人张×、孙××在该《遗嘱》上的签名、手印都是真实的。

××律师事务所（公章）

王×律师

徐×律师

20××年 9 月 26 日

附件：

1. 代书遗嘱原件一份

2. 调查笔录原件一份

3. 王××、彭×身份证复印件各一份

4. 《拆迁住宅房屋补偿协议》复印件一份

5. 律师见证申请书一份

6. 张×、孙××身份证复印件各一份

案例三范例：

律师见证书

受北京忆江南餐饮有限公司委托，××律师事务所对北京忆江南餐饮有限公司搬离位于××市××区××街68号的忆江南音乐餐厅后剩余物品的清点、房屋上锁及交付钥匙的过程进行见证。

接受委托后，××律师事务所指派丁一、王一、张一和李一律师见证北京忆江南餐饮有限公司对忆江南音乐餐厅剩余物品的清点、房屋上锁及交付钥匙的行为的全过程。

兹证明：

20××年1月3日，北京忆江南餐饮有限公司将部分物品搬离忆江南音乐餐厅后，其员工王丽丽、王大伟清点了酒店内剩余物品的种类及数量（见物品明细）。

20××年1月3日，北京忆江南餐饮有限公司清点物品后，用新购买的门锁将忆江南音乐餐厅内每间房间上锁，共11处，并将全部钥匙交至见证律师处保存。

20××年1月3日，委托人员工王丽丽、王大伟持忆江南音乐餐厅的全部钥匙到××市××区××街68号诚信公寓上海诚信信托有限公司交付钥匙，一名被称为陈总的男子拒绝接收。王丽丽将钥匙留置在办公桌上，乘坐电梯下楼过程中，该男子将上述的全部钥匙扔入电梯中，王丽丽将钥匙拾起后交给见证律师保存。

20××年1月5日，王丽丽与王大伟到××市××区的南五马路邮政所将忆江南音乐餐厅的全部钥匙，以国内快递包裹的方式邮寄至××市××区××街68号诚信公寓上海诚信信托有限公司，收件人陈×，电话：138×××××××××。

附件：

1. 物品明细
2. 见证过程中的部分照片
3. 光盘（见证过程中的全部图片455张）
4. 国内快递包裹详情单复印件
5. 北京忆江南餐饮有限公司营业执照副本复印件
6. 委托经营合同
7. 《授权委托书》
8. ××律师事务所的组织机构代码证
9. 见证律师执业证复印件

（以下无正文）

××律师事务所（公章）

见证律师：丁一、王一、张一、李一

20××年1月7日

九、实训拓展

（一）课后思考

律师见证是一项基础的非诉讼法律业务，其注意要点及风险点都比较明确，但现实中每一见证的法律事实毕竟各不相同，因此希望学生通过上述两个案例举一反三，并完成本节引例中的作业。

（二）补充资料

文件一：引例范例

律师见证书

××律师事务所接受贷款人中国工商银行××市××区支行、借款人××火炬有限公司和保证人中赢房地产开发有限公司的委托并指定××律师、××律师就贷款双方委托事项进行见证。

根据《中华人民共和国民法典》等法律法规的规定，见证律师审查了委托人提供的有关文件。

兹证明：

一、贷款人中国工商银行××市××支行与借款人××火炬有限公司和保证人中赢房地产开发有限公司自愿于20××年8月22日签订编号为工银保借字第××号保证担保借款合同，该合同符合《中华人民共和国民法典》等法律法规的规定。

二、贷款人中国工商银行××市××支行及其法定代表人的授权代理人××女士在上述合同中的签章是亲自在本律师面前完成的，本律师对其真实性予以确认。

三、借款人及其法定代表人××先生在上述合同中的签章是亲自在本律师面前完成的，本律师对其真实性予以确认。

四、保证人及其法定代表人××先生在上述合同中的签章是亲自在本律师面前完成的，本律师对其真实性予以确认。

（以下无正文）

××律师事务所（公章）

见证律师：

见证律师：

20××年8月25日

文件二：律师见证申请书

<h2 style="text-align:center">律师见证申请书</h2>

申请人（公民/法人）：	申请人（公民/法人）：
住所地：	住所地：
法定代表人：　　职务：	法定代表人：　　职务：
申请事项：	
申请理由： 　　　　　　　　　　特申请律师见证	
申请人保证：申请人保证向××律师事务所提供的所有文件资料真实、合法、有效，并愿意承担由此产生的法律责任。如因提供不真实、非法，或已失效的文件资料而产生的一切后果由申请人自己承担，与承办律师事务所及承办律师无关。	
申请人应当提交的书面材料：	

申请人（公民/法人）：　　　　　　申请人（公民/法人）：

法定代表人或代理人签字：　　　　　法定代表人或代理人签字：

　　年　　月　　日　　　　　　　　年　　月　　日

文件三：询问笔录

<h2 style="text-align:center">询问笔录</h2>

时间：　　　　　　　　　　　　地点：

询问律师：　　　　　被询问人：　　　　　记录人：

问：你们申请办理什么见证？

答：我们申请办理＿＿＿＿＿＿＿＿＿＿＿＿＿＿＿＿＿＿＿＿＿＿＿＿

问：律师见证是对法律行为或法律事件的真实性见证，不同于合同审查，对于律师见证所具有的法律意义是否已经了解？

问：前面申请表上所有的告知内容是否已经仔细阅读过，是否有不清楚的地方？

问：我们的律师见证是建立在您所提供资料的真实、合法、有效，且无重大遗漏的基础上的，因材料存在不真实、非法，或已失效而产生的一切后果由申请人自己承担，这一情况您了解吗？

问：询问与律师见证相关的案件情况，如委托书中所处理的财产是你们个人所有还是和其他人共有的？

问：上述情况有无遗漏，是否需要补充？

问：接谈笔录与您所述情况是否一致，如一致请签字确认。

十、实训法规及操作指引

1. 《中华人民共和国律师法》
2. 中华全国律师协会《律师见证业务工作细则》
3. 上海市律师协会《律师办理遗嘱见证业务操作指引》

第二节 尽职调查非诉讼法律业务

引例：

兴华银行股份有限公司××分行欲购买××新汇国际大厦，假如××律师事务所接受兴华银行股份有限公司××分行的委托，负责此次购楼的尽职调查事项，你作为尽职调查小组的负责人，拟定一份《尽职调查清单》。

一、实训目标

通过本节学习，学生可以了解尽职调查的含义和内容，掌握尽职调查的工作方法，领会尽职调查的原则与精神，以律师思维给出尽职调查结论。具体要求如下：

1. 了解和熟知尽职调查的内容，明确尽职调查的目的。
2. 掌握不同调查对象的调查方法。
3. 制作简单的尽职调查报告。

本节教学中主要实训方法为学生小组讨论、头脑风暴、教师讲授和实训总结。

二、实训素材

钟华集团，总部位于我国香港特区，是一家著名的上市公司，主要经营范围为皮草设计与销售，现公司欲拓展自己的业务范围、丰富自己的经营架构，决定进军房地产行业。由于北、上、广等一线城市大的房地产企业比较密集，不容易打开市场，因此公司经过考察把目标放在沈阳。

沈阳，辽宁省省会，别称盛京、奉天，国家区域中心城市，国家副省级城市，沈阳经济区的核心城市，东北地区的政治、经济、文化、金融、科教、军事和商贸中心，东北第一大城市。国家交通枢纽、国家通信枢纽，中国十大城市之一，国家门户城市。沈阳位于中国东北地区南部，地处东北亚经济圈和环渤海经济圈的中心，是长三角、珠三角、京津冀地区通往关东地区的综合枢纽城市。

沈阳，全市总面积逾1.3万平方公里，市区面积3495平方公里，根据第七次全国人口普查结果，截至2020年11月1日，沈阳市常住人口为9070093人。初步核算，2022年地区生产总值（GDP）7695.8亿元，比上年增长3.5%。第一产业增加值335.2亿元，增长2.1%；第二产业增加值2885.5亿元，增长3.7%；第三产业增加值4475.1亿元，增长3.5%。三种产业结构为4.4∶37.5∶58.1。全市人均地区生产总值84268元，比上年增长3.1%。

沈阳万通房地产开发公司（以下简称万通公司）是钟华集团此次收购的目标企业，是经沈阳市沈河区对外贸易经济合作局（以下简称沈河区外经贸局）审查批准，于2005年1月5日在沈阳市工商行政管理局（以下简称沈阳市工商局）登记注册成立的从事房地产开发的外商独资有限责任公司，投资者为×××公司，注册资本为2000万美元，实收注册资本为0万美元，投资总额为2980万美元，公司经营范围为普通住宅的开发，经营期限为30年，法定代表人为徐×。截至本尽职调查报告出具之日，公司的注册资本变更至5350万美元，实收注册资本变更至2818.06万美元，投资总额变更至9999万美元。

问题：

1. 假如你是钟华集团聘请的律师成员，参与此次收购万通公司的全部法律事务。你需要做哪些准备工作，如何分工协调？

2. 假如经调查发现万通公司存在以下情况，请制作一份《尽职调查报告》。

（1）万通公司工商档案中关于投资总额、注册资本、实收注册资本、住所、法定代表人的变更文件并不齐全，万通公司相关人员未能解释其中原因，但是当时的工商登记机关均在换发的企业法人营业执照上进行了变更。

（2）万通公司在工商登记机关仅备案其设立时的章程，而公司历次变更后既没有及时制定新的章程修正案，也没有在当时的工商登记机关作相应的备案。

同时据公司相关人员介绍，万通公司在当时的工商登记机关备案的章程仅为公司设立之用，所以除公司设立相关内容外，章程中很多内容的约定只是形式性的，在实践中并未按章程的约定去做。

（3）公司的实际控制人为现法定代表人、公司董事长徐×，根据网络调查和访谈了解到，其在原籍××市从事房地产10年左右，2003年开始来沈阳开发房地产，在沈阳有两个项目。万通公司的部分建筑工程，在没有施工许可证的情形下，现在已封顶，根据访谈了解到董事长徐×擅长走上层路线。

（4）万通公司为关联公司提供了人民币1.2亿元的借款担保，其章程规定超过5000万元的担保须由股东会决议，但股东会并无此决议记录。

（5）万通公司于2007年通过汇票方式向关联公司支付了3500万元的款项。万通公司的韩总向我们介绍：万通公司向关联公司转款，由关联公司供应给万通公司的总承包商，最后由万通公司与其总承包商进行结算。因为关联公司享受免缴企业所得税的税收优惠政策，万通公司通过关联公司这个平台进行上述资金运作，增加公司成本、转移公司利润，从而少缴企业所得税。

（6）万通公司在沈阳一个项目的施工现场发生了重大的安全事故，造成五死一伤的严重后果，经查是工人在操作过程中违反操作规范所引发的。

三、实训准备

（一）理论准备

1. 尽职调查的概念

尽职调查是一个非常广泛的概念，一般指由中介机构在企业的配合下，对企业的历史数据和文档、管理人员的背景、市场风险、管理风险、技术风险和资金风险做全面深入的审核，多发生在公司并购、股票上市等公司重大商业行为之前。尽职调查中被调查的企业通常被称为目标公司。

2. 尽职调查的分类

按不同的标准可以对尽职调查作不同的分类，常见的分类具体如下。

（1）以尽职调查的委托方为标准，可以分为外部机构委托中介机构对目标公司进行的调查和目标公司的自我调查。前者如公司并购前，收购方委托中介机构对目标公司的调查，通过调查掌握目标公司在设立、债权债务、公司运营等方面的情况，从而决定是否收购以及收购价格；后者如被收购方事先聘请中介机构对本公司的资产、财务、经营管理的各个方面进行模拟尽职调查，对发现的财务、法律、公司治理、经营管理等问题进行事先的调整和弥补，从而提高自身对并购方的吸引力进而抬高并购价格。

（2）以尽职调查的方向和内容为标准，可以分为法律尽职调查、财务尽职调查、商业尽职调查等。法律尽职调查是指律师事务所受托对目标公司的设立、资产负债、诉讼仲裁或行政处罚等事项以法律视角进行的调查；财务尽职调查的调查方向和内容主要侧重于企业的资产负债组成、盈利情况、现金流量、税种税率等从审计的角度运用财务知识进行的调查；商业尽职调查则侧重于运营数据分析、产业和产业链研究等以商业视角进行的分析调查。

由于本书为法律实训教材，因此以下内容如未作特殊说明，尽职调查则仅指法律尽职调查。

3. 尽职调查的作用

尽职调查主要解决的是信息不对称问题。外部机构委托中介机构对目标公司进行的调查，主要解决的是委托人对目标公司的了解与目标公司的现实情况之间的信息不对称问题；目标公司的自我调查，主要解决的是委托人对于本公司或本公司的其他项目的认知与本公司或本公司的其他项目真实情况之间的信息不对称问题。

尽职调查大多是公司股票公开发行上市或公司并购等专项非诉讼法律业务的前置程序。我国《证券法》及《首次公开发行股票注册管理办法》等相关法律法规对于公司首次公开发行股票并上市以及上市公司非公开发行股票有着严格的规定，为了保证出具文件的真实性和合法性，各中介机构多会自觉、尽责地进行尽职调查，且法律对各中介机构在证券公开发行上市中承担的勤勉尽责义务有着严格的规定，但在公司并购这一专项非诉讼法律业务中，尽职调查并不是强制要求的程序，因此尽职调查往往不能受到应有的重视，这也是大量公司并购失败的重要原因之一，可见尽职调查的意义不容小觑。以下以公司股票首次公开发行并上市和公司并购为例予以说明。

（1）对于公司股票首次公开发行并上市，通过尽职调查，可以发现拟上市公司存在的法律问题，如股权是否明晰、是否存在重大关联交易、是否存在诉讼、是否有负债等，从而为拟上市公司提供辅导的方向，方便其及时纠正，以满足证券交易所及证券监管部门的要求。另外，尽职调查也是律师出具法律意见书的重要基础。

（2）对于公司并购，由于并购方和出让方的立场不同，因此尽职调查对于两者的意义也有不同。

在并购前，并购方与出让方通常对目标公司的信息获知是不对称的，即出让方一般很清楚地了解自己公司的运营及风险情况，而并购方却知之甚少，甚至根本无从获知，因此并购决定对于并购方来说是有风险的。作为并购方，其需要有一种安全感，这种安全感来自他们知晓有关目标公司的真实情况，而尽职调查就是一项重要的风险管理措施，它是将通过调查获得的信息予以分析，再以调查报告的形式告知并购方拟收购的目标公司存在哪些风险，而这些风险将成为影响收购是否继续的重要因素，或者成为并购方在日后进行谈判时压低并购价格的重要砝码之一，或者并购方就可以在相关风险应由哪方承担上与出让方进行谈判。

尽职调查对于出让方而言也具有重要的意义。首先出让方可以通过尽职调查知道自己真正的价值，是否存在价值被低估的情况，同时也对自己的长项和缺点有清楚的了解，并在此基础上为并购谈判做好准备，提高自身的谈判能力。

4. 尽职调查的原则

（1）独立客观性原则。律师事务所虽然是受委托人的委托而从事尽职调查业务，但律师事务所及其律师在尽职调查中必须保持其独立的地位，在调查工作中必须客观中立，以律师的职业性身份、以专业的法律知识出具尽职调查报告。

（2）谨慎性原则。尽职调查又称谨慎性调查，因此谨慎性原则贯穿尽职调查的整个过程，无论是在调查工作过程中，还是在调查报告的制作过程中，律师事务所及其律师必须严谨细心，充分评估各种风险。

（3）全面性原则。首先，尽职调查的内容要全面，以公司并购为例，调查的内容不仅要涉及企业设立、劳动纠纷、诉讼风险等法律事项，还要涉及债权债务、资产负债等财务事项；其次，尽职调查的材料要全面，律师事务所及其律师必须调查收集与调查事项有关的所有资料，如对于目标公司股权结构的调查，不仅要查阅公司的营业执照，还要查阅公司章程、股东出资证明书、出资协议、验资报告、股份转让协议等一系列文件。

（4）重要性原则。尽职调查需要有所侧重，这不仅是由于调查时间和调查人数的限制，也是由尽职调查的目的所决定的。例如，对于初创企业，其公司股权结构相对简单，因此尽职调查的重点就要放在企业的知识产权、营销创作团队等重点事项上；再如，对于化工企业，其调查的重点就应放在企业的环境评估上，如果将人力、物力、财力不分重点、均等地分配在每一调查事项上，则势必造成资源浪费并且达不到调查的最佳效果。需要强调的是，重要性原则是建立在全面性原则的基础上，是全面性原则下的重要性原则。

（5）促成交易原则。尽职调查表面上看是查找目标公司的问题，评估目标公司的风险，但委托人的目的却不是要律师事务所及其律师在尽职调查中仅仅查找问题，甚至吹毛求疵。因此，一个在尽职调查中查找出所有问题及有风险的项目的尽职调查人只是一个尽责的尽职调查受托人，真正优秀的、成功的尽职调查人应不仅仅是查找出目标公司的问题，而更应该解决这一问题，以达到促进交易达成的目的。正如迈克尔·梅指出的"尽职调查应该增加而不是破坏并购产生价值的机会"，这就要求参与尽职调查的人员具备独特的战略眼光，关注委托人进行尽职调查的目的所在，关注目标公司的未来，关注目标公司并购整合后的发展前景，只有这样才能回归到尽职调查的正确轨道上。

（二）实践准备

1. 将学生分成小组，每组 6～7 人为宜。

2. 掌握《公司法》、最高人民法院关于适用《中华人民共和国公司法》若干问题的规定（一）—（五）、《市场主体公司登记管理条例》、《劳动法》及最高人民法院《关于审理劳动争议案件适用法律问题的解释（一）》等规范性文件的规定。

3. 将实训素材中的案例资料发给学生，要求思考案例中发现的情况是通过何种方法调查出来的，思考案例中给定的调查情况对钟华集团的计划有何影响并提出相关建议。

四、实训要点

（一）尽职调查的内容

尽职调查可以是针对某一单一事项较为简单的业务，如某公司要购买一处商务楼，委托律师事务所对该商务楼做尽职调查，用以评估购买风险，也可以是针对某一综合事项较为复杂的业务，如某公司股票首次公开发行并上市，委托律师事务所对该公司做全面的尽职调查，以便进行后续的上市辅导工作。相较于公司并购，针对股票首次公开发行并上市的尽职调查具有特殊性，将在本书"常见公司类非诉讼法律业务"中涉及，本节暂且不做实训内容，只涉及公司并购中的尽职调查。

一般来说，公司并购中的尽职调查主要包括公司的规章制度、公司的营运及有关合同、财务等方面的内容。具体调查的内容则取决于委托公司对调查信息的需求、目标公司的规模、公司审计及其内部财务信息的可靠性、内在风险的大小以及所允许的调查时间等多方面的因素。

1. 目标公司的基本情况

通常，目标公司的基本情况是了解一个公司的基础，这其中包括公司的设立及变更、公司的资本、公司的组织机构、公司的章程及规章制度、公司的股权结构及公司的实际控制人等情况。这里需要重点注意的是公司的组织机构、公司重要的规章制度及公司的股权结构三个方面。

（1）公司的组织机构是公司得以经营运转的基础，是公司为拟制法人主体的必要条件。《公司法》规定的股东会、董事会、监事会是其最基础的组织机构，实际上每个公司针对自身情况的不同，在《公司法》规定的基础组织机构之上又发展出具有自身特点的公司组织机构，如下图所示。

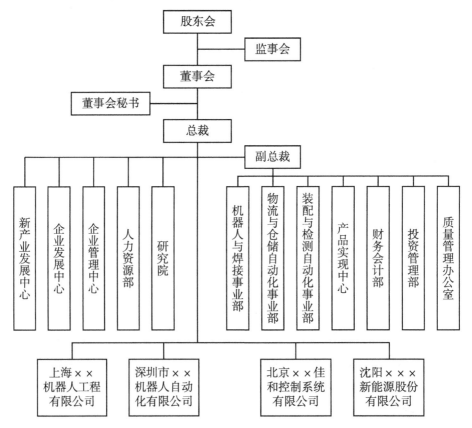

因此，这就要求在进行公司组织机构的尽职调查时，要注意以下几个方面信息的收集：一是目标公司及其附属机构的组织文件及补充条款；二是目标公司及其附属机构的规章制度和补充文件；三是目标公司及其附属机构历

次董事会和股东会的会议记录；四是目标公司及其附属机构有资格从事经营业务的范围等。

（2）公司的规章制度

公司的规章制度相当于公司的法律，因此了解公司的规章制度是深入具体地了解一个公司的开始。问题是，公司的规章制度有很多，是否需要全面了解，在此需要以重要性原则为指导，对公司的规章制度进行筛选，如公司对外担保须经持有多少表决权的股东同意才能通过的规定；公司章程中是否有特别投票权的规定和限制；股东会及董事会的会议记录；公司与员工之间的劳动合同及有关工资福利待遇的规定等。

（3）公司的股权结构及实际控制人

公司的股权结构即公司权益资本的构成情况，即跳出公司内部的组织关系，从公司的权益所属上看待公司，如公司的股东、公司的全资子公司、公司的实际控制人等。调查公司的股权结构，对于关联交易的认定以及公司的运营情况均有极其重要的作用。

通常，调查目标公司的股权结构是从以下信息入手，如目标公司及其附属机构的组织结构和股权结构或相类似的信息（包括所有的公司、合伙企业、合资企业或其他直接或间接拥有某种利益的组织形式）；目标公司及其附属机构的股东名单和已签发的股票数量、未售出的股票数量；目标公司及其附属机构股票转让记录；目标公司及其附属机构与相关的股东或第三人签署的有关表决权、股票的处置或收购的协议；目标公司所有附属机构（包括不上市的股票持有人、目标公司和附属机构中持有超过5%资本金股票的人员）以及所有公司和其附属机构、合作公司的董事和经营管理者名单，以及所有公司与附属机构及持股5%以上的人员签署的书面协议，包括但不限于有关分担税务责任的协议，保障协议，租赁协议保证书，咨询、管理和其他服务协议，关于设施和功能共享协议，购买和销售合同，许可证协议。

2. 目标公司的运营情况

目标公司运营情况也是尽职调查的重点，但这与会计师事务所等中介机构所做的尽职调查在调查方法和着眼点上是不同的。对目标公司运营情况的调查主要从以下几个方面着手：

（1）目标公司及其附属机构对外签订的书面合同，包括合资协议、战略联盟协议、合伙协议、管理协议、咨询协议、研究和开发协议等；

（2）一定时期内所有的已购资产的供货商的情况清单；

（3）购货合同以及价格确定、相关条件及特许权说明；

（4）所有市场开拓、销售、特许经营、分拨、委托、代理、代表协议以及独立销售商或分拨商的名单；

（5）有关存货管理的相关材料；

（6）在国内或地区内主要竞争者的名单；

（7）产品销售过程中使用的标准格式，包括但不限于订购单、售货单、分配表格等；

（8）所有一定时期内作出的有关目标公司制造或分拨的产品的明确或隐含的质量保证的文件；

（9）所有关于广告、公共关系的书面协议。

需要注意的是，在对目标公司的运营情况进行调查时，也应依照重要性原则，考虑委托人的动机和目的做有重点性的调查。如并购方想通过并购利用目标公司的现有营销渠道来扩展市场，则应重点调查目标公司现有的营销和销售组织及网络、主要客户及分布状况、客户的满意程度和购买力、主要竞争对手的市场占有率；在产品方面，则应重点了解产品质量、产品竞争力、新产品开发能力；还要了解目标公司在生产、技术、市场营销能力、管理能力以及其他经营方面与并购方的整合程度以及并购后原有供应商及主要客户的关系维持问题。又如，并购方想通过并购利用目标公司现有的生产设备及其他生产设施，则应重点调查这些生产设施的所有权归属、其账面价值和重置价值、目前的使用情况、是否有其他用途等。

3. 目标公司的资产和负债情况

（1）目标公司的资产调查

目标公司的资产调查是尽职调查中的一项重要内容，其不仅可以了解到目标公司的资产构成，而且对了解企业运营情况也有帮助。通常，调查目标公司的资产情况可从以下信息收集入手：

目标公司及其附属机构所有、占有或租赁使用的土地、不动产，指明每一处不动产的所有权、面积、使用情况、是否有保险，如系租赁拥有，找到租赁合同，列出租赁期限、续签条件、租赁义务等，如系占有，列明产权所属关系；目标公司及其附属机构所拥有的不动产设立抵押权的情况；有关不动产的评估报告；有关存货的细目表，包括存货的规格、存放地点和数量等；目标公司及其附属机构在经营中使用的设备情况，指明这些设备的所有权情况以及有关融资租赁的情况或有关设备可被拥有或租赁使用的协议；有关有形资产收购或处置的协议。

（2）目标公司的负债调查

由于目标公司的负债情况是影响企业并购能否进行以及并购价格的重要因素之一，因此目标公司的负债调查是尽职调查的重要内容之一，是每个公司并购项目中都应重点关注的问题。了解目标公司的负债情况，可从以下方面着手信息调查：

目标公司和附属机构所欠债务清单；借款协议及其补充协议或放弃债权的文件；所有的证券交易文件、信用凭单、抵押文件、信托书、保证书、分期付款购货合同、资金拆借协议、信用证、有条件的赔偿义务文件和其他涉及目标公司和附属机构收购问题、其他目标公司和附属机构有全部或部分责任的有关文件；由目标公司、附属机构以及其经营管理者、董事、主要股东进行贷款的文件；由目标公司或附属机构签发的企业债券和信用证等文件。

或有负债是会计中的一个专有名词，它是指过去的交易或事项形成的潜在义务，其存在须通过未来不确定事项的发生或不发生予以证实；或过去的交易或事项形成的现时义务，履行该义务很可能导致经济利益流出企业或该义务的金额不能可靠地计量。也就是说，或有负债并不是真正的债务，只是一种潜在的债务而已，但由于它对于企业来说是一项十分重要的支出项，因此企业会将其予以计量并列明。或有负债通常有以下几种情况，如质量保证金、未决仲裁、诉讼或行政处罚、债务担保等。在尽职调查中，遇有上述情况，对于企业来说均是一种潜在的负债，因此对于上述情况应准确表述为或有负债，而非其他。

4. 目标公司的知识产权情况

知识产权对于企业发展异常重要，现今很多公司并购的目标之一就是获得出让方的知识产权，加之知识产权种类繁多，很多又涉及第三方协议，因此调查起来难度较大。

通常对知识产权的尽职调查从以下几个方面着手：（1）由目标公司及其附属机构拥有或使用的商标、非商标性标识、商号、版权、专利和其他知识产权及其证明文件；（2）正在向有关知识产权注册机关申请注册的商标、非商标性标识、版权、专利的文件，包括被驳回、撤销、重新审查的文件；（3）涉及特殊技术开发的作者、提供者、独立承包商、职员的名单清单及有关职务开发协议；（4）专有技术及专有产品清单；（5）所有目标公司知识产权的注册证明文件，包括知识产权的国内注册证明和国外注册证明；（6）所有由目标公司或其附属机构作为一方与他方签署的商标、非商标性标识、版权、专利、技术诀窍、技术或其他知识产权使用许可协议、转让协议；（7）所有的商业秘密、专有技术秘密、职务发明转让或其他目标公司或其附属机构作为委托人并对其有约束力的协议，以及与目标公司或其附属机构或第三者的专有信息或知识产权有关的协议；（8）目标公司及其所属机构有关知识产权诉讼的文件。

5. 目标公司的财税情况

（1）目标公司的财会调查

目标公司真实的财会信息可以准确地反映出公司运营的真实状况，因此在对目标公司的尽职调查中，财会调查一定是必不可少的。由于财会知识专业性较强，因此在对目标公司财会信息进行调查时，律师事务所可以委托会计师事务所协助完成。

目标公司的财会信息一般来源于以下几种途径：目标公司的审计报告及财务报表；内部预算和项目准备情况的文件，包括备忘录；资产总量和可审查的账目；销售、经营收入和土地使用权；销售、货物销售成本、市场开拓、新产品研究与开发的详细情况；过去5年主要经营和账目变化的审查；采纳新的会计准则对原有会计准则的影响；目标公司审计师的联络方式等。

在资产类科目的调查方面，应注意在账面上是否存在不能收回的应收账款，是否为呆账、坏账、现金及商业折扣、过期的应收账款、销售退回和折让；对于长期股权投资则要注意所投资公司的财务状况；对土地、建筑物、设备及无形资产的价值评估，应依据双方事先同意的评估方式进行调整。

在负债类科目的调查方面，应尽可能查找可能未体现的负债，如有些债务已经到期未付，则应特别注意债权人法律上的追索问题以及额外利息的支付；另外，还应注意是否有因对外担保而承担责任的问题。

此外，还应审查目标公司在未来是否有重大支出的需要，如工厂迁址和扩建、新产品开发等。对于涉及国际业务的目标公司，还应注意审查汇率变动、外汇管制和利润汇回等问题。

（2）目标公司的税务情况调查

对目标公司税务情况调查，主要是对目标公司所涉税种、税率、是否享有税收优惠政策、是否存在偷漏税收，以及应缴未缴税金的问题的调查。与财会情况调查一样，税务调查的专业性也较强，律师事务所也可以委托其他中介机构协助调查。

通常，对目标公司税务调查的内容有：关于目标公司增值税、企业所得税等评估和审计文件；关于增值税的安排、计算和支付以及罚金或罚息的文件；有关涉及目标公司的企业间交易以及离开企业集团后企业间可清算的账户信息；目标公司及其附属机构有关税收返还的文件，最新的税务当局的审计报告和税务代理机构的审查报告和其他相关的函件；有关涉及税务事项与税务当局的争议情况的最终结论或相关材料等。

6. 目标公司劳动和人事制度调查

目标公司劳动和人事制度及执行情况，是事关公司并购成功与否的重要因素之一，其与企业运营及管理情况密切相关。

通常，对目标公司的劳动人事制度的调查，包括目标公司对高级管理人员的人事管理制度和对一般员工的劳动管理制度两个方面。

目标公司对高级管理人员的人事管理制度包括：目标公司高级管理人员和关键人员的名单；目标公司与其高级管理人员和关键人员签订的合同以及他们的年薪和待遇情况等。

目标公司对一般员工的劳动管理制度可从以下几个方面进行调查：目标公司与其一般员工的劳动合同，以及工会或集体谈判合同；目标公司员工手册；员工所签的有关保密、限制竞争、知识产权转让的合同及条款；目标公司与其员工签署的其他有关双方权利义务的合同，如借款合同、补偿协议等；员工的工资福利情况，如退休金、股票选择和增值权、奖金、津贴、保险以及因病离职的待遇等。

7. 目标公司的诉讼、仲裁与行政处罚情况

目标公司的诉讼、仲裁与行政处罚情况，对于并购方来说是一种义务和风险，对于出让方来说，是其了解自身情况、确定收购底价考量的因素之一。

对于目标公司是否存在诉讼、仲裁（包括审判及执行阶段）及行政处罚（如环境问题），以及其须承担的义务及风险的大小，通常应从以下几个方面展开调查：正在进行的诉讼、仲裁、政府行政调查的有关文件；法院、仲裁委员会及政府行政部门作出的、对目标公司及其附属机构有约束力的判决、裁决、命令、禁令等；诉讼、仲裁中目标公司及其他委托人自行和解、调解、放弃权利主张的文件；可能存在诉讼、仲裁或政府行政调查的相关情况；目标公司法律顾问或相关方面负责人的补充说明等。

8. 涉外公司并购下的其他考虑因素

如尽职调查对象涉及境外因素，则调查内容中还需要包含贿赂及腐败、贸易保护主义、政治及社会动荡、商业欺诈、劳资冲突、风俗习惯、隐藏负债、汇率风险等。

（二）尽职调查的工作流程

虽然每个尽职调查在调查内容及方向上均具有其独特性，但除了大型的、综合的并购活动外，对于通常意义上的尽职调查而言，其工作流程大致可分为以下阶段。

1. 委托方与律师事务所签订专项法律服务合同，同时签署《尽职调查保密协议书》，由律师事务所指派具体律师从事尽职调查工作。

在公司并购中，委托尽职调查的一方既可以是并购方，也可以是出让方，双方出于不同目的均有委托尽职调查的需要。对于出让方而言，虽然其对自身公司（目标公司）很了解，但这种了解并非是以法律视角对目标公司的审查，而且对于大型的目标公司而言，其对自身也不可能做到清楚了解的程度。

另外，指派律师的多少由尽职调查的复杂程度及时间要求等因素决定，

但一般最少不少于四人。

2. 调查律师根据受托的业务拟定尽职调查方案。尽职调查方案一般由项目背景、工作小组及职责分配、尽职调查的重点、时间进度计划四个部分组成。

（1）项目背景

项目背景的主要内容是对目前了解到的目标公司的概况、股权结构、主要财务指标进行简要介绍，对委托方的尽职调查的目的和要求进行简要陈述，使所有参与此项目工作的律师对前期情况有一个大致了解，便于下一步的工作开展。

（2）工作小组及职责分配

尽职调查环节多、时间长，涉及专业面广，有时需要聘请多家中介机构协助完成，因此有必要将参与此项目的律师分成若干个工作小组以便尽职调查工作的开展。

综合复杂的尽职调查项目，通常其项目组的工作人员不限于律师，还包括委托人或目标公司的专业人员，有些情况下还包括财会、税务等中介机构的人员，上述这些人员将根据其业务领域被分为经营、法律、财务等专业小组，并有一个人作为整个尽职调查项目组的负责人，组织协调整个尽职调查工作。

每个工作小组均有其特定的工作任务，落实责任制，尤其对各中介机构的职责应明确工作内容，提出工作要求，确定应提交的文档及提交时间，以保证工作实效。

（3）尽职调查的重点

根据项目背景及委托人的目的，列明调查重点，制作《尽职调查清单》，列明需要调查的方向及内容，如果可进一步细化则详细列明。需要注意的是，随着尽职调查工作的推进，可能清单中列明的调查方向和重点会发生变化，需要及时调整。另外，各个工作小组的调查内容虽然不同，但可能是从不同角度对同一问题的说明和印证，因此在调查中，各个小组要注意沟通，以实现对目标公司的全方位评价。

（4）时间进度计划

在制定时间进度安排时，要留有突发情况的应急时间，以防不能按时完成调查工作。另外，还要根据每一小组的工作难度及任务多少合理分配时间，尽量做到各组在时间上差距不大，以防影响调查的整体进度。

3. 根据尽职调查方案开展调查工作。

现实中，目标公司对于尽职调查的态度并不相同。对于主动配合的目标公司，尽职调查项目组在调查信息的获取上就会相对容易，如将项目组成员带入公司文件储备库房，但这相应地就会遇到获取信息量过大而需要筛选查看的问题；而对于根本不配合的目标公司，项目组就要采取一系列的调查方法以获得自己想要的信息材料，这样不仅会增加工作难度，而且也不确定能否获得需要的调查信息，因此不同情况下，项目组具体的调查工作就有很大的不同。

除去项目组在每个具体调查工作中的特殊性，其在调查工作中都要做到：对尽职调查所获取的全部资料，进行相应的核查验证，并制作工作笔录，且尽可能地取得目标公司对工作笔录的书面确认，如果其拒绝签字确认，应予以特别说明，并注明具体日期。另外，每天晚上各调查小组对当日工作完成情况进行小结，分享信息并为其他小组提出注意事项；每周各调查小组报告本周工作进度及下周工作安排；在尽职调查中遇到的困难或障碍，各小组开会讨论解决办法，并视问题的重要程度与委托方沟通，如遇有专业性问题，则与其他中介机构协调解决。

4. 制作《尽职调查报告》。

项目组在制作尽职调查报告时要以前期调查的工作成果为基础，在制作过程中，每一小组要注重与其他小组的沟通协调，避免同一份尽职调查报告在同一事项的调查上出现矛盾甚至截然相反的观点，遇有中介机构协助制作的报告部分，律师应作出自己独立的判断，而不能简单地参考财务人员的调查结果。

《尽职调查报告》一般包括序言和正文两部分。在序言中，主要说明本次尽职调查的调查重点、信息来源、调查方法、披露范围、尽职调查报告出具的法律依据、使用范围、引用限制、时间限制等。在正文中，则对调查事项一一列举、说明，最后对所涉及的法律事项以及所有审查过的信息所隐含的法律问题予以评价和建议。

在《尽职调查报告》制作之后，由律师事务所加盖公章，送交委托人。如涉及公司并购，律师事务所依委托人的要求会根据调查中获得的信息对交易框架提出建议及对影响购买价格的诸项因素进行分析，并起草并购意向书及谈判方案。

（三）尽职调查的调查方法

尽职调查中难度最大的既不是调查方案的制定，也不是调查报告的制作，而是如何获得调查清单中列出的信息，尤其在目标公司不配合的情况下。初做尽职调查工作，很多人受思维的局限，对于现实工作中出现的很多无法获得的信息及情况不知如何处理。其实尽职调查的方法有很多种，以下为律师工作中经常采用的调查方法。

1. 档案调取。律师可以独自或在目标公司的配合下，走访相关登记管理机关，调取目标公司及部分关联企业的工商档案、土地档案、房产档案等。这种尽职调查方法多用在公司基本情况的调查，如公司设立、变更、吊销等相关信息，以及公司的土地、房产、在建工程等的查验。需要说明的是，目前律师独自可以进行的只是工商登记档案的调取，其他档案的调取仍需要目标公司的配合。

2. 走访调查。走访调查是尽职调查中几乎都会用到的重要调查方法之一，对于律师来说，其调查的信息除来自目标公司提供的文件材料及到政府相关部门调取的档案信息外，还需要现场实地查看需要调查的事项，如对房产、在建工程、公司运营情况的调查等。在走访调查中，需要借助于一定方法固定下现场勘查的结果，如拍照、摄像等。

3. 问卷调查。问卷调查，顾名思义，就是以问卷的方式对目标公司的相关信息予以调查，其大多被用于调查对象数量较多、不能固定或对相关信息进行粗略调查的情况下。律师需要根据上述特点制作调查问卷，尽量便于调查对象回答，如采用是与否的问答方式较之于可能、经常这类表述就要准确且易于回答很多。

4. 笔录调查。不同于问卷调查，笔录调查针对的调查对象人数较少而且比较固定，这就使得一对一的调查方式具有了客观上的可能性，而且由于调查对象的确定性，因此问询事项也更具有针对性，对于相关信息的调查及问题的发现更具有方向性。

5. 公共信息检索。网络调查是一种容易被忽视的调查方法，但对于通过以上方法均无法获得的信息，网络调查是一种很有效的调查方法，而且网络调查也是验证通过以上途径获得信息真伪性的一种有效方法，如专利、商标等信息的查询、企业信用的查询、网络媒体中对所调查事项的评价与态度等。

6. 询证咨询。询证咨询是一个审计时经常用到的方法，比较多见的是对银行存款的询证。事实上，询证咨询也可以用在对某一法律问题的尽职调查上，如律师通过给某一企业发询证函的方式来确认某一事项就是一种比较常见的询证咨询。

7. 声明承诺。如在穷尽上述手段后，仍不能获取需要调取信息时，可以通过承诺担保的方式解决上述问题。如对目标公司诉讼、仲裁情况的调查，由于我国法院及仲裁系统并没有实现案件信息的联网，因此不可能通过去部分法院调查就能实现对目标公司有无诉讼及仲裁案件的准确结论，而走访每一个法院又是不可实现的，因此可以以现有情况为基础，让目标公司出具承诺函或其他文件，承诺除项目组掌握的诉讼仲裁情况外，不存在其他涉诉情况，这样既可以完成对这一事项的调查，又可以防止尽职调查结果不准确的执业风险。需要注意的是，对以这种方法调查的信息出具的调查结论中，一定要清楚表明是在这种调查方法下获得的信息，这是上述调查结论的前提条件。

五、实训过程

1. 学生以小组为单位，回顾案例的基本情况。

2. 对于案例的第一个问题，以每一小组作为一个尽职调查小组，让其自行安排尽职调查的工作流程，主要观察其团队合作精神。

3. 以每一小组作为一个尽职调查小组，针对案例一中的背景，让其拟定《尽职调查清单》，并列出调查重点，同时说明原因；如果时间有限，则询问其调查清单是否要做相应的调整。

4. 以头脑风暴的启发式教学模式，针对学生的尽职调查清单，询问其以何种调查方法获得相关信息；如果该方法无法实现或根本没有有效的调查方法，则是否还能得出一定的调查结论；面对重点调查项目而时间有限，又该如何处理。最后由教师对尽职调查方法予以总结和归纳。

5. 针对案例中的第二个问题，制作一份《尽职调查报告》。

六、实训作业

案例问题一作业：

1. 作为一个律师团，我们小组会首先就该项目召开会议，强调集体意识。将团队分为3个小组，即小组 a、b、c 分工合作。

2. 小组 b、c 全面收集目标公司（万通公司）的相关资料。小组 a 通过审查目标公司的相关资料，对目标公司出具尽职调查报告。力求全面客观地反映出目标公司的信息，预估潜在的法律风险，供钟华集团参考。

3. 小组 c 在小组 a、b 的工作成果之上与钟华公司定期召开会议，为钟华公司提供现场法律支持，及时预估收购过程中的风险。

4. 小组 a、b、c 各设组长一名，负责组内工作任务和律师团队内部的沟通协调。律师团队设负责人一名，负责律师团队和钟华集团之间的沟通协调。

案例问题二作业：

1. 万通公司工商档案中关于投资总额、注册资本、实收注册资本、住所、法定代表人的变更文件并不齐全，万通公司相关人员未能解释其中原因，但是当时的工商登记机关均在换发的企业法人营业执照上进行了变更。

作为钟华集团聘请的律师，本人建议钟华集团继续向目标公司和相关的政府部门进行核实，以防止日后市场监督管理部门以此作出行政处罚。

2. 根据律师调查，万通公司在工商登记机关仅备案其设立时的章程，而公司历次变更后既没有及时制定新的章程修正案，也没有在工商登记机关作相应的备案。

同时据公司相关人员介绍，万通公司在工商登记机关备案的章程仅为公司设立之用，所以除公司设立相关内容外，章程中很多内容的约定只是形式性的，在实践中并未按章程的约定去做。

《市场主体登记管理条例》第二十四条第一款规定，市场主体变更登记事项，应当自作出变更决议、决定或者法定变更事项发生之日起 30 日内向登记机关申请变更登记。该条例第四十六条规定，市场主体未依照本条例办理变更登记的，由登记机关责令改正；拒不改正的，处 1 万元以上 10 万元以下的罚款；情节严重的，吊销营业执照。为了规避法律问题，避免日后受到行政处罚，建议贵司让万通公司在并购前去工商登记机关备案。在并购后可召开股东会修改章程，并要求严格按照章程规定经营公司。

3. 公司的实际控制人为现法定代表人、公司董事长徐×，根据网络调查和访谈了解到，其在原籍××市从事房地产 10 年左右，2003 年开始来沈阳开发房地产，在沈阳有两个项目。未取得建设工程规划许可证件或者违反建设工程规划许可证的规定进行建设的，由县级以上人民政府城乡规划行政主管部门责令停止建设，限期拆除或者没收违法建筑物、构筑物或者其他设施。建议贵司要求万通公司按照法律程序补办工程需要的各种手续，以免日后出现法律问题。

4. 万通公司为关联公司提供了人民币 1.2 亿元的借款担保，其章程规定超过 5000 万元的担保须由股东会决议，但股东会并无此决议记录。

若 1.2 亿元借款担保经股东会决议予以承认，当关联公司不能清偿目标公司的借款时，目标公司将依担保条款之规定对关联公司的 1.2 亿元借款承担还款的责任，此项借款担保可作为目标公司的对外负债。要求目标公司对此 1.2 亿元借款担保的效力予以确认。

5. 律师在审查万通公司应付票据的记账凭证及原始凭证时，发现万通公司于 2007 年通过汇票方式向关联公司支付了 3500 万元的款项。万通公司的韩总向我们介绍：万通公司向关联公司转款，由关联公司供应给万通公司的总承包商，最后由万通公司与其总承包商进行结算。因为关联公司享受免缴企业所得税的税收优惠政策，万通公司通过关联公司这个平台进行上述资金运作，增加公司成本、转移公司利润，从而少缴企业所得税。

目标公司与关联公司之间存在以合法形式掩盖非法目的的不正当竞争行为，其行为涉嫌违法，对目标公司的信誉带来一定挑战，希望贵司前去工商部门查清目标公司的财务状况，目标公司利用关联公司享受免缴企业所得税的税收优惠政策，通过关联公司与万通总承包商间的交易，从而逃避缴纳企业所得税，若逃避缴纳税款较大将涉嫌违法。

6. 万通公司在沈阳一个项目的施工现场发生了重大的安全事故，造成五死一伤的严重后果，经查是工人在操作过程中违反操作规范所引发的。

首先，万通公司在施工现场发生的重大安全事故，后果严重，且现在并不知道案件进行到什么阶段，是否已经对伤亡人员予以赔偿，善后工作是否到位，本案是否已经终结。如果案件赔偿问题及善后工作都未开展或者未全部结束，那并购之后会给收购方带来一系列的麻烦，也就是责任会转移给收购方，所有问题都将归咎于收购方。

其次，万通公司在造成重大安全事故后，因赔偿金问题有可能会造成公司停产停业影响公司正常运转，甚至有破产的可能，此时并购可能产生不利影响。

最后，万通公司此次重大的安全事故是工人在操作过程中违反操作规范所引发的，这也反映了其工人技术水平不高、责任心不强、公司管理不到位等问题，如直接并购有可能会再次发生此类事件。

七、实训点评

案例问题一点评：

第一，学生只是进行了小组分配，既没有制定尽职调查方案，也没有拟定尽职调查清单，当然这可能因为授课的局限，不可能让其去实地调查，但作为一种工作流程，不应予以忽略。第二，在任务分配上，没有合理安排时间；将调查工作与制作调查报告相分离，这样对于制作人员来说还需要有个再次了解调查工作的过程，因此是不科学的。

案例问题二点评：

第一，尽职调查报告本质上就是将调查到的信息，包括问题客观地表述出来，即一种情况反映，其中可以有必要的提示，但并不需要做法律建议。本次所给的案例，其实已经将调查的情况告诉了学生，其只需要将其客观地反映在尽职调查报告中即可，而无须对每一情况都给予风险提示，这或许是由于条件有限，不可能让学生实地调查，而是将调查情况直接给出，造成了学生理解上的歧义，但这其实也是检测学生是否真正掌握尽职调查本质的一道很好的考题。第二，尽职调查应注重促进交易原则，学生在此方面理解得不好，表现在：或者将问题夸大，认为目标公司不能存在任何问题；或者提出的建议完全偏向一方利益而不具有可操作性。第三，提交的《尽职调查报告》只有正文部分，而没有序言部分，事实上序言部分即对尽职调查报告的时间限制、使用限制、材料真实性审查的保留、调查重点等内容是报告使用的前提，也是律师防范职业风险的有效措施。第四，实践经验较少，对于一些现实中常见问题，不能很好地处理，就以问题和风险替代。

本节内容教师总结如下：

1. 尽职调查精神在于实现委托人调查的最终目的。调查的本质在于解决调查中发现的问题，尤其是那些对尽职调查的目的会构成重大影响的问题，而非吹毛求疵。

2. 尽职调查是有侧重点的，并非越详细越好。

3. 尽职调查要穷尽一切办法调查，当穷尽一切办法仍无法获得调查信息时，可用承诺函的方式解决。

八、实训文书

关于万通公司的专项尽职调查报告
序　言

××××律师事务所（以下简称本所），是在中华人民共和国境内执业的专业法律服务机构，受钟华集团（以下简称贵司）的委托，对万通公司（以下简称目标公司）开展法律尽职调查。

1. 本次尽职调查的调查重点

鉴于贵司拟受让万通公司100%股权（以下简称股权），依据《尽职调查委托协议》关于本次法律尽职调查范围及方式的约定和在本次法律尽职调查过程中本所与贵司协商确定的调查重点和范围，本次法律尽职调查的调查重点如下：（1）对目标公司的严格调查，包括但不限于主体资格及存续、行业资质、股权结构、治理结构、资产、债权债务（包括或有事项）、税务、经营及涉诉等情况；（2）目标公司房产项目的合法性及销售状况。

2. 本次尽职调查的信息来源

鉴于本所已向目标公司出具了初步尽职调查提纲及其补充提纲，现本所根据截至本次尽职调查期间目标公司向本所提供的资料（书面、电子）、访谈介绍的信息以及作出的书面说明与承诺，结合本所到当地有关政府职能部门调查、咨询或核实所获得的信息，走访相关企业、勘查项目现场的情况，出具本尽职调查报告。

3. 本次尽职调查的调查方法

为完成本次项目调查，本所采取了以下尽职调查手段：

（1）向目标公司出具并解释初步尽职调查提纲及其补充提纲，接收目标公司提供的资料。

（2）与目标公司相关负责人等进行访谈。

（3）通过网络和与知情者访谈的方式对目标公司背景信息进行非标准化调查。

（4）在调查过程中，本所对万通公司进行了现场勘查。

（5）独自或在目标公司的配合下，走访登记管理机关，调取了目标公司及部分关联企业的工商档案和土地档案。

4. 本次调查事项和披露范围

本次法律尽职调查的范围以《尽职调查委托协议》中关于本次法律尽职调查范围的约定为基础，该范围排除了对目标公司财务和税务方面的审查。

本次法律尽职调查期间为 20××年 12 月 1 日至 20××年 12 月 7 日。本尽职调查报告所披露的信息及作出的评述限于前述调查期间所知悉的情况。

具体调查和披露的事项范围如下：

（1）本次法律尽职调查范围的基本时点为 20××年 12 月 1 日至 20××年 12 月 7 日，但对于目标公司的设立及历史沿革问题的调查，不受以上时点限制。

（2）本所根据目标公司提供的资料和访谈中介绍的信息，确定可能存在关联的范围，依据《尽职调查委托协议》关于调查范围和方式的约定，对关联公司以网络和访谈的方式进行了解。

（3）对于董事和高管人员的信息披露基本依赖于目标公司的介绍，除目标公司向本所披露的关于董事和高管人员的信息外，本所对通过网络或其他方式调查、收集的关于董事和高管人员背景信息的真实性不承担任何法律责任。

（4）关于固定资产的权属状况的披露与分析，仅限于目标公司提供的20×× 年 10 月资产负债表。

（5）关于目标公司的债务核查，限于目标公司提供的合同和资产负债表，重大合同的核查范围限于目标公司提供的资料。

（6）本所将调取的部分工商档案资料及目标公司提供的资料（见光盘）作以披露。

5. 本报告出具的法律依据

本所根据中国境内（本尽职调查报告中所指的"中国境内"不包括香港特别行政区、澳门特别行政区和台湾地区）现行法律（本尽职调查报告中所指的"法律"包括但不限于法律、行政法规、规章及其他规范性文件）的要求，对已取得的文件材料进行了书面审查，并依据审查结果发表意见。在本尽职调查报告中，本所对某事项的判断是否合法有效，是以该事项发生时所适用的法律为依据，同时充分信赖有关政府行政部门给予的批准或确认。

本尽职调查报告系根据中国境内现行法律而出具。本所不根据中国境内法律以外的任何法律且不对中国境内管辖权以外的任何事宜发表意见。

6. 本报告披露的专业范围

在本尽职调查报告中，本所仅对目标公司的法律状况发表意见，并不对有关会计、审计、资产评估、专业技术等非法律专业事项发表任何意见。凡对于非法律专业事项的描述，本所仅依赖于有关会计报表、审计报告、资产评估报告、验资报告和相关技术或资质认证文件的判断、理解和结论。本所在本尽职调查报告中对有关会计报表、审计报告、资产评估报告、验资报告和相关技术或资质认证文件的任何数据或结论的引述，并不意味着本所对这些数据、结论的真实性和准确性作出任何明示或默示的保证。

7. 对于正本和原件真实性审查的保留

基于目标公司向本所出具的书面说明和承诺与保证，假定目标公司提供本所用于制作本报告的所有材料（包括但不限于书式资料、电子资料、访谈笔录、对于有关重大事项作出的书面陈述与说明文件等）真实、准确、完整，复印件与原件一致，不存在虚假记载、误导性陈述或重大遗漏，并依赖此种信任出具本尽职调查报告。

贵司对于本所的上述假定给予充分的理解，并没有任何异议。

8. 本报告的使用范围及引用限制

本尽职调查报告仅供贵司本次并购项目之目的使用，不得用作任何其他目的。本所同意贵司因本次并购项目之目的自行引用或按其要求部分或全部引用本尽职调查报告的内容，但贵司作上述引用时，不得因引用而导致法律上的歧义或曲解。

9. 本报告的时间限制

本报告中披露的信息及相关的法律分析，系依据截至20××年12月7日本所在尽职调查过程中收集到的资料和了解到的信息，结合本报告出具日前已颁布的法律规定而出具。

基于上述，本所按照中国律师行业公认的业务标准、道德规范和勤勉尽责精神，现就目标公司的法律状况出具以下尽职调查报告。

正　文

1. 目标公司工商档案中关于投资总额、注册资本、实收注册资本、住所、法定代表人的变更文件并不齐全，目标公司相关人员未能解释其中原因，但是工商登记机关均在换发的企业法人营业执照上进行了变更。

2. 根据律师调查，目标公司在工商登记机关仅备案其设立时的章程，而目标公司历次变更后既没有及时制定新的章程修正案，也没有在工商登记机关作相应的备案。同时据公司相关人员介绍，目标公司在工商登记机关备案的章程仅为公司设立之用，所以除公司设立相关内容外，章程中很多内容的约定只是形式性的，在实践中并未按章程的约定去做。

3. 目标公司的实际控制人为现法定代表人、公司董事长徐×，根据网络调查和访谈了解到，其在原籍××市从事房地产10年左右，2003年开始来沈阳开发房地产，在沈阳有两个项目。目标公司的部分建筑工程，在没有施工许可证的情形下，现在已封顶。

4. 目标公司为关联公司提供了人民币 1.2 亿元的借款担保，其章程规定超过 5000 万元的担保须由股东会决议，但股东会并无此决议记录。

提示：无论是否经股东会决议，此 1.2 亿元借款担保都是目标公司的或有负债。

5. 律师在审查目标公司应付票据的记账凭证及原始凭证时，发现目标公司于 2007 年通过汇票方式向关联公司支付了 3500 万元的款项。目标公司的韩总向我们介绍：目标公司向关联公司转款，由关联公司供应给目标公司的总承包商，最后由目标公司与其总承包商进行结算。因为关联公司享受免缴企业所得税的税收优惠政策，目标公司通过关联公司这个平台进行上述资金运作，增加公司成本、转移公司利润，从而少缴企业所得税。

提示：如果目标公司向关联公司支付的对价远高于独立企业的交易对价，税务机关有权核定征收。更为重要的是，目标公司将利润转移到关联公司的做法，降低了目标公司的利润和偿债能力。建议贵司就此目标公司转移利润的问题与股权转让方或目标公司进行协商，降低贵司的投资风险。

6. 目标公司在沈阳一个项目的施工现场发生了重大的安全事故，造成五死一伤的严重后果，经查是工人在操作过程中违反操作规范所引发的。

九、实训拓展

（一）课后思考

1. 查找并阅读任一律师事务所出具的《尽职调查报告》。

2. 查找并阅读企业的财务报表，包括资产负债表、利润表、现金流量表和所有者权益表。

（二）补充资料

文件一：引例范例

关于兴华银行股份有限公司××分行采购××新汇国际大厦
律师尽职调查文件清单
关于法律尽职调查文件收集工作的说明

本清单涉及的范围系根据截至本清单发出之日我们所掌握的本项目情况

而确定的调查内容。随着本项目进程和相关尽职调查工作的深化，尽职调查的范围可能会有所增加，可能会要求贵司对相关问题进行进一步的解释说明，以及进一步提供文件和材料。对此，我们希望能够获得贵司的理解和配合，促进尽职调查工作的顺利开展。

1. 被调查单位的范围

本次法律尽职调查涉及的被调查单位为××新汇国际大厦。

2. 关于提供文件的真实性、准确性、完整性

由于被调查单位应对所提供文件的真实性、准确性、完整性负责，被调查单位在提供法律尽职调查文件时，应加盖被调查单位公章。

3. 提供文件的具体要求

（1）除非以黑体特别标明需要提供原件的和为本次法律尽职调查而新制作的情况说明外，被调查单位只需要提供相关文件的复印件一式二份，但应对所提供之复印件加盖公司骑缝章，复印件应安排律师进行原件核对。

（2）除文件清单另有明确说明（如过去三年或自成立以来等）之外，各被调查单位均应按充分反映企业目前法律状况的标准提供相关文件和情况说明。

（3）请将所准备的文件按照文件清单的顺序排列妥当，并请按照文件清单的序号制作相应的文件清单目录以便查找和核对。

律师尽职调查文件清单

一、项目公司的设立及合法存续文件

1.1　请提供由公司注册地主管工商行政管理部门出具的盖有"工商档案查询专用章"的项目公司、装修工程公司全部工商档案（原件，机读档与书档）。上述查询应包括以下内容：企业名称、注册号、注册地址、法定代表人、董事成员、注册资本（注册资金）、企业类型、经营范围、成立日期、经营期限、年检情况，以及现有股东名称、出资额、出资比例，企业的主要变更事项及其核准日期等。

1.2　公司最新经年检的营业执照正本和副本。

1.3　公司对外投资所设立的下属企业或分支机构的文件。

1.4　公司章程及其全部修改和补充文件。

1.5 公司设立时的验资报告及实物出资的资产评估报告。

1.6 税务登记证（国税、地税）、组织机构代码证、社会保险证、外商投资企业批准证书。

1.7 房地产开发资质等级等证书。

1.8 有关的尚未在前述提及的特殊行业经营的政府批复、证书或许可。

1.9 公司注册地址与实际经营地址是否一致，如不一致，请书面说明原因。

1.10 施工单位、监理单位最新经年检的营业执照正本和副本以及工程资质证书。

二、项目公司财务情况

2.1 过去三年经中国注册会计师审计之企业财务报表及审计报告。

2.2 公司最近的一期资产负债表、现金流量表及利润表。

2.3 其他任何公司认为重要的有关公司业务和财务状况的信息资料。

三、项目公司的债权债务和担保

3.1 请提供公司及下属子公司目前有效、仍在履行的借款合同及合同文本（需提供对应的担保合同），包括人民币或外汇币种贷款合同及有关批文、登记文件。

3.2 公司存在的任何形式的担保情况，并就担保情况提供专项的书面说明。该担保包括但不限于保证、抵押、质押、留置、定金等，并请提供担保之所有合同、文件、抵押和质押证明等。

四、项目公司的诉讼、仲裁和行政处罚

4.1 任何有关公司的已经发生的、正在进行的或已有明显迹象表明可能要发生的全部的重大诉讼、仲裁、行政处罚或者行政复议情况和文件。

4.2 任何涉及公司财产的行政机关、司法机关的查封、冻结及其他强制执行的措施或程序，并提供以下文件：裁定书，查封、扣押、冻结通知书，协助执行通知书，执行通知书等。

4.3 公司在过去三年及可预见的未来有否与第三方发生任何法律诉讼或仲裁程序以外的纠纷或政府机构进行的调查（如向主管部门的投诉、由主管部门所决定的处罚或罚款等），并请提供其中存在潜在纠纷的重大合同及合同委托人的往来文件。

4.4　如没有以上情况，请项目公司法律顾问出具相关情况说明。

五、项目资产情况（限项目所涉房产及地下车库部分）

5.1　请提供公司使用或拥有的土地（包括无证土地）及房屋（包括无证房屋）明细。

5.2　除提供上述明细外，请按下述清单提供相关文件。

5.2.1　土地

出让土地：国有土地使用权出让合同，国有土地使用权证，土地出让金支付收据；

从第三方（第三方已经取得国有土地使用权证）通过转让方式取得：第三方与国土资源管理部门签订的国有土地出让合同，国有土地使用权转让合同，国有土地使用权证，土地转让价款支付证明；

从国土资源管理部门通过租赁方式取得：国有土地租赁合同，国有土地使用权证，租金支付凭证；

从第三方（第三方已经取得国有土地使用权证）通过租赁方式取得：第三方的国有土地使用权证，土地租赁合同，租金支付凭证，相关租赁登记/备案文件；

如公司系以受让、租赁或其他方式取得和使用农用地、集体土地，请特别予以说明，并提供相应的文件〔包括但不限于转让合同、租赁合同、转让价款或租金的支付凭证，并请说明征地、审批进行的情况及遇到的主要障碍（如有）〕；

以其他方式取得的土地的证明及其相关文件。

5.2.2　房产

已建设完成并取得产权证的物业：房产权证（或房地产权证）；

在建工程：国有土地使用证、建设用地规划许可证、审定设计方案通知书、立项批复/备案、建设工程规划许可证、建设工程施工许可证、环保部门关于建设项目环境影响评价文件的批复，并请说明该在建工程的实际使用情况，以及是否存在未取得竣工验收即投入使用的情况；

从第三方受让的物业：房产权证（或房地产权证），如还未取得房产权证（或房地产权证）的，请提供第三方房产权证（或房地产权证）、购买合同、房屋价款支付证明，未办理产权证原因的说明；

从第三方租赁的房产：第三方的房产权证（或房地产权证），租赁合同，房屋租赁登记证，租赁许可证（如有）；

以其他方式取得的任何房产的产权证明及其相关文件。

5.2.3 其他

影响公司拥有或租赁的房地产的使用、出售、租赁或转让的限制，合约及承诺的详细清单及协议，包括但不限于抵押协议以及登记文件；

政府有关房地产使用、抵押、租赁等有关的批文及登记文件；

城镇土地使用税、土地使用费、土地增值税、契税、印花税的缴纳证明；

国家及地方土地管理部门对土地处置方案的批复（如适用）。

5.3 请提供公司固定资产明细表（包括但不限于机器设备、车辆），并请说明是否存在实际权利人与证载权利人不一致的情况及形成原因。

六、项目建设文件

6.1 立项的审批文件

6.1.1 项目建议书及相关批复；

6.1.2 项目可行性研究报告及相关批复。

6.2 项目规划的审批文件

6.2.1 申报规划要点通知书；

6.2.2 申报选址定点文件；

6.2.3 建设项目规划意见复函；

6.2.4 建设项目规划意见书及附图。

6.3 项目建设用地规划的审批文件

6.3.1 人民政府关于批准征地的批准文件；

6.3.2 国土资源管理局的批准文件；

6.3.3 项目用地钉桩成果通知单；

6.3.4 建设用地规划许可证及其附件。

6.4 项目设计方案的审核审批文件

6.4.1 项目初步设计申报和审批文件；

6.4.2 建设项目抗震设防要求审查意见书；

6.4.3 审定设计方案通知书。

6.5 项目建设工程的规划审批文件

6.5.1 项目施工图;

6.5.2 工程勘察成果报告;

6.5.3 建设工程规划许可证、施工许可证及其附件。

6.6 项目土地使用权取得的审批文件

6.6.1 土地评估报告;

6.6.2 审定地价水平通知单;

6.6.3 土地挂牌文件及公告,成交确认书,履约保证书;

6.6.4 国有土地使用权出让合同、补充协议及附图;

6.6.5 国有土地使用证;

6.6.6 土地出让金付款凭证;

6.6.7 土地契税的纳税票据。

6.7 代征代建及项目配套工程

6.7.1 代征代建市政道路、市政基础设施、绿地的相关证明文件;

6.7.2 代建工程配套项目(如幼儿园、学校、体育馆、配套公建)的相关证明文件。

6.8 人防的审批文件

6.8.1 人民防空工程设计审核批准通知文件。

6.9 绿化的审批文件

6.9.1 绿地布置图;

6.9.2 政府部门对绿化规划方案的审核意见。

6.10 项目销售审批文件

6.10.1 商品房预售许可证;

6.10.2 商品房买卖合同样本。

(此页无正文)

×××× 律师事务所

二○××年七月二十二日

文件二：小组任务分配表

××银行尽职调查工作安排一览表

序号	人员	工作类型	具体内容	时间要求	备注
1	闫律	制作报告	①瀚邦机床有限责任公司 ②久久贺钢铁贸易有限公司	5月7日	①模板 ②材料 ③银行报告（核对） ④与外调人员沟通
2	思律	制作报告	①铜业集团有限公司 ②厚福再生资源有限责任公司	5月7日	同上
3	曹律	与银行协调文件递转复核报告	①专项合同的签订 ②授权委托的用印 ③相关材料的递转 ④复核上述报告	5月7日	①专项法律服务合同 ②授权
4	刘律	外调	①厚福再生资源有限责任公司及抵押人彰武县天歌房地产开发有限公司的工商档案、房产、土地信息（彰武） ②华声铸造厂及其抵押人陈×、陈××的工商档案、房产土地等信息（本溪） ③除①②之外的其他债务人及抵押人的上述相关信息	5月6日	①授权 ②材料 ③银行报告
5	石律	外调			

续表

序号	人员	工作类型	具体内容	时间要求	备注
6	周律	制作合同及授权制作报告汇总工作	①华声铸造厂 ②对全部尽调报告进行汇总检查 ③沟通协调本次尽调中的问题	5月7日（制作） 5月8日（汇总）	

以上为本次尽职调查的工作安排，模板及相关材料会于4月28日发送大家，授权待银行用印后由曹律于4月29日（周五）带回，如对上述安排有任何问题，请务必于今天与我联系，以便于协调安排。

还请大家合理安排手里的工作，按照时间完成工作，以统一大家的工作进度，谢谢大家配合。

文件三：尽职调查文件清单

金融理财直接融资工具业务尽职调查文件清单
重要提示

1. 本金融理财直接融资工具业务法律尽职调查文件清单（以下简称文件清单）由××××律师事务所（以下简称本所）为出具金融理财直接融资工具业务法律意见书项目之法律尽职调查工作的目的而编制。文件清单明确了被调查单位提供法律文件及有关情况的具体范围。请各被调查单位真实、完整、准确地回答文件清单所列载的问题并提供有关文件、材料。

2. 各被调查单位应对其所提供文件和情况的真实性、准确性和完整性负责。

3. 各被调查单位在根据文件清单收集和提供文件和说明情况时应注意的问题，详见文件清单第一部分《关于法律尽职调查中文件收集工作的说明》。请各被调查单位相关人员详细阅读。

关于法律尽职调查文件收集工作的说明

1. 被调查单位的范围

本次法律尽职调查涉及的被调查单位包括：

（1）融资企业及其合并范围内子企业。

（2）交易参与机构：担任工具发起管理人的商业银行、出具法律意见书的律师事务所及律师、出具审计报告的会计师事务所及经办注册会计师、出具评级报告的评级机构。

2. 关于提供文件的真实性、准确性、完整性

由于被调查单位应对所提供文件的真实性、准确性、完整性负责，被调查单位在提供法律尽职调查文件时，还需加盖被调查单位公章。

3. 提供文件的具体要求

（1）除非以黑体特别标明需要提供原件的和为本次法律尽职调查而新制作的情况说明外，被调查单位只需要提供相关文件的复印件，但应对所提供之复印件加盖公司骑缝章。

（2）除文件清单另有明确说明（如过去三年或自成立以来等）者外，各被调查单位均应按充分反映企业目前法律状况的标准提供相关文件和情况说明。

（3）法律尽职调查是一个持续的过程，本所将随着法律尽职调查的深入，针对需进一步明确、补充的或者新发生的事项，提供补充法律尽职调查文件清单，请各被调查单位届时充分配合。

一、融资企业及其合并范围内子企业的设立及历史沿革

1.1　请提供由公司注册地主管工商行政管理部门出具的盖有"工商档案查询专用章"的《公司注册登记资料查询单》或《公司变更登记情况查询单》（原件，各地名称可能略有不同）。上述查询单应包括以下内容：企业名称、注册号、注册地址、法定代表人、董事成员、注册资本（注册资金）、企业类型、经营范围、成立日期、经营期限、年检情况，以及现有股东名称、出资额、出资比例，企业的主要变更事项及其核准日期（工商完整档，该工商部门出具的文件请保持原顺序）。

1.2　请按以下顺序提供相关文件（工商登记资料中如含有则不必提供）：

1.2.1　公司（包括公司前身，下同）自成立以来（包括设立、历次变更）的企业法人营业执照及最新经年检的企业法人营业执照。

1.2.2　请按发生的时间先后顺序说明公司自设立以来历次变更的详细情况。前述变更包括但不限于公司的股权转让、增减注册资本、变更公司名称、

变更经营范围、变更注册地址、变更企业性质及组织形式。如公司股权发生过转让，请在情况说明中注明历次股权转让前后的股东、持股比例及该次股权转让的作价依据（如以成本价、账面值或评估值作价）。

请提供能证明清单中每项变更的相关法律文件，包括但不限于变更前后的营业执照、公司章程、验资报告、资产评估报告、公告、相关的各种决议、协议（如该等文件与其他条款项下要求的文件重复，请注明已经提供文件的情况）。

以下 1.2.3 至 1.2.6 部分，如需提交的文件和 1.2.2 中的文件有重复，则请标明在 1.2.2 中已提供，无须重复提供：

1.2.3　公司出资人（包括股东和发起人）签署的出资人协议、股东投资协议或出资人为设立公司而签署的其他类似协议，以及出资人（股东和发起人）为设立公司而作出的决议。

1.2.4　公司成立及历次变更时的政府主管部门（如行业主管部门、外商投资主管部门）或上级主管单位的批文或批准证书。

1.2.5　公司成立、进行公司制改建，以及历次注册资本变动所需的验资报告、资产评估报告，包括评估结果的核准、备案文件。

1.2.6　公司成立时及历次变更的公司章程以及现行有效的公司章程或类似的章程性质的文件；如公司为外商投资企业，则请提供公司设立及历次变更时的合资/合作合同和合资/合作章程。

1.3　请提供公司全部分支机构（包括但不限于分公司、营业部、办事处、研发中心、培训中心、售后服务中心、产品销售中心等非法人单位）的名单及营业执照。

1.4　公司的内部组织结构图及各部门职责。

1.5　公司改制和重大资产重组情况。

二、融资企业及其合并范围内子企业的各项法律资格、登记和备案

2.1　请提供公司的组织机构代码证、税务登记证、外汇登记证、外债登记证、财政登记证、人民银行开户证明、社会保险登记证等登记、许可、备案文件。

2.2　请说明公司目前从事的经营事项和业务种类，并提供公司从事之经

营事项所需要的全部政府登记、许可、备案文件，包括但不限于各项行政许可文件、相关的资质证书等（如进口、出口许可证、制造许可证）。

三、关于本工具发行程序

3.1 请融资企业提供股东会、董事会等有权机构依法定程序作出的发行本次理财直接融资工具的决议及授权文件（如涉及）。

3.2 请工具管理人提供银行理财直接融资工具业务制度，用印及发行本工具业务授权等文件。

四、关于本工具发行文件

4.1 请提供包括但不限于：《理财直接融资请求书》、《理财直接融资请求确认函》、《注册登记材料摘要》、《理财直接融资合同》、《募集说明书》、《信用评级报告》、《财务会计报告》、《担保抵押合同》（如有）、《资金监管协议》（如有）等构成本工具权利义务关系的法律文件（须为已签署文件）。

4.2 融资企业承诺情况及文件。

五、关于本工具交易参与机构

5.1 担任工具发起管理人的商业银行相关资质文件。

5.2 出具法律意见书的律师事务所及律师组织机构代码证、执业许可证等相关资质。

5.3 出具审计报告的会计师事务所及经办注册会计师组织机构代码证、营业执照、注册会计师证等相关资质。

5.4 出具评级报告的评级机构组织机构代码证、营业执照、评级相关资质。

5.5 上述机构与融资企业存在的关联关系说明，如无关联关系，出具承诺书。

六、关于融资企业业务运营情况及资金投向

6.1 公司经营范围及主营业务情况说明。

6.2 融资企业关于融资用途（资金投向）的可行性论证报告或者说明/承诺等相关资料。

6.3 与公司生产经营有关的所有特许权合同和特许经营合同（如有）。

6.4 所有不竞争协议和其他以公司为合同一方的可能限制其未来经营活动的协议（如有）。

6.5　公司与其他方签署的或实际履行的资产（产权、企业）代管协议，以及相应的批准文件、代管安排和代管权限制等文件（如有）。

七、融资企业及其合并范围内子企业债权债务和担保

7.1　请提供融资企业及其合并范围内子企业目前有效、仍在履行的借款合同汇总表（汇总表格式如附表一）及合同文本（需提供对应的担保合同），包括人民币或外汇币种贷款合同及有关批文、登记文件。

7.2　公司存在的任何形式之担保情况汇总表（请按公司作为担保人和被担保人的情况，分别填写该汇总表），并就担保情况提供专项的书面说明。该担保包括但不限于保证、抵押、质押、留置、定金等，并请提供担保之所有合同、抵押和质押证明等。

7.3　公司融资情况说明：须列示融资企业公开发行债务（如短融、中票等）的情况，以及在各行的授信明细和已用额度明细。

八、融资企业及其合并范围内子企业的主要财产（土地、房产、机器设备）

8.1　请提供公司使用或拥有的土地（包括无证土地）及房屋（包括无证房屋）汇总表及权属证书。

8.2　请提供公司固定资产明细表（包括但不限于机器设备、车辆），并请说明是否存在实际权利人与证载权利人不一致的情况及形成原因。

九、融资企业及其合并范围内子企业诉讼、仲裁和行政处罚

9.1　任何有关公司已经发生的、正在进行的或已有明显迹象表明可能要发生全部的重大诉讼、仲裁、行政处罚或者行政复议情况汇总表和文件。

9.2　任何涉及公司财产的行政机关、司法机关的查封、冻结及其他强制执行的措施或程序，并提供以下文件：裁定书，查封、扣押、冻结通知书，协助执行通知书，执行通知书等。

9.3　公司在过去三年及可预见的未来有否与第三方发生任何在法律诉讼或仲裁程序以外的纠纷或政府机构进行的调查（如向主管部门的投诉、由主管部门所决定的处罚或罚款等），并请提供其中存在潜在纠纷的重大合同及合同委托人的往来文件。

十、融资企业及其合并范围内子企业环境保护

10.1　公司所有项目的排污登记、排污许可证、环保部门同意设置排污

口并排污的批准文件，以及其他类似文件。

10.2 项目建设和生产的任何环境影响报告书（或环境影响报告表、环境影响登记表）、环境评价报告、环境质量监测报告及环保部门的审批意见，包括但不限于对水资源、水污染（工业用水及生活用水）、大气污染、土壤污染的综合或独立的环境影响报告和审批意见。

10.3 公司自设立以来接受环保部门或其他环保监督管理部门监督检查的所有环保证明和相关文件。请说明公司自设立以来是否曾受到环保部门的行政处罚、其他形式的警告、通知或未通过环保检查但尚未正式受到处罚的情况，并提供相应的证明文件。

十一、融资企业及其合并范围内子企业产品及服务质量

11.1 公司取得的有关产品质量的相关强制认证、证明文件。

11.2 公司近三年是否受到过技术质量监督部门的行政处罚，如有，请提供相关文件。

11.3 公司未受产品质量处罚相关证明文件。

十二、融资企业及其合并范围内子企业税务

12.1 请提供与公司经营有关的所得税、增值税等其他各种税种以及税率的情况说明。

12.2 请说明公司自成立以来或近二年来执行的税种税率是否合法合规、是否享受及享受何种税收优惠、是否严格依法纳税、是否存在欠税、是否受到过税务机关的行政处罚，如受到过行政处罚，请详细说明处罚时间、处罚原因、处罚金额等情况。如有拖欠税款但未受到处罚的情况，也请详细说明原因及公司拟采取的解决方式。

12.3 公司在税务方面未受到任何行政处罚的情况证明。

十三、融资企业及其合并范围内子企业劳动关系及安全生产

13.1 是否因社会保险、安全生产受到过社保主管机关处罚及相关证明文件。

十四、融资企业信用增进情况

14.1 提供信用增进机构资质、信用增进决议或信用增进函（如有）。

十五、其他

15.1 融资企业过去三年经中国注册会计师审计之企业财务报表及审计报告。

15.2 融资企业最近的一期资产负债表、现金流量表及利润表。

15.3 融资企业涉及倾销、反倾销、补贴、反补贴调查的情况说明及相关资料。

15.4 其他任何融资企业和交易参与机构认为重要的有关公司业务和财务状况的信息资料。

十、实训法规及操作指引

1. 中华全国律师协会《律师从事证券法律业务尽职调查操作指引》
2.《全国中小企业股份转让系统主办券商尽职调查工作指引（试行）》

第三节 合同制定及审查非诉讼法律实训

引例：

甲、乙、丙、丁四人欲合伙经营一个发型工作室，现四人经协商确定：

每人出资 25000 元，如在经营期间出现资金困难，则以上述比例再次注资。经营期间，每半年按上述出资比例作一次盈余分配，经营期间的亏损也以上述比例予以承担。合伙成立三年内不允许退伙，超过三年退伙的，只退还其先前的出资。

现根据以上信息，以上述四人的代理律师身份制作一份《合伙协议》。

一、实训目标

通过本节课学习，理解合同制定时须有的立场及角度，掌握合同制定及审查的要点，能用精确的语言表述合同内容，进行简单的合同制作和审查工作。具体来说，要做到以下几点。

1. 清楚自己制定或审查合同的立场和角度。

2. 预测合同从签订前到终止后的所有风险点，并能有效防范。

3. 掌握合同制定中的基本条款。

4. 能够以精确的语言表述合同内容，完成制作及审查合同工作。

在实训方法上，坚持以学生小组讨论、角色互换、头脑风暴为主，教师讲授为辅。

二、实训素材

案例一：有名合同——《货车租车协议》的制定

××歌舞团根据演出安排，将于5月2日出发前往江浙沪及两广地区进行巡回演出。因演出须携带众多演出设施和道具，因此××歌舞团欲从天天租车公司租赁一辆货车运输道具并随团演出直至演出结束。

租车费用为每天500元，按实际天数计算。每辆货车配备两名驾驶员，由货车公司提供，但费用由××歌舞团按天支付。

假设你是××歌舞团委托的律师，现根据以上资料制定一份合同。

案例二：无名合同的制定

北京××贵金属投资有限公司在中国工商银行设立贵金属交易平台，甲在工商银行开立账户，进行黄金（T+D）的买卖，乙是北京××贵金属投资有限公司的工作人员，在甲进行业务咨询时两人相识，后甲认为乙对股票的分析也很是专业，因此欲委托乙帮助其操盘买卖股票，甲出资人民币100,000元，每有人民币10,000元的收益，甲获得其中的80%，乙获得收益的20%；对于亏损，则由甲一人承担。乙向甲保证，通常三个月的收益率在10%以上，由于两人第一次合作，因此甲决定将三个月作为检验期，如三个月内收益不错，再进行增资。

假设你作为甲委托的律师，请帮助甲就此次股票操作事项拟定一份协议。

案例三：无名合同的制定

郭某欲承兑沈阳太原街某商场地下二层的档口从事美甲经营，恰逢从事蜜桃摄影的王某有一档口欲出兑，双方遂达成初步协议：郭某承兑王某位于沈阳太原街某商场地下二层的 Red069 号档口，承兑费人民币 27 万元整，郭某一次性付清，费用付清后王某与郭某去商场办理档口移交手续。同时，郭某同意给王某六个月的期限寻找新店位置，在此六个月内，郭某将承兑的 Red069 号档口返租给王某，从 2023 年 8 月 1 日至 2024 年 1 月 31 日，租赁费为 2000 元/月，三个月一付。

假设你是郭某委托的律师，请帮助郭某拟定一份协议。

案例四：《合同审查意见书》的出具

××万通产业公司欲购买德国 Vollert 公司的机械设备，用于生产工业原料，委托南京江达贸易有限公司代理进口事宜，现拟定合同如下。

如果你是××万通产业有限公司委托的律师，请就下述合同出具一份《合同审核意见书》。

合 同
CONTRACT

编号　No：13JD1093WZZ

时间　Date：October 25，2023
地点　At：Nanjing, P. R. C

卖方　The Sellers：Vollert Anlagenbau GmbH Stadtseestraße 12 74189 Weinsberg Germany

买方　The Buyers：×× WANTONG MODERN ARCHITECTURE INDUSTRY CO.，LTD 万通产业有限公司 ××市××新区××街88号

进口代理 The Import Agent：
江达贸易有限公司
JIANGDA INTERNATIONAL TRADE CO.，LTD
×× Changjiang Road，Nanjing，China Post code 210018
Tel：86 - 25 - 8441×××　Fax：86 - 25 - 8441×××

1. 兹经买卖双方同意，进口代理作为买方的进口代理人，卖方向买方出售下列货物，并按下列条款签订本合同：

This Contract is made by the Buyers and the Sellers; whereby The Import Agent act as the import agent for the Buyers, and the Sellers agree to sell the under-mentioned commodity to the Buyers according to the terms and conditions stipulated below:

序号 No.	商品名称、规格 Commodity, Specifications	数 量 Quantity	单 价 Unit Price EUR	总 价 Total Amount EUR
			298,000.00	298,000.00
总 值：CIF 大连港 EUR 298,000.00 Total Value：CIF Dalian EUR 298,000.00				

2. 生产国别或制造厂商 Country of Origin or Manufacturers：Vollert Anlagenbau GmbH.

3. 包装：货物应装在经熏蒸检疫处理过的坚固木箱中并有"IPPC"标志，或者装在适宜长途海上和陆路运输并且能适应气候变化、防湿、防震、防锈的纸箱中。由于包装不良所引起的任何损失，或由于采用不充分或不妥善的防护措施而造成的任何锈损，卖方都应承担一切损失和相关费用。包装箱内应放置一整套有关服务和操作的指南。

Packing：To be packed in strong wooden case (s), which should be quarantined or fumigated marked "IPPC" stamp, or in carton (s), Suitable for long distance ocean, land transportation and to adapt to climate change, well protected against moisture, shocks and rust. The Sellers shall be liable for any damage of the commodity and related costs on account of improper packing and for any rust damage due to inadequate or improper protective measures taken by the Sellers in regard to the packing. One full set of services and operational instructions concerned shall be enclosed in the case (s).

4. 装箱标志：卖方应在每件商品包装上用不褪色油墨标明件号、毛重、净重、尺码和如下字样："切勿受潮""小心轻放""此端向上"等，以及唛头：

Shipping Mark：The Sellers shall mark on each package with fadeless paint the package number, gross weight, net weight, measurement and the wordings："KEEP AWAY FROM MOISTURE", "HANDLE WITH CARE", "THIS SIDE UP", etc., and the shipping mark：

13JD1093WZZ

DALIAN CHINA

5. 装运期限：	Time of shipment：		Week 6, 2024
6. 装运港口：	Port of Shipment：	欧洲主要港口	EUROPEAN MAIN PORT
7. 目的港口：	Port of Destination：	中国大连港	DALIAN CHINA
8. 保险：	Insurance：	发票金额110%，由卖方承担	110% OF THE CONTRACT VALUE, TO BE EFFECTED BY THE SELLER
9. 付款方式：	Payment：		信用证 LC 100%

买方应于 2023 年 __ 月 __ 日前开立以卖方为受益人的金额为 EUR 298,000.00 不可撤销信用证。该信用证凭汇票及以下规定的单据在开证行付款。

Under Letter of Credit：The Buyers shall, in 2023/__/__ open an Irrevocable Letter of Credit In favor of the Sellers for the Amount EUR 298,000.00. The Credit shall be available against Sellers' draft（s）drawn on the opening bank accompanied by the documents specified as follows.

1）合同总价20%款项，即 EUR 59,600.00。

20 Percent of the total contract price i. e. EUR 59,600.00.

a. 商业发票五份。Five copies of commercial invoice.

b. 合同总价20%预付款保函正本一份，有效期为提单到期后30天。

A down payment guarantee in one original, which is 20% of the contract and value valid till the 30 days after the B/L date.

2）合同总价75%款项，即 EUR 223,500.00，卖方凭第10条规定的单据由开证银行依据信用证的要求予以支付。

75 percent of the total contract price i. e. EUR 223,500.00, shall be paid by the LC issuing bank to the Sellers after the receipt of the conforming documents as specified in Clause 10 hereof under LC condition.

3）合同总价5%款项，即 EUR 14,900.00。

5 Percent of the total contract price i. e. EUR 14,900.00.

a. 商业发票五份。Five copies of commercial invoice.

b. 由买方、卖方及买方进口代理三方联合签字盖章的《合同设备的终验证书》一份。

One copy of the Final Acceptance Certificate issued and stamped by the Buyer, the Seller and the representative of the Buyer.

c. 合同总价5%的质量保函正本一份，有效期到质保期结束。

Warrant Guarantee 5% of the contract value in 1 original, valid till the warrant period.

Seller's Bank Account：

卖方银行账户：

Landesbank Baden-Württemberg

Augustaanlage 33

68165 Mannheim

Account-No. ：××××

Bank Code：××××

SWIFT：××××

IBAN：×××××

10. 单据 Documents：

（1）全套已装船清洁、空白抬头/空白背书提单，并注明"运费已付"，通知人为买方进口代理。

Full set of on board clean ocean bills of lading marked ／ "Freight Prepaid" made out to order blank endorsed notifying the Buyer's Import Agent.

（2）发票五份，注明合同号及合同中其他细节。

Commercial Invoice in 5 copies indicating contract number, made out in details as per relative contract.

（3）保险单/证书，一份正本，两份副本，110％承保发票价值，标明在中国索赔，按照汇票货币支付，空白背书，承保一切险和战争险。

An Insurance Policy/Certificate in one original and two copies for 110% of the invoice value, showing that claims payable in China in currency of the draft, blank endorsed, covering All Risks and War Risks.

（4）两份由制造厂商出具的装箱单并标明包装类型（木质包装或非木质包装）。

Packing list in 2 copies issued by the Manufacturers, marking the packing material (wooden packing or non-wooden packing material).

（5）由制造厂商出具质量和数量证明声明商品是用最好的材料并由一流的加工工艺制造的、崭新的、未使用过的，并且符合合同规定的品质和规格。

Certificate of Quality and Quantity issued by the Manufacturers stating that the commodity hereof is made of the best materials with first class workmanship, brand new and unused, and complies in all respects with the quality and specification stipulated in Contract.

（6）装运后给买方发送的装运通知传真副本。

Copy of fax to the Buyers advising particulars of shipment immediately after shipment is made.

（7）由受益人出具的声明，证实用于货物包装的木质材料已经过高温处理并加施 IPPC 专用标识，或证实包装采用非木质材料。

Beneficiary's declaration verify that the wood packing material used in the shipment has been heat treated and marked IPPC and ／or beneficiary's declaration of no wood packing material.

另外，装运后 3 日内，卖方应用快邮方式给买方寄出前述单据副本一套

（含热处理熏蒸）、检疫证明（如为木箱包装）正本一套。

In addition, the Sellers shall, within 3 days after shipment, send by airmail one copy set of the aforesaid documents to the Buyers（Including one original Certificate of quarantine or heat treatment（fumigation）if packing in wooden case）.

（8）由德国商会签发的原产地证正本一份，副本两份。

Certificate of origin issued by chamber of commerce in 1original and 2 copies。

11. 装运 Shipment：

卖方应在合同规定的装运期内将货物发往目的港。不允许分批，不允许转运。

The Sellers shall ship the goods within the shipment time from the port of shipment to the port of destination. Partial shipment is not allowed. Transshipment is not allowed.

12. 装运通知 Shipping Advice：

卖方在买方开立信用证前及货物装运后，立即将合同号、品名、件数、毛/净重、发票金额及船名和发货日期等装运信息用传真通知买方。

The Sellers shall, immediately upon the completion of the loading of the goods, advise the Buyers by fax of the Contract No. , commodity, quantity, invoice value, gross/net weight, name of vessel and date of sailing etc. .

13. 品质保证 Guarantee of Quality：

卖方保证本合同项下的商品是用最好的材料并由一流的加工工艺制造的、崭新的、未使用过的，并且符合本合同规定的品质和规格，能满足最终用户的购买需求。质保期为终验报告签署后 12 个月或到港后 18 个月，以先到为准。

The Sellers guarantee that the commodity hereof is made of the best materials with first class workmanship, brand new and unused, and complies in all respects with the quality and specification stipulated in this Contract. The warranty period should be 12 months after the date of the Final Acceptance Certificate issued or 18 months after the arrival date, whichever occurs first.

14. 商品的检验检疫和索赔 The inspection & Quarantine of the Commodity and Claims:

买方负有在中华人民共和国进行报检和申报检验的义务，如为法检商品，在未经中国的相关进出口商品检验局检验前买方不得开箱使用，否则后果自负。如商品品质、规格或数量与本合同的规定不符，并且此不符不应由保险公司或承运人负责，则买方有权在商品到达目的港九十天内，凭中华人民共和国国家进出口商品检验局出具的商检证书，向卖方索赔或要求更换新的商品，并且所有费用（如商检费、返修件和更换件的运费、保险费、仓储费以及装卸费等）由卖方承担。关于品质，卖方应保证：在货物终验报告签署后12 个月内，如出现使用过程中因品质不良、工艺低劣或采用劣质材料而导致的残损，买方应立即用书面方式通知卖方并提交一份附由中华人民共和国国家进出口商品检验局出具的商检证书的索赔函。以上证书应被视为索赔依据。根据买方的索赔函，卖方应负责立即排除商品残缺，部分或全部更换商品或按照残损状况进行降价处理，或应最终用户要求进行维修。如有必要，买方可自行消除残损或维修，费用由卖方承担。如卖方在收到上述索赔函后一个月内仍未作答复，此项索赔要求可被视作已为卖方接受。若出现非卖方责任导致的货物毁损，卖方也应提供货损评估、维修等技术服务，但可以收取因此产生的合理费用。

The Buyer is obligated to apply to the related Administration for Entry-exit Inspection & Quarantine of China for inspection and quarantine of the commodity. And the Buyer shall not open the packaging of or use the commodity which is subject to the inspection by the commodity inspection authorities in accordance with the laws of China until it is inspected by the related Administration for Entry-exit Inspection & Quarantine of China, or the Buyer shall assume the corresponding liabilities. Within 90 days after the arrival of the goods at destination, should the quality, specification, or quantity be found not in conformity with the stipulations of the Contract except those claims for which the insurance company and the carrier are liable, the Buyers shall, on the strength of the Inspection Certificate issued by the Jiangsu Commodity Inspection Bureau, have the right to claim for replacement with new goods, or for compensation, and all the expenses (such as inspection charges, freight for returning the goods and for sending the replacement, insurance premium, storage and loading and unloading charges, etc.) shall borne by the Sellers. As regards quality, the Sellers shall guarantee that if within 12 months from the date of arrival of the goods at destination, damages occur in the course of operation by reason of inferior quality, bad workmanship or the use of inferior materials, the Buyers shall immediately notify the Sellers in writing and put forward a claim supported by inspection Certificate issued by the Jiangsu Commodity Inspection Bureau. The Certificate issued shall be accepted as the base of a claim. The Sellers, in accordance with the Buyers' claim shall be responsible for the immediate elimination of the defect (s), complete or partial replacement of the defective commodity or shall devaluate the commodity according to the state of defect (s), or perform maintenance according to the instruction of the end-user If necessary, the Buyers shall be at liberty to eliminate the defect (s) or repair by themselves at the Sellers' expenses. If the Sellers fail to answer the Buyers within one month after receipt of the aforesaid claim, the claim shall be reckoned as having been accepted by the Sellers. The Seller shall also provide the service including damage assessment, maintenance etc to the buyer with reasonable charge, provided that the commodity is damaged even not due to the reason of seller.

15. 不可抗力 Force Majeure：

无论在商品制造或装运或转运期间，如有不可抗力事件发生，卖方将不对由此而导致的逾期或不能交货负责。但此时，卖方应立即将不可抗力事件通知买方，并于通知后十四天内以传真方式向买方提供一份由不可抗力事件发生地权威机构出具的不可抗力事件证明。卖方不能取得出口许可证不得作为不可抗力。在这种情况下，卖方仍有义务竭尽全力尽快交货。如不可抗力事件持续超过十周，买方有权撤销合同。

The Sellers shall not be held responsible for the delay in shipment or non-delivery of the goods due to Force Majeure, which might occur during the process of manufacturing or the course of loading or transit. The Sellers shall advise Buyers immediately of the occurrence mentioned above and within fourteen days thereafter, the Sellers shall send by fax to the Buyers for their acceptance a certificate of the accident issued by the Competent Government Authorities where the accident occurs as evidence thereof. Seller's inability in obtaining export license shall not be considered as Force Majeure. Under such circumstances the Sellers, however, are still under the obligation to take all necessary measures to hasten the delivery of the goods. In case the accident lasts for more than 10 weeks, the Buyers shall have right to cancel the Contract.

16. 延迟发货与罚款 Late Delivery and Penalty：

除本合同规定的不可抗力外，若卖方不能按合同规定及时交货，经买方同意，卖方可在缴纳罚金的条件下延期交货，罚金可以由买方在 T/T 支付时进行扣减。罚金不得超过迟发货物价值总额的5%。罚款率为每七天0.5%，不足七天的按七天计算。如果卖方在合同规定的装运期后十周仍未能发货，买方有权撤销该部分合同。但不管合同撤销与否，卖方均应及时支付前述罚金。

Should the Sellers fail to make delivery on time as stipulated in the Contract, with exception of Force Majeure causes specified in the above clause, the Sellers could postpone the delivery on condition that the Buyers agree to be paid a penalty which may be deducted from the proceeds through T/T. The penalty, however, shall not exceed 5% of the total value of the goods involved in the late delivery. The rate of Penalty is charged at 0.5% for every seven days, odd days less than seven days should be counted as seven days. In case the Sellers fail to make delivery ten weeks later than the time of shipment stipulated in the Contract, the Buyers shall have the right to cancel the contract and the Sellers, in spite of the cancellation, shall still pay the aforesaid penalty to the Buyers without delay.

17. 仲裁 Arbitration：

一切因执行本合同或与本合同有关的争执，应由各方友好协商解决。如经协商仍未能达成协议，则应提交中国国际经济贸易仲裁委员会裁决。按照申请仲裁时该会现行有效的仲裁规则并适用仲裁地法律，由申诉一方选择由该会上海分会在上海进行仲裁。仲裁委员会的裁决为终局裁决，对各方均有约束力。仲裁费用除仲裁委另有决定外，应由败诉一方负担。仲裁适用的语言为中文。

All disputes in connection with this Contract or the execution thereof shall be settled friendly through negotiations by the Buyers, the Sellers and the Import Agent. In case no settlement can be reached, the case may then be submitted to China International Economic and Trade Arbitration Commission for arbitration which shall be conducted by its Shanghai Sub-Commission in Shanghai at the Claimant's option in accordance with the Commission's arbitration rules in effect at the time of applying for arbitration and the law where the arbitration tribunal locates. The arbitral award is final and binding upon all of the parties; All parties shall not seek recourse to a law court or other authorities to appeal for revision of the decision. The arbitration fees shall be borne by the losing party unless otherwise awarded by the Commission. In the meanwhile, the language used in the arbitration shall be Chinese.

18. 合同文本为中英文，正本一式三份，合同买卖双方及进口代理各持一份。若中英文文本出现异议时以英文文本为准。

This contract is made in triplicate both in Chinese/English. Three original ones of this contract will be held by the Buyers, the Sellers and The Import Agent respectively. If the English version and Chinese version of the contract differs, the English version shall prevail.

19. 特殊条款（详见附页）：Special Provisions：

本合同所涉及货物的名称、进口归类等货物信息均由卖方和买方提供和确定。本合同所涉及的技术问题由买方负责与卖方洽商；商务问题买方可选择是否委托进口代理与卖方磋商处理。

Information including the name, import HS category etc of the commodity shall be confirmed by the seller and the buyer. The technical issues of this contract will be settled directly by the Sellers and the buyer; while the commercial ones of this contract the buyer could choose whether authorize the Buyers or not.

本合同下进口代理受买方委托支付款项办理货物进口手续，进口代理未收到买方全部款项的，不承担对卖方付款或开立信用证的责任。

The Import Agent is entrusted by the Buyer to effect payment and deal with the import proceedings, however, provided that the Import Agent has not received the full payment from the Sellers, the Buyers' Import Agent shall not be responsible for the payment to the Seller or issuing the L/C to the Seller.

20. 其他

各方通过传真、电子邮件等方式送达的合同、函件等文件与文件原件具有同样法律效力。

All the documents including but not limited to contracts, email, letters made through email, fax shall be binding upon all the concerned parties as the original ones.

附件：由买方和卖方签署的本合同的附件应视为本合同的整体，与本合同正文具有同等效力。

APPENDIX：The appendix of the Contract concluded between the buyer and the Sellers shall form an integral part of the contract and shall have the same binding force on both parties.

卖方 The Sellers：   买方 The Buyers：

Vollert Anlagenbau GmbH   ×× WANTONG INDUSTRY CO., LTD

                               ××万通产业有限公司

Stamp and Signature：签字盖章   Stamp and Signature：签字盖章

进口代理 The Import Agent：

江达贸易有限公司

JIANGDA INTERNATIONAL TRADE CO., LTD

Stamp and Signature：签字盖章

三、实训准备

（一）理论准备

合同制定和审查部分的理论准备，主要以与《民法典》合同编及其相关的司法解释为主，由于现实中每一合同均有其特点，因此在此仅以《民法典》合同编通则的内容为基础，以合同制定与审查为主线，进行理论的准备和铺垫。

1. 合同成立的必备条款

每一合同内容因其合同性质、主体、对象、权利义务等因素的不同而不同，除去每一合同的特殊性，每一合同的必备条款也不相同，将其必备条款予以概括和总结也是不可能的。这里只是需要提醒两点：一是合同内容必须具体而确定，而不能有歧义；二是标的和数量通常为合同成立的必备条款，对合同欠缺其他内容，委托人达不成协议的，依照《民法典》第五百一十条、第五百一十一条的规定予以确定。

《民法典》第五百一十条规定："合同生效后，当事人就质量、价款或者报酬、履行地点等内容没有约定或者约定不明确的，可以协议补充；不能达成补充协议的，按照合同相关条款或者交易习惯确定。"

第五百一十一条规定："当事人就有关合同内容约定不明确，依据前条规定仍不能确定的，适用下列规定：（一）质量要求不明确的，按照强制性国家标准履行；没有强制性国家标准的，按照推荐性国家标准履行；没有推荐性国家标准的，按照行业标准履行；没有国家标准、行业标准的，按照通常标准或者符合合同目的的特定标准履行。（二）价款或者报酬不明确的，按照订立合同时履行地的市场价格履行；依法应当执行政府定价或者政府指导价的，依照规定履行。（三）履行地点不明确，给付货币的，在接受货币一方所在地履行；交付不动产的，在不动产所在地履行；其他标的，在履行义务一方所在地履行。（四）履行期限不明确的，债务人可以随时履行，债权人也可以随时请求履行，但是应当给对方必要的准备时间。（五）履行方式不明确的，按照有利于实现合同目的的方式履行。（六）履行费用的负担不明确的，由履行义务一方负担；因债权人原因增加的履行费用，由债权人负担。"

2. 合同成立的时空条款

虽然合同成立的时间和地点是合同制定和审查中的一项重要内容，但在学习中经常被疏忽。理论上，合同订立的时间虽不等同于合同生效的时间，但实践中，为了便于操作、减少纠纷，合同订立之时就是合同生效之日，因此合同订立时间的判定通常也是合同生效的时间节点，进而也是缔约过失责任与违约责任的分界点。至于合同成立的地点，由于合同订立地可能涉及管辖法院的问题，因此也是不可忽视的审查内容。

（1）合同成立的时间判断

承诺生效之时就是合同成立之日，对于很多采用书面方式订立合同的，"最后一方"确认之时，合同成立。《民法典》第四百九十条规定："当事人采用合同书形式订立合同的，自当事人均签名、盖章或者按指印时合同成立。在签名、盖章或者按指印之前，当事人一方已经履行主要义务，对方接受时，该合同成立。法律、行政法规规定或者当事人约定合同应当采用书面形式订立，当事人未采用书面形式但是一方已经履行主要义务，对方接受时，该合同成立。"由此可见，确认的方式可以是签字、盖章、签字或盖章、签字和盖章。

需要注意的是，委托人没有采用书面形式，或者合同在确认前，一方已经履行合同的"主要义务"且"对方接受"的，自对方接受履行时，合同成立。

（2）合同成立的地点判断

承诺生效之地就是合同成立之地，但现实中，由于承诺形式不同，因此在合同成立地的问题上也常有歧义。首先，无论以何种形式承诺，由于合同是自愿原则的体现，因此都应以约定之地作为合同成立之地，如约定之地与实地确认之地不一致的，也应以"约定的签订地"为合同成立地。如没有约定之地，采用数据电文方式承诺的，以接收承诺一方的主营业地为合同成立点；采用实地确认方式（签字、盖章等方式）承诺的，以双方共同实地确认地为合同成立地，双方异地确认的，最后一方确认地为合同成立地。

3. 格式条款

在合同制定与审查中，有许多合同是由合同一方未与对方协商而提前拟定好的，即格式合同。格式合同是否就一定不能修改，其实也不完全，这主要是看双方实力强弱、签订合同的迫切程度、市场上有无可替代产品等因素而决定的，而且对于违法的格式合同是一定要修改的。因此，对于格式合同应做好全面的审查工作。

对格式合同的理解发生争议时，如对某一问题还有非格式条款的解释，则以非格式条款的解释为准，如不存在非格式条款，则采用通常解释，如采用通常解释时，格式条款具有两种以上含义的，则作出不利于提供格式条款一方的解释。

对于提供格式合同一方，其对提供的格式合同还负有提示与说明的义务。根据《最高人民法院关于适用〈中华人民共和国民法典〉合同编通则若干问题的解释》第十条的规定，合理的提示方式是指采用通常足以引起对方注意的文字、符号、字体等明显标识，而对于说明义务，法律规定是"与对方有重大利害关系的异常条款的概念、内容及其法律后果以书面或者口头形式向对方作出通常能够理解的解释说明"，实践中对于是否履行了说明义务也多产生歧义，一般认为由相对人对此予以单独签字确认是一种比较适宜的方法。

需要提醒注意的是，根据《最高人民法院关于适用〈中华人民共和国民法典〉合同编通则若干问题的解释》第十条第三款规定，"对于通过互联网等信息网络订立的电子合同，提供格式条款的一方仅以采取了设置勾选、弹窗等方式为由主张其已经履行提示义务或者说明义务的"，通常不认为进行了法律上的提示与说明义务，但是其举证符合前两款规定的除外。

需要注意区别的是，因格式合同提供者违反提示与说明义务而导致的被撤销与格式条款的当然无效是不同的。如格式条款存在"免除其责任、加重对方责任、排除对方主要权利"三种情况，则会导致上述格式条款无效，但不影响合同中其他条款的效力。

4. 合同效力条款

（1）效力待定合同

限制民事行为能力人、无权代理人，所订立的合同均为效力待定合同，其合同效力的最终确认，均需要相应权利人的追认，只是这一追认通常需要在一定的时间内作出，否则追认权丧失。

（2）可撤销合同

因重大误解、显失公平、欺诈及胁迫而订立的合同，委托人可请求人民法院或者仲裁机构对合同予以撤销，但这一撤销权的行使是有除斥期间的。《民法典》第一百五十二条规定："有下列情形之一的，撤销权消灭：（一）当事人自知道或者应当知道撤销事由之日起一年内、重大误解的当事人自知道或者应当知道撤销事由之日起九十日内没有行使撤销权；（二）当事人受胁迫，自胁迫行为终止之日起一年内没有行使撤销权；（三）当事人知道撤销事由后明确表示或者以自己的行为表明放弃撤销权。当事人自民事法律行为发生之日起五年内没有行使撤销权的，撤销权消灭。"由此可知，超过期限，撤销权消灭。

（3）无效合同

《民法典》第一百四十四条、第一百四十五条、第一百四十六条、第一百五十三条及第一百五十四条规定了导致合同无效的情形：①无民事行为能力人签订的合同；②未被追认的限制行为能力人签订的合同；③双方以虚假意思表示，签订的合同；④违反法律、行政法规强制性规范及公序良俗的合同；⑤恶意串通，损害他人合法权益的合同。除此之外，第五百零六条规定了导致合同中免责条款无效的两种情形：①造成对方人身伤害的；②因故意或者重大过失造成对方财产损失的。

无效的合同或者被撤销的合同自始没有法律约束力，合同无效或者被撤销后，因该合同取得的财产，应当予以返还；不能返还或者没有必要返还的，应当折价补偿。有过错的一方应当赔偿对方因此所受到的损失，双方都有过错的，应当各自承担相应的责任。

5. 不可抗力条款

不可抗力是指不能预见、不能避免并不能克服的客观情况，通常包括自然灾害、政府行为、罢工等。不可抗力是《民法典》合同编认可的免责事由。

援引适用不可抗力免责时，需要注意以下几点：

（1）不可抗力免责事由，并非当然免除债务人的全部责任，而是根据不可抗力对合同的影响，部分或者全部免除其责任。

（2）援引适用不可抗力条款需要满足及时通知对方和提供有效证明两个前提条件。

（3）债务人迟延履行后发生不可抗力的，不能免除其责任。

6. 情势变更条款

《民法典》第五百三十三条规定了情势变更原则，它是指合同成立后，合同赖以订立的客观情势发生了委托人订立合同时无法预见的，非不可抗力造成的不属于商业风险的重大变化，继续履行合同对于当事人一方明显不公平或者不能实现合同目的的，应允许变更合同内容或者解除合同的制度。

人民法院或者仲裁机构应当结合案件的实际情况，根据公平原则变更或者解除合同。对情势变更原则的理解应从以下几个方面入手：（1）情势变更虽不由合同主体控制和预测，但也不等同于不可抗力。（2）情势变更也不等同于商业风险。商业风险属于从事商业活动的固有风险，诸如尚未达到异常变动程度的供求关系变化、价格涨跌等。情势变更是当事人在缔约时无法预见的非市场系统固有的风险，要综合衡量风险类型，结合市场情况在个案中准确把握。（3）情势变更的发生非因合同主体所引起，否则合同主体因其过错应自担风险、自负责任，而且一方迟延履行期间发生情势变更的，迟延履行一方不得援用情势变更原则。（4）情势变更下继续履行原合同将显失公平。（5）情势变更适用的结果就是合同的变更或解除，两种结果的区别在于合同是否还有继续履行的可能和必要，合同变更或者解除的，遭受不利益的合同一方对另一方不承担违约责任。（6）另外需要提醒注意的是，2023年12月19日最高人民法院发布的《关于认真学习、贯彻〈最高人民法院关于适用《中华人民共和国民法典》合同编通则若干问题的解释〉的通知》（法〔2023〕239号）指出，原《最高人民法院关于适用〈中华人民共和国合同法〉若干问题的解释（二）》第二十六条规定情势变更制度后，最高人民法院发布了《关于正确适用〈中华人民共和国合同法〉若干问题的解释（二）服务党和国家的工作大局的通知》（法〔2009〕165号），要求各级人民法院审慎适用情势变更制度，根据案件的特殊情况，确需在个案中适用的，应当由高级人民法院审核；必要时应报请最高人民法院审核，现在考虑到民法典第五百三十三条已就情势变更制度作了明确规定，上述审核制度不再施行。

7. 合同的解除条款

合同解除是指合同生效以后，未履行或未完全履行前，经双方协议，或者具备合同解除的条件时，经解除使合同关系消灭的一种行为。

（1）合同解除的类型

合同解除包括双方协议解除、法定解除和赋予解除权解除三种情况，由于三种情况各有特点，因此以下分别说明。

一是双方协议解除。它是指合同履行完毕前，双方达成协议，一致同意合同关系归于消灭的解除合同方式，通常在此种解除方式下，双方间已就合同解除的责任分担问题一并达成协议，这也是合同最终协议解除的前提条件。

二是法定解除。《民法典》第五百六十三条第一款规定了适用法定解除的五种情形：

第一，因不可抗力致使不能实现合同目的。此时，合同双方均享有解除权，且双方对因合同解除产生的损害均不负赔偿责任。

第二，预期违约，包括明示违约与默示违约，但无论哪种形式，其都是在合同履行前即违约。

第三，合同一方迟延履行主要债务，经催告后在合理期限内仍未履行。需要注意的是，如果迟延履行已经影响合同目的的实现，则已构成根本违约，合同另一方无须催告，可直接行使解除权。

第四，合同一方迟延履行债务或者有其他违约行为致使不能实现合同目的，这里的其他违约行为可以是拒绝履行、瑕疵履行、部分履行、迟延履行任意一种，《民法典》对于根本违约的具体形态并没有限制。

第五，法律规定的其他情形，如以持续履行的债务为内容的不定期合同，合同一方在合理期限之前通知对方即可随时解除合同。

三是赋予解除权解除。如在合同中赋予合同一方或双方在符合某一情况或具备某一条件下的单方解除权，在这种情况下，被赋予解除权的一方就可不经双方协商，直接单方解除合同，这种赋予解除权的情况多见于委托合同、租赁合同、技术开发合同中。通常，这种解除权是以牺牲解除权一方部分利益或另一方获得部分补偿为条件的。

（2）合同解除的行使

除双方协议解除外，法定解除与赋予解除权解除均需要以一定形式让另一方知晓其解除合同的意思表示，否则即便具备上述法定条件或单方解除权，也并不当然发生合同解除的法律后果。这种解除合同的意思表示一般是以通知的方式实现的，口头和书面方式均可。由于解除权属于形成权，因此在解除合同的通知到达合同另一方时即发生合同解除的效果，而无须合同另一方的同意。需要注意的是，如果双方对解除权的行使时间有约定的需要从其约定，没有约定的，也须在合理期限内行使，而不宜过长。

另外，如果另一方对解除合同有异议的，可以请求法院予以认定。需要特别注意的是，《民法典》第五百六十五条第二款规定了合同解除的时间："当事人一方未通知对方，直接以提起诉讼或者申请仲裁的方式依法主张解除合同，人民法院或者仲裁机构确认该主张的，合同自起诉状副本或者仲裁申请书副本送达对方时解除。"

（3）合同解除的法律效果

根据《民法典》第五百六十六条的规定，合同一经解除，合同的权利义务消灭，合同终止。合同解除一般不发生溯及既往的效力，即解除只是对将来发生法律效果，对于尚未履行的部分则不再履行，但这也并不绝对，如果合同方有恢复原状的要求或者如果不恢复原状，会违背诚实信用原则或显失公平，人民法院予以支持。

除非不可抗力或情势变更导致的互不承担责任外，合同解除一般均会伴随违约责任的承担问题，至于违约责任的承担方式，则取决于合同双方的约定，如无约定，则按照法定的违约责任的承担方式。

8. 缔约过失责任条款

缔约过失责任相对于违约责任而言，二者以合同是否有效订立为区分。进入缔约阶段，任何一方的不当行为都容易对另一方造成损害，因此订立合同的双方均负有注意义务，具体包括协助、照顾、保护、忠实、通知、保密等内容，以避免给对方造成损失。一方因过错违反上述先合同义务，给对方造成信赖利益损失的，则应当承担缔约过失责任。需要注意的是，缔约过失责任的承担不受合同是否最终订立的影响，而只是以是否违反先合同义务为衡量标准。

缔约过失责任的赔偿基础是无过错方合理的"信赖利益损失"，目的是使无过错方的财产状况恢复到缔约之前的状态。

9. 违约责任条款

（1）违约责任的适用条件

违约责任条款是各类合同中均有的一项重要内容，也是在合同制定和审查中所不能忽略的内容。违约责任的适用必须具备一定条件：第一，违约责任的承担以合同有效存在为前提。在合同不成立、无效、被撤销的情况下，即便合同一方因过错给对方造成损害，也不发生违约责任，而应通过缔约过失责任或者无效合同下的责任承担来解决。第二，违约责任的承担无须具有损害后果，只要存在违约行为即可。第三，违约责任不等同于损害赔偿，还包括其他责任承担方式，如继续履行、违约金、定金等。第四，违约责任可以约定，没有约定才适用法律的相关规定。

（2）违约责任的承担方式

违约责任的承担方式不限于赔偿损失、违约金、定金这样常见的责任承担方式，除此之外，《民法典》还规定了实际履行和修理、更换、重作、减少价款或报酬这样的补救措施。

第一，实际履行。实际履行是以可以履行和履行合理为前提的，金钱债务的履行不存在履行不能的问题，对于非金钱债务的履行则要考量上述因素。另外，有观点认为，违约金或损害赔偿可以替代实际履行，这是严重错误的。实际上，实际履行可以与违约金、定金、损害赔偿的责任方式并用。

第二，损害赔偿。损害赔偿可分为约定损害赔偿和法定损害赔偿，法定损害赔偿根据其功能的不同，又分为补偿性损害赔偿和惩罚性损害赔偿。损害赔偿这一责任承担方式可以和其他任何一种违约责任承担方式（如违约金、定金、继续履行等）并用，但是并用后，违约方最终支付的金钱赔偿数额不得超过因违约给对方造成的损失总额且以违约方的可预见损失为限，即还是以补偿性为原则。至于惩罚性损害赔偿则必须由法律作出明确规定才可以适用。

第三，违约金。违约金可分为约定违约金与法定违约金，通常在合同中，合同方自由约定的均为约定违约金，但约定违约金的数额并非随意，而是有一定标准，即以违约金超过造成损失的30%为上限。超过这个标准，另一方就可以请求人民法院或者仲裁机构予以调低。反之，如果违约金规定得低于实际损失的，则可以调高到以实际损失为限。

另外，合同约定违约金，合同一方又给付定金的，一方违约时，另一方只能在违约金和定金中选择其一，而不能同时主张。如果选择适用了违约金条款，则收取定金的一方应将定金予以返还，否则应视为不当得利。

第四，定金。定金的种类有很多，如立约定金、解约定金等，但最常见的还是违约定金。适用违约定金时，必须发生了根本违约的行为，否则不符合定金罚则的适用条件。违约定金的适用需要以定金的实际支付为前提，否则当发生根本违约行为之时，定金罚则是无法适用的。

第五，其他补救措施。修理、更换、重作如同实际履行，与其他违约责任的承担方式可以同时适用，并不矛盾，也不能替代。

（二）实践准备

1. 将学生分成小组，每组 6~7 人为宜。

2. 掌握《民法典》合同编及《最高人民法院关于适用〈中华人民共和国民法典〉合同编通则若干问题的解释》的相关规定。

3. 将实训素材中的案例资料发给学生，要求思考案例中合同制定需要考虑哪些因素，有哪些风险，可以如何防范。

四、实训要点

（一）合同制定及审查的立场及角度

合同制定及审查中，首先需要解决的就是制定者或审查者的立场及角度问题，相对于风险预测、制作技巧等其他问题而言，这一问题也是最难解决的，或者说是需要经过很长时间慢慢转变的。

毋庸置疑，作为受托人，律师应以委托人的利益为自己从事业务的出发点和落脚点，应站在委托人的角度思考问题、解决问题，而这一切都是建立在合法性的前提下。但这看似简单易懂的问题，在实践中对于学生却是最难的，也就是说，学生并没有从律师的"当事人"角度出发。

或许是受多年传统法学教育的影响，学生遇到案件总是把自己放在一个"居中"裁判者的角度，从案例分析的角度来看待案件，谁对谁错、谁有道理谁没有道理，这是不可取的，也是很多学生一开始极不适应律师角色的原因。律师可以站在法官的角度根据现在的裁判标准去分析案件、预测风险，让当事人对自己的案件有一个基本认知，但这并不是最后的结果，而只是为其之后的辩护观点做准备和铺垫的，对于那些不利于自己的风险，如何给予更好的解释、如何寻找法律依据来支持。也就是说，律师最后确定的案件思路，不仅仅是只挑选对自己有利的观点，而是能将案件中不利于自己的一面通过自己的专业合理转换为对委托人有利的观点，而这些工作都需要律师以委托人的立场和角度思考问题。

立场及角度的思维转换需要一个过程，这个过程既是学生慢慢适应、慢慢调整的过程，也是其接触实践的一个过程。实践经验的欠缺确实是学生角色转换上的一个障碍，但设身其中也是弥补经验欠缺的一种有效办法，如果能时刻将自己置身于委托人的身份，这一问题的解决也只是时间问题。

（二）对合同中相关风险的预测及防范

解决了立场和角度问题之后，第二个需要解决的问题就是风险的预测及防范能力了，如果这一问题不能得到有效解决，就会影响合同制定及审查工作。

风险预测及防范能力，需要正确的立场及大量实践经验的累积，这就如同即便天黑，因为常走，对于路上的风险也能够准确预测和防范，你也能如平常一样认得回家的路。本书开篇介绍的诉讼法律业务与非诉讼法律业务的关系也是这个道理。

对于很多学生而言，其大多没有太多的从事诉讼法律业务和非诉讼法律业务的经验，由于每个人都是自己事务最好的管理者，因此这就需要学生将自己真正置身于委托人的位置，想委托人之所想、急委托人之所急，则对于一般法律风险的预测问题应是比较好解决的。

实践中，依据不同的合同，其风险点也大有不同，因此很难将实践经验予以概括总结。一般来说，合同标的或对象，合同价款及支付方式、质量标准、合同双方的权利义务、违约责任等条款都是易产生风险和纠纷的内容，在合同制定及审查中需要格外注意。

（三）对有名合同和无名合同的处理

按法律是否赋予合同特定名称并设有规范，可以将合同分为有名合同与无名合同，有名合同与无名合同在制作及审查上有所区别。有名合同由于有《民法典》的规定，因此在合同制定及审查上，只需在遵循法律基本规定的基础上，考虑委托人的特殊要求及具体合同的独特性即可。对于无名合同的制定及审查，由于法律规定的空白，因此在合同制定及审查上缺少指引，而且对语言表述能力的要求也相对较高。

无论有名合同还是无名合同，在合同制定及审查上，按照以下要点切入，就会感觉有章可循且也不会思维混乱。

1. 明确合同制定及审查目的。在进行合同制定及审查前，首先要对此合同所要实现的目的或解决的问题有准确清晰的了解。合同目的一般不止一个，因此通常也有主要目的及次要目的之分。如买卖合同，买方的主要目的是买到货物，卖方的主要目的是获取利润，次要目的是双方在交易过程中没有损失，因此就会有货物质量保证等约定，也会有货款按时、足额支付的约定。

2. 落实合同的基本条款，注意合同的完整性。一般来说，无论有名合同还是无名合同，合同中均涉及以下主要内容：（1）合同主体。对于法人或其他组织，其作为合同主体，在合同上需要注明其法定代表人及地址，对于自然人作为合同主体，则需要注明其身份信息及住址信息，以方便联系及纠纷发生后的诉讼问题。（2）合同标的。对于合同标的，一定要做到约定明确，而不能模糊，否则易引发歧义和纠纷。（3）合同价款及支付方式。支付方式主要指一次性还是分期付款，是现金还是支票或银行转账支付。如支付以达到某种标准为条件，则对于标准的约定须十分明确。（4）合同标的的质量标准。一般来说，涉及合同标的，就会对交付标的一方提出质量要求，则质量标准也是不容忽视的，这涉及是否违约的问题。（5）权利义务。这是合同中均有的条款，也是合同中最重要的内容，建议在权利义务规定上以委托人立场为出发点，但考虑到另一方的接受性，因此在权利义务上也不可过于偏颇，形式上的平衡是最基本的。（6）违约责任。在众多违约责任的承担方式中，由于约定违约金只要证明违约行为存在即可，而无须证明自己的实际损失，因此建议优先，考虑到违约责任可能不足以弥补受损一方的实际损失，则可要求以实际损失为限。（7）合同的变更与解除。可通过赋予委托人一方单方解除权而让其掌握解除合同的主动权。

3. 考虑合同特殊性后对合同进行丰富和完善。每一合同均有其特殊性，因此在确定上述基本内容后，还需要在此基础上对合同予以丰富和修正。需要注意的是，各类合同范本和模板是可以借鉴的，但绝不可以照抄照搬，除合同特殊性的原因外，还在于范本和模板制定者的立场及角度是不明确的，因此在对范本和模板不清楚了解的情况下，对其的贸然使用也是有法律风险的。

五、实训过程

（一）思维角度训练

1. 通过投影仪，与学生共同回顾实训素材案例一的基本案情。

2. 将学生分成小组，分别代表××歌舞团与天天租车公司，通过小组讨论，让其分别思考在此次租车一事上的关注点。

3. 学生小组进行角色互换，让其再次思考关注点是否有变化，发生了哪些变化？

（二）风险预测训练

1. 继续以案例一作为训练素材，通过头脑风暴，让学生思考此次租赁货车用于运输道具对于××歌舞团的风险有哪些，需要在合同中如何规定可以将风险降到最低。

2. 将学生的发言予以记录，教师针对学生没考虑到的风险，进行启发，最后予以总结。

3. 通过小组讨论，让学生思考其提出的风险防范措施，天天租车公司是否都能接受，如不能接受，则合同制定的意义何在，应该如何修改。

4. 以小组为单位，完成案例一的合同制作。

（三）无名合同制作训练

1. 通过投影仪，与学生共同回顾实训素材案例三的基本案情。

2. 通过小组讨论，思考案例三中甲乙双方合同的性质是什么、如何拟定合同名称；对于甲而言，合同中的风险有哪些，有无防范措施；对于案例中未涉及的问题，有无特别约定的需要。

3. 完成案例三合同的制作。

（四）合同审查训练

1. 通过投影仪，与学生共同回顾实训素材案例四的基本案情。

2. 通过小组讨论，思考案例四的合同中有哪些风险，如何防控。

3. 在此基础上，思考应以何种方式向委托人反映上述风险，以及防控风险的措施，进而思考律师合同制作与合同审查工作有哪些联系，又有什么区别？

4. 完成案例四合同审核意见书的制作。

六、实训作业

案例一：

货车租赁协议书

出租方（甲方）：天天租车公司　　承租方（乙方）：××歌舞团

经甲乙双方平等协商达成本协议，条款如下：

一、乙方自愿租赁甲方东风牌货车。车牌号为：川 A43836

二、租赁期限：自 5 月 2 日开始直至演出结束，按实际天数计算。

三、租赁费用：¥500 元/天（大写：伍佰元每天）

四、付款方式：乙方在接收车辆时以现金方式一次性付清。

五、违约责任：一方违反合同约定或解除合同，应对无过错方支付本合同标的 30% 违约金；如果因甲方提供车辆有质量问题，还应在前款基础上退还乙方 10000 元风险担保金，并支付乙方 10000×30% 的违约金。

六、其他约定：

1. 甲方提供出租车辆，行车的相关手续必须齐全。

2. 甲方提供两名驾驶员，具备相应驾驶资格，费用由乙方支付。

3. 乙方在租赁期内的一切油耗、修理费及相关费用等由乙方全部承担。

4. 乙方在租赁期内所承运的各种物资，无国家违禁品，否则，因此而产生一切经济损失和法律后果，由乙方承担。

5. 乙方在租赁期内，甲方提供的两名驾驶员由于过失或不合格等甲方原因给乙方造成的经济后果和法律后果，均由甲方承担。同时，另行支付乙方间接和直接损失。

6. 本协议到期后，乙方在五日内归还车辆给甲方，如需继续租赁，则另行协商租赁的相关事项。

7. 出租方将油加满交承租方，承租方归还出租方时需将油加满。

8. 乙方归还车辆时，车辆外观与承租时外观及性能基本一致，甲方应容忍车辆的自然损耗。

9. 本协议未尽事宜，由甲乙双方协商解决。

10. 本协议经双方签字生效。协议生效时乙方一次性向甲方缴纳风险担保金 10000 元。

11. 本协议一式两份，甲乙双方各存一份。

甲方：天天租车公司（盖章）　　　乙方：××歌舞团

案例二（一）：

投资协议书

甲方：　　　　　　　　　　　乙方：

根据中华人民共和国法律法规的相关规定，甲乙双方本着互利互惠的原则，就甲方委托乙方投资盈利一事，经过友好协商，现达成一致协议如下：

一、委托事项

甲方以自己的名义出资 10 万元委托乙方进行投资以获取收益。

二、权利与义务

甲方必须把资金交与乙方，供其自行投资操作，甲方不得干涉投资操作，不得泄露，不得随意抽资。

乙方对甲方账号全权管理，精心运行，自主操作并承担操作风险。

三、结算方式

投资期限一年，每月收取利息。

以协议到期截止日为结算日，计算收益情况，以甲方账号资金总额减去账号本金后的收益为净收益，净收益有盈利则双方按照80%、20%分配。

四、其他

本协议经双方签字并盖章后生效。本协议一式两份，双方各持一份。

甲方（签字）　　　　　　　　　　　乙方（签字）

案例二（二）：

甲方（委托方）　　　　　　　　　乙方（受托方）

1. 乙方通过操盘，每收益1万元，由甲、乙双方分成，其中甲方拿八分乙方拿二分。收益不足1万元部分，不分成。

2. 乙方代甲方操盘导致的损失，如果损失不超过甲方投入资金的20%，损失由甲方承担。

3. 乙方代甲方操盘导致的损失超过甲方所投资资金的20%，甲方可单方解除合同。乙方代甲方操盘导致的损失未超过甲方所投资资金的20%，乙方对于购买哪只股票以及股票的抛出享有决定权，甲方不得干预乙方的操盘行为。

案例三（一）：

档口出租合同

（出租方）甲：郭某　　　　　　　　身份证号：

（承租方）乙：王某（蜜桃摄影）　　身份证号：

甲乙双方通过友好协商，就档口租赁事宜达成协议如下：

一、租赁地址：辽宁省沈阳市和平区太原街地下二层Red069号

二、室内附属设施

三、租期及相关约定

1. 租用期限：自2023年8月1日至2024年1月31日。

2. 档口租金：每月2000元人民币。

3. 付款方式：按月支付，每三个月付款一次，另付押金×元，租房终止，甲方验收无误后退还乙方押金；第一次付款计2000元人民币。

4. 租期内的水、电、煤气等费用由乙方支付；档口修缮费用由甲方支付。

5. 租期内，乙方有下列情形之一的，甲方可终止合同，收回档口使用权，乙方需承担全部责任，并赔偿损失：

（1）擅自转租、转让或转借的；

（2）从事非法活动损害公共利益的；

（3）无故拖欠档口租金达×天的；

（4）连续三个月不付所有费用的。

四、双方责任及义务

1. 乙方须按时交纳水、电等费用，并将以上费用账单交给甲方，甲方必须检查以上费用。

2. 在任何情况下，乙方都不能将押金转换为档口租金。

3. 租期内，甲方需确保乙方正常居住，不得擅自转租（卖）给任何第三者或于租期内增加房租。

4. 租期届满，乙方如要继续使用，应提前一个月提出，甲方可在同等条件下给予优先。

5. 租期内，一方需解除协议的，应提前一个月通知对方。

6. 乙方入住后，应保持周围环境整洁，做好防火防盗工作，如发生事故，由乙方负责。

7. 乙方不得擅自改变室内结构，并且要爱惜使用室内设施，如发生人为损害，由乙方赔偿；发生自然损害的，应及时通知甲方并配合甲方给予修缮。

五、其他事宜，由双方协商解决，协商不成按有关法律法规处理或提交有关仲裁机构仲裁。本协议一式三份，签字即生效。

六、其他说明：

1. 入住时电表度数：

　　水表度数：

2. 出租方：　　　　　　　　　电话：

　　承租方：　　　　　　　　　电话：

3. 签约日期：

案例三（二）：

出兑档口协议

出兑方（甲方）：王某（蜜桃摄影）

承兑方（乙方）：郭某

甲方和乙方经友好协商，就档口出兑事宜达成以下协议，设定下列条款，共同遵守：

1. 甲方同意将自己位于沈阳市太原街地下三层 Red069 号档口的蜜桃摄影店铺出兑给乙方，店铺共计 7 平方米，转让费为 27 万元人民币，此 27 万元不包含商场每月的管理费用在内。

2. 乙方应在 2023 年 7 月 1 日前一次性向甲方支付转让费 27 万元人民币，此外，甲方不得再向乙方索取任何费用。

3. 甲方于 2023 年 8 月 1 日至 2024 年 1 月 31 日返租乙方店铺，月租金 2000 元，每三个月支付一次，返租期间由甲方承担商场管理费用的支付，甲方应于 2024 年 1 月 31 日搬离店铺并完成交接手续。

4. 甲方应配合乙方完成店铺的转移手续，因甲方不配合而产生的损失由甲方承担赔偿责任。

5. 除重大政策性变化和不可抗力外，任何一方违反合同规定致使合同不能全部履行的，除赔偿相应损失外，还应向另一方支付合同未履行部分转让金额总数 20% 的违约金。

6. 返租期满，甲方如不能按时搬离，每逾期一日，除继续交租金外，需另外支付日租金 20% 的违约金。

7. 返租期间，甲方未能按月交纳租金，每逾一日按应交租金的 1% 交纳滞纳金。

8. 若甲方在返租期满一个月仍未搬离，乙方可终止与甲方的租赁合同。

9. 若甲方在返租期满前要求延长租期，须在租赁合同到期前 5 日提出续租申请，乙方有权决定是否接受续租。

出兑方：王某（蜜桃摄影）

承兑方：郭某

日期：20××年××月××日

案例四：

合同审查意见书

××万通产业有限公司：

辽宁天正律师事务所受贵司委托，就贵司与江达贸易有限公司签订的《合同》之文本提出法律建议如下：

一、关于合同双方的主体资格

建议贵司在合同签订前确认项目部具有签订本合同的授权，并对江达贸易有限公司的主体资格进行审查。

二、关于合同第6条

合同约定装运港口为"欧洲主要港口"太过宽泛，建议列出港口名称。

三、关于合同第8条

合同约定保险金为"发票金额的110%，由卖方承担"，未说明发票金额的基数。

四、关于合同第9条的付款方式

其中第1款第6项"合同总价20%预付款保函正本一份，有效期为提单到期后30天"，未明确期限计算的起算之日。

五、关于合同第10条

第3项约定"买方承保一切险和战争险"，建议设定例外情况和免责事项，即因不可抗力造成的损失不在承保范围内。

六、关于合同未约定生效条件

建议增加"本合同自双方负责人签字或者加盖单位公章时生效"。

以上建议仅供参考，不作他用。

此致

顺颂商祺

辽宁天正律师事务所

律师：王××

七、实训点评

案例一点评：

案例一主要锻炼学生的风险预测能力。第一，学生在立场及角度上还是居中，在思维上还是传统法学教育中的法官思维，没有完全转换角度，站在委托人的角度考虑问题，因此其所制定的合同，如风险担保金的规定，反而增加了委托人的成本，这一定是委托人所不同意的。第二，学生在风险预测的能力上是比较弱的，这可能是源于其工作生活经验的欠缺，但即便如此，如"一切油耗、修理费及相关费用均由乙方承担"这样条款的出现也是不应该的。第三，掌握的基础知识不准确，如合同中对违约金规定就是一个很好的说明。第四，条理不清，语言表述不精准。合同制作首先要明确几个必要的内容，然后在此基础上予以细化，案例中学生将甲乙双方的权利义务这一重要内容放在"其他规定"中，而且其中双方权利义务没有明确区分，显得特别混乱，同时在语言表述上也没有法律专业性的体现。

案例二点评：

案例二主要是无名合同的制作训练。第一，学生的立场和思维均未完全转变，没有站在委托人角度思考问题，也没有将委托人的利益最大化，其只是将案例中介绍的情况以其自己的语言表述了出来而已，这样制作出来的合同一定是委托人不满意的。第二，风险预测能力和防控能力均太弱，对于案例二的风险点毫无预测，如"甲方必须把资金交与乙方"的内容，不仅没有降低风险，反而增加风险。第三，思维混乱，没有权利义务意识。虽然是无名合同的制作，但对于一些基本必备的合同条款没有概念，在整个合同中更是没有对双方权利义务及违约责任的约定，这可能源于面对案例情况不知如何入手，但作为法学院学生，也不应犯这一基本错误。第四，语言表述能力较弱。对于无名合同而言，没有太多法律固有名词供学生使用，这就是检验语言表述能力的时候，学生们大多心里所想与语言表达相脱节，制作的合同在语言上存在多种歧义，表达不明确是合同制定的大忌，这方面的能力需要加强和锻炼。

案例三点评：

案例三也是对无名合同的制作训练。首先，由于没有范本参照，学生对于无名合同的制作有恐惧心理，其就尽可能在网络上寻找最接近的合同范本予以参照，这容易导致对合同性质的认识不清、对合同主要内容的忽视。对于网络中的范本或模板不是不可以用，但需要注意是否与委托人的要求相一致、是否与委托人同一立场下拟定合同、在注重共性的同时是否考虑到本合同的特殊性、是否需要进行某些取舍和修改。其次，学生将注意点都集中在无名合同的范本查找、语言表述等问题上，而忽略了合同的完整性，缺少合同中的基本条款，没有将之前训练中的内容予以融会贯通。

案例四点评：

案例四主要是对学生合同审核能力的实训，由于案例四本身为国际货物买卖合同，因此这就加大了合同审核的难度。首先，学生对合同审核意见书的形式大多掌握了，明确了律师事务所与委托人间的委托关系。其次，内容上，可能对这类合同接触较少，因此对于这类合同的风险预测及防控就十分有限，尤其在国际货物买卖的付款方式、保险、运输、质量标准等问题普遍无从把握，但除去国际货物买卖合同的特殊性，对于合同中其他条款做到了审慎性审查。

对于本节内容，总结如下：

1. 合同的制定和审查均要立足于委托人的角度，而不是居中裁判的法官角度。

2. 每一合同都具有其独特性，对于合同范本，在不清楚范本制作者立场的情况下，不能随意使用。

3. 合同制作及审查中，难度最大的就是对风险的预测，设身其中和实践经验是解决这一难题的两大有效途径。

4. 合同中有些条款是必备的，除此之外，需要根据合同的特点及委托人的要求予以增加，无名合同的制作也是如此。

5. 在以上条件均具备的情况下，良好的语言表达及写作能力也是不可或缺的。

八、实训文书

案例一范例：

货车租赁合同

甲方（出租方）：

地址：

乙方（承租方）：××歌舞团

地址：

甲、乙双方经友好协商，在平等、自愿、公平的原则下订立本合同，以资共同遵守：

一、出租车辆

乙方因进行南方巡演，为了运输巡演所用道具及相关设备，现租用甲方自有的_____牌货车，牌照号_____，发动机号_____。

二、租赁期限

1. 乙方于用车前_____日通知甲方，甲方须提前做好相关工作，使该出租车辆处于可随时使用的准备状态。

2. 租车始自_____年_____月_____日，甲方须协助乙方于5月2日_____时前完成道具及设备的装车工作，以免影响乙方的演出行程及计划。

3. 本次租车的具体期限以乙方的实际使用时间为准。

三、租金及支付方式

1. 租金标准：出车期间，每车每天的租金为500元，以实际出车天数计算。

2. 支付方式：乙方于接车时向甲方支付_____天的租金，共计人民币_____元，以后租金在乙方完成全部巡演安全返沈后_____天内以现金方式一次性付清给甲方。

四、甲方的其他权利义务

1. 甲方应保证车辆手续齐全，包括行驶证、购置税缴纳证、已付保险凭证、车辆检验报告等各种确保车辆处于适宜运输状态的行车手续，如因甲方上述手续不全导致使用车辆过程中被有关部门查处，相关责任由甲方承担，如因此耽误了乙方使用车辆，给乙方运输的巡演道具造成了损失，则应向乙方承担相应的赔偿责任。

2. 甲方应保证出租给乙方使用的车辆状况良好，并已按乙方要求于车体两边追加护栏设施，不存在任何质量及权利上的瑕疵，不存在抵押、查封等影响乙方正常使用的情形，适于乙方运输巡演道具。

3. 在出租期限内，车辆发生交通事故，或者在使用过程中出现非乙方责任产生的其他风险，由甲方承担所有责任，并均由甲方自行处理，如需乙方出具手续，乙方可予以协助。

4. 甲方对该出租车辆应投保的险种及保额分别为：第三者责任商业险_____万元、车损险、盗抢险、交通强制险、运输货物保险_____万元、_____等险种，具体投保数额按照保险公司核定数额计算。在车辆发生事故时，如理赔的保费不足以弥补各方的损害，则甲方应承担补足责任，之后再对造成此次事故的责任方予以追偿。

5. 如甲方在租赁期内出卖车辆，甲方应向乙方告知此出卖事宜，甲乙双方的租赁协议不受甲方将租赁车辆向第三人转卖的影响。

6. 如乙方利用所租车辆从事违法犯罪活动或其他有损甲方车辆合法权益的活动，则甲方有权随时随地收回所租车辆。

7. 甲方应确保随车配备的两名驾驶员长途驾驶经验丰富，技术全面，敬业负责，踏实细心，完全能胜任此次的长途巡演道具的运输工作。车辆承租期内，因驾驶员个人原因引发的身体不适、侵权纠纷、违章罚款、交通事故等，均由甲方承担全部责任，与乙方无关。

8. 如因甲方原因致使承租车辆不能立即投入使用，在不影响乙方正常使用的前提下，甲方可通过维修或调换其他同等条件的车辆供乙方使用，但如果已达到影响乙方正常使用的状况，则甲方应向乙方支付影响使用期间的租金数额_____的违约金，并且乙方有权解除合同，如还给乙方造成了其他损失，则甲方须承担相应的赔偿责任。

9. 甲方应确保出租车辆的日常养护，如因养护不善致使运输途中出现问题进而影响乙方对车辆的正常使用，则途中发生的养护、维修及乙方的相应损失均由甲方负责。

五、乙方的其他权利义务

1. 乙方在租赁合同规定的租赁期间拥有所租赁车辆的使用权。

2. 乙方对租赁车辆承租前已有的损伤不承担赔偿、维修义务。

3. 乙方应按照本协议约定用途使用车辆，否则甲方有权解除协议。

4. 承租期间，因车辆正常使用所造成的损坏，由乙方负责修理。

5. 乙方应按照本协议约定的租金计算及支付方式支付租金，否则乙方应按照迟延履行部分租金的_____向甲方支付违约金，迟延支付超过 30 日，甲方有权解除协议。

6. 出租期间，乙方不得将出租车辆予以转让、转租、抵押、质押或者以其他方式设定担保，否则甲方有权解除协议并要求乙方承担相应的违约责任。

7. 租赁期内，基于乙方租赁目的而花费于该出租车辆上的合理的燃油费、过路过桥费、停车费由乙方承担。

8. 甲方随车配备的两名司机在巡演期间的吃住费用，由乙方支付。具体支付标准为每天每人_____元人民币，支付方式为_____。

9. 巡演结束安全返沈后，乙方交还车辆时，应当使车辆符合使用后的状态。

六、协议解除

本合同的变更和解除，须经甲乙双方签署书面协议方能有效。

七、争端解决

1. 未尽事宜，双方协商确定。

2. 如不能协商解决，则应依法向人民法院提起诉讼。

八、生效及其他约定

1. 本合同中损失以物品的市场重置价值为准。

2. 本合同经甲乙双方签字或盖章生效。

3. 本合同一式四份，甲乙双方各执二份。

后附：

1. 承租车辆的行驶证、购置税缴纳证、已付保险凭证、车辆检验报告等

各种行车手续的复印件各一份

2. 两名驾驶员的身份证复印件各一份

甲方（公章） 乙方（公章）：××歌舞团

法定代表人（签字）： 法定代表人（签字）：

年 月 日 年 月 日

案例二范例：

股票操盘委托协议书

（乙方在甲方所开立交易平台上代为操作的协议）

甲方（委托方）： 身份证号码：

联系电话： 联系地址：

乙方（受托方）： 身份证号码：

联系电话： 联系地址：

甲乙双方本着互惠互利、诚实守信和互相信任的原则制定本协议，并以资共同遵守：

一、出资及开户

1. 甲方出资_____（大写）人民币，开立股票交易账户，账户信息如下：

交易平台账户人资金账户

对应的沪市证券账户号

对应的深市证券账户号

交易平台账户人交易密码

交易平台账户人通信密码

交易平台服务商

2. 本协议期间：从____年____月____日起至____年____月____日止，如在此协议期间，双方有意继续此委托事项，则可续签本合同。

3. 乙方佣金的国内指定开户银行：_____，账户姓名：_____，账号：_____。

二、操作理念

乙方代表甲方进行金融投资操作，目标是在控制好风险的前提下尽量让资产增值。乙方的投资理念是追求安全的利润，所以对账户的资金管理很谨慎，操盘的原则是风险控制管理第一，以追求长期的稳定获利为操盘目标。

三、风险控制

1. 甲方委托乙方对本账户进行实盘操作，按照中期波段进行操作，选择合适的交易时间和交易品种，决定下单的金额和数量；乙方在受托进行上述账户管理时，无权撤销或申请新的交易类别，无权进行资金的调拨。

2. 甲方在协议执行期间可以随时查询账户执行及收益情况，随时监控账户，但不得在没有得到乙方同意下私自操作账户进行交易，不得对乙方交易行为提出异议或产生任何其他方式的干扰，否则视为甲方单方面违约，乙方有权解除本协议，且由此所引起的本金亏损或利润缩水完全由甲方自负。

3. 在交易期限结束时，所管理账户交易风险控制上限为本金的百分之_____（大写），即在委托给乙方交易期限内，账户的最大交易总亏损不能大于甲方账户初始合计资金的百分之_____（大写），如达到最大亏损金额甲方有权撤回交易权限，合同解除，乙方不再承担该本金损失。

4. 甲方的资金账户在本协议生效日起的最初三个月未达到账户本金的110%，即盈利未达到初始本金的10%的情况下，甲方可以单方解除合同。

5. 在交易期限内，若甲方在本协议执行期间有私自出金、私自更改交易平台账户登录密码、应盈利分成而未及时汇款给乙方等单方违约行为，则在此情况下，若出现本金亏损，乙方不承担赔付责任。

6. 若甲方不存有过错，乙方在合同期限内非因战争、地震、车祸、重大的突发性疾病等无法预见、不能预防、无法避免和无法控制的事件而单方面提前终止委托协议，则本协议终止。在本协议终止后甲方不再进行对自上次盈利结算分成后的再交易利润的分配。若自上次盈利结算分成后的账户本金出现亏损，则乙方应赔付甲方所亏损的本金金额作为补偿。

7. 在未征得甲方同意的情况下，乙方不得将上述委托业务交由任何第三方予以操作。

8. 甲方就股票交易情况可随时与乙方进行沟通，沟通方式可选择电话、QQ等一切可能的通信联络方式。

9. 乙方应确保甲方可在其工作时间联系到乙方，乙方如遇有出差、休假等事务须提前告知甲方。

10. 甲乙双方对各自的信息负有保密义务。

四、利润与分成

1. 无论何时，只要盈利达到账户初始本金的百分之十以上（包括百分之十），甲乙双方即可结算一次。至于何时平仓，由乙方按照其技术和经验自行掌握，但须以甲方的利益最大化为原则。

2. 按照双方协议约定，每次提取的交易总盈利中，甲方获得百分之八十，乙方获得百分之二十。在提取盈利后，甲方的资金账户中始终保持账户的初始本金，即人民币壹拾万元整。在此之后的盈利分配，即以上述每次留存的本金为基础。如协议期限内双方协商一致，甲方要再行注入资金，则另签订合同予以约定。

3. 交易盈利额达到协议规定时，由乙方通过电话等各种可能的方式通知甲方向交易平台申请办理所盈利润的出金事宜。

4. 甲方在得到乙方通知后，须在两天内向交易平台申请办理出金手续，并在得到平台出金后的两日内（法定节假日顺延）把盈利分成之款项按协议的规定打到乙方指定银行账户；如自乙方通知甲方之日起五日内（法定节假日顺延）甲方没有及时汇款给乙方之所得利润，则甲方单方面违约，乙方有权终止本协议，并对逾期之应得利润按照每日千分之三收取滞纳金。

5. 本协议终止时进行最后一次盈利结算，不再以本金百分之十的盈利为分成的前提条件。

五、争议解决

如遇有争议，甲乙双方协商解决，如不能解决，则通过诉讼方式予以解决。

六、其他

1. 在签署本协议前，甲乙双方应详细阅读并充分理解本协议各项条款的内容；一经签字，则签字方已经认定并执行此协议之效力。

2. 本协议一式两份，甲乙双方各执一份，对甲乙双方具有相同的法律约束力。

3. 本合同须后附甲乙双方的身份证复印件，作为对甲乙双方身份的确认。

甲方（签字）：　　　　　　　　乙方（签字）：

日期：　　　　　　　　　　　　日期：

案例三范例：

出兑档口协议书

甲方（出兑方）：

身份证号码：

住址：

乙方（承兑方）：

身份证号码：

住址：

甲乙双方本着诚实信用的基本原则，经平等协商，制定本协议，以资共同遵守：

一、出兑标的

甲方对位于沈阳市和平区太原街时尚地下商业街 Red069 号档口的占有使用权、经营收益权及一切应归属于该档口的其他权利及权益。

二、出兑金额

人民币 270000 元整（大写：贰拾柒万元整）

三、支付方式

一次性支付，银行转账（　　　　银行）

四、甲方的权利义务

1. 甲方应确保出兑档口为其自有档口，不存在其他权利人共有的情况。

2. 甲方应确保对该出兑档口拥有完全的占有、使用、收益、经营权利及其项下的一切权益。

3. 甲方应确保该出兑档口项下权利没有任何瑕疵，包括但不限于未用于抵押、不存在与任何第三方有关该出兑档口的其他权利纠纷。

4. 甲方自收到乙方出兑金额的当日，与乙方完成出兑档口的过户及相关一切事宜的交割，包括但不限于将该出兑档口的一切证照、收据等，以便于乙方的使用经营。

5. 出兑档口过户后，甲方作为承租方，乙方作为出租方，甲方租赁使用乙方本协议中的档口（用于甲方与他人共同经营的蜜桃摄影），租赁期从 2023 年 8 月 1 日至 2024 年 1 月 31 日，共 6 个月，每月租金人民币 2000 元整，每三个月一付，过户之日支付前三个月的租金 6000 元整，2023 年 12 月 1 日前支付后三个月的租金 6000 元整。

6. 甲方应确保其于出兑档口与他人共同经营的蜜桃摄影于租赁期满搬离出兑档口，确保其他经营人知晓上述情况并经一致同意，如有违本规定，则甲方负责协调处理，不影响乙方于租赁期满后对出兑档口的自我经营。

7. 甲方于上述租赁期间不得转租。

五、乙方的权利义务

1. 乙方应按约定向甲方足额支付出兑价款。

2. 乙方应确保甲方使用租赁档口至 2024 年 1 月 31 日。

六、违约责任

任何一方如有违约，另一方须承担违约责任，支付出兑金额 130% 的违约金。

七、争议解决

如有争议，双方平等协商，如协商不一致，任何一方均可至有管辖权的人民法院进行诉讼。

八、其他

1. 双方是在就合同条款仔细阅读并充分理解其中含义的基础上签订本协议。

2. 双方的身份证复印件作为合同附件。

3. 合同一式两份，双方各持一份，具有同等的法律效力。

甲方：（签字）   乙方：（签字）

日期：   日期：

案例四范例：

合同审核意见书

××万通产业有限公司：

辽宁天正律师事务所接受贵司委托，就贵司与 Vollert 签订的《合同》（编号：No. 13JD1093WZZ）之文本提出法律建议如下：

一、关于合同"第一条"

建议贵司明确并填写所购买货物的品名、规格、数量等具体信息，如有其他特殊要求应具体描述，如涉及多件货物或成套货物，建议于附件中予以明确并仔细核对。

另外，对于合同总价款，建议贵司明确是否包含相关税费。由于是欧元结算，建议贵司明确是否需要以某一天的外汇牌价为固定的汇率，对于汇率损失视为商业风险，贵司不承担卖方此部分的损失。

二、关于合同"第二条"

建议贵司区分进口国与制造厂（地）的区别，是否需要明确所购买的货物或其关键（或核心、主要）部分从生产到最终的出口均是于德国境内。

三、关于合同"第五条"

建议贵司明确装运的具体时间，一般应将装运期限制在一个月内（北半球的适航时间为每年的 4 月至 9 月），不超过两个月，且不允许转运及分次运输。

四、关于合同"第六条"

建议贵司明确装运的主要港口是否为 CIF 方式下的最经济装运港，对于买方没有增加不合理的运费支出。

五、关于合同"第九条"

1. 建议贵司将开立信用证的日期予以明确并填写，其时间应晚于卖方出具的预付款保函的时间。

另外，需要明确预付款保函中"有效期为提单到期后 30 天"的含义。

2. 对于合同总价 75% 的信用证付款部分，建议贵司作分笔支付。

至于支付对单据的要求，建议贵司予以增加，尤其要增加卖方所在国权威部门或有权机构出具该货物的质量合格证书，且该质检标准须为贵司与卖方所共同认可。

3. 建议贵司核定合同价款 5% 的质保金是否足够对抗质量瑕疵的风险，否则建议卖方将质保金的比例予以增加。

4. 对于"商业发票五份"，建议贵司要求增加"合同号及合同中其他细节"。

六、关于合同"第十条"

1. 建议贵司根据货物特点，明确是否需要另行投保其他险种。

2. 建议贵司明确，如包装采用非木质材料，须适宜运输及气候的变化，能够防湿、防潮、防震、防锈等。

3. 建议贵司增加一份文件，即卖方出具的其所在国的权威部门或有权机关对其本合同中的商品所出具的质量证书。

七、关于合同"第十三条"

1. 建议贵司明确货物质量的参照标准，结合第十四条，是否意味着将我国质检部门的标准确定为本合同下的质量标准。但如卖方能证明其产品标准高于我国国家标准，且符合买方要求能予以现实生产，则也可以认为质量符合标准。

2. 建议贵司要求卖方出具相关权威部门或有权机构出具的证明材料，而不仅仅为卖方的单方承诺。

3. 建议贵司将质保期限定为由买方认可的最终检验报告出具后 12 个月。

八、关于合同"第十四条"

1. 建议贵司将在质保期内，向卖方索赔的情形予以扩大，不限于"品质不良、工艺低劣或恶劣材料三种情形"，只要非我方及承运人原因所引起的不符合合同约定的情形，卖方均应承担赔偿责任。

2. 卖方对于索赔函的回复日期过长，建议贵司限定为 7～10 个工作日。

3. 对卖方应"立即采取措施"中的"立即"予以明确，建议 3 日内。对于"索赔后未做答复下视作接受"的情形,可进一步明确可作为买方直接索赔的依据。

九、关于合同"第十五条"

建议贵司将不可抗力情形下的卖方通知时间限定为不可抗力消除后的3日内。另外,建议贵司将不可抗力下买方的单方解除权的期限予以缩短,2周时间比较适宜。

十、关于合同"第十六条"

1. 建议贵司增加对于非 T/T 情形下的迟延履行违约金,由卖方以 T/T 方式予以缴纳。

2. 建议贵司增加延期发货的违约金比例,如可将违约金总额定于未履行合同部分总标的的 20%,对于罚款率可提高至每 7 天 2%。

3. 对于延迟发货下贵司的单方解除权,可将延期发货的时间限定为2周。

十一、关于合同"第十七条"

建议贵司明确仲裁的具体地点为北京,仲裁适用法律为中华人民共和国法律。

十二、关于合同"第十八条"

建议贵司以中文文本作为合同文本有歧义时的标准文本。

十三、关于合同"第十九条"

建议贵司增加进口代理在上述事项中的协助义务,且该部分内容须与贵司与进口代理的委托合同中的内容不矛盾或一致。

需要强调的是,贵司与进口代理的《委托进口代理合同》必须重新审定。

十四、关于合同"第十九条"

建议贵司增加进口代理与卖方间的传真、电子邮件等文件须同时发至贵司,在未得到贵司确认前,进口代理不得超越代理权限为其他事项,否则卖方因此获得的损失与贵司无关,且对于贵司的损失,进口代理及卖方须予以赔偿。

以上建议仅对本合同而言,如增加其他附件或相关文件,须另外审定。

以上建议仅供参考，不作他用。

此致

顺颂商祺！

辽宁天正律师事务所

律师：周×

20××年12月3日

九、实训拓展

（一）课后思考

1. 合同制定与合同审查对于律师的要求有何不同？

2. 思考引例中合伙协议应由哪些内容构成，依据《民法典》及《合伙企业法》的相关规定，完成引例中的合同制作。

（二）补充资料

文件一：引例范例

合伙协议

合伙人：_____，身份证号码_____，住址_____，电话_____。

合伙人：_____，身份证号码_____，住址_____，电话_____。

合伙人：_____，身份证号码_____，住址_____，电话_____。

合伙人：_____，身份证号码_____，住址_____，电话_____。

第一条 合伙宗旨

为了×××发型工作室的运营及发展，全体合伙人经协商一致，现以书面形式订立此合伙协议。

第二条 合伙经营项目和范围

以营业执照上的经营范围和项目为限。

第三条　合伙期限

合伙期限为_____年，自_____年____月____日起，至_____年____月____日止。

第四条　出资额、方式、期限

1. 合伙人（姓名）均以货币方式出资，四名合伙人各出资人民币 25000 元整（大写：贰万伍仟元整）。

2. 各合伙人的出资，应于_____年____月____日以前交齐，逾期不交或未交齐的，应对应交未交金额数计付银行利息并赔偿由此造成的损失。

3. 本合伙出资共计人民币 100000 元整（大写：壹拾万元整）。该笔出资和企业成立后以合伙企业名义取得的收益以及依法取得的其他财产，均为合伙企业的财产。在合伙企业清算前，各个合伙人均不得随意请求分割该财产。

4. 除法定解散事由之外，在合伙期限内，如合伙企业的营运资金出现困难，则各合伙人应以短缺的资金为限、以其出资比例为依据再次出资以使得工作室的运转归于正常。

第五条　盈余分配与债务承担

1. 从工作室运营之日起，每第六个月的月末，如工作室运营顺利，在扣除成本、费用等必要性的支出后仍有利润，则将此利润中的 50% 用来作为工作室的发展资金，余下的利润部分用作各合伙人的盈余分配。

2. 盈余分配：以各个合伙人的出资比例为依据，按比例分配。

3. 债务承担：合伙债务先由合伙财产偿还，合伙财产不足清偿时，各合伙人对其合伙债务承担无限连带责任。合伙人由于承担无限连带责任，清偿数额超过其按照出资比例所负的亏损分担比例的，有权向其他合伙人追偿。

第六条　入伙、退伙、出资的转让

1. 入伙

（1）新合伙人入伙，应当经全体合伙人一致同意，并依法订立书面入伙协议。

（2）入伙的新合伙人与原合伙人享有同等权利，承担同等责任。新合伙人对入伙前合伙企业的债务承担无限连带责任。

2. 退伙

（1）自本协议签订之日起三年内，合伙人不得退伙，在此期间出现法定的当然退伙情形除外；自本协议签订之日起三年后，如须退伙需提前_____天告知其他合伙人并须经全体合伙人一致同意；否则合伙人应赔偿因其擅自退伙而给合伙企业及其他合伙人所造成的损失。

（2）合伙人退伙时如有未了结的合伙企业事务的，待该事务了结后进行结算；退伙结算时，只退还该退伙人的先期出资额，退伙人如对合伙企业造成的损失负有赔偿责任的，相应扣减其应当赔偿的数额。

（3）退伙人对基于其退伙前的原因发生的合伙企业债务，承担无限连带责任。

3. 出资的转让

（1）除合伙协议另有约定外，合伙人向合伙人以外的人转让其在合伙企业中的全部或者部分财产份额时，须经其他合伙人一致同意。合伙人之间转让在合伙企业中的全部或者部分财产份额时，应当通知其他合伙人。

（2）合伙人向合伙人以外的人转让其在合伙企业中的财产份额的，在同等条件下，其他合伙人有优先购买权。

第七条　合伙人的权利

1. 合伙人对合伙事务的执行采用以下第_____种方法。

（1）合伙人对执行合伙事务享有同等的权利。

（2）经全体合伙人协商一致决定，委托_____对外代表合伙企业，执行合伙事务，其权限是_____：其执行合伙事务所产生的收益归合伙企业，所产生的费用和亏损由合伙企业承担。其他合伙人有权对其执行状况予以监督，而执行事务合伙人也应当定期向其他合伙人报告事务执行情况以及合伙企业的经营和财务状况。受委托执行合伙事务的合伙人不按照合伙协议或者全体合伙人的决定执行事务的，其他合伙人可以撤销该委托。

（3）由合伙人分别执行合伙事务，具体由_____。执行事务合伙人可以对其他合伙人执行的事务提出异议，提出异议时，应当暂停该项事务的执行。如果发生争议，则应以合伙人一人一票的表决机制，经半数以上通过的办法来予以决定。

2. 合伙企业的下列事项应当经全体合伙人一致同意：

（1）改变合伙企业的名称；

（2）改变合伙企业的经营范围、主要经营场所的地点；

（3）处分合伙企业的不动产；

（4）转让或者处分合伙企业的知识产权和其他财产权利；

（5）以合伙企业名义为他人提供担保；

（6）聘任合伙人以外的人担任合伙企业的经营管理人员。

第八条　合伙人的义务

1. 合伙人执行合伙事务，不得利用职务上的便利或采取其他非法手段侵占合伙企业财产，如因此给合伙企业或者其他合伙人造成损失的，应依法承担赔偿责任。

2. 未经全体合伙人一致同意擅自处理合伙事务而给合伙企业或者其他合伙人造成损失的，应依法承担赔偿责任。

3. 合伙人不得从事与本合伙企业相竞争的业务或者与本合伙企业进行交易的业务，否则该收益归合伙企业所有；给合伙企业或者其他合伙人造成损失的，依法承担赔偿责任。

4. 未经其他合伙人一致同意，合伙人不得以其在合伙企业中的财产份额出质，由此给善意第三人造成损失的，由行为人依法承担相应的赔偿责任。

第九条　合伙的终止及终止后的事项

1. 法定解散事由出现后，合伙企业进入清算阶段。清算人由全体合伙人担任；经全体合伙人过半数同意，也可以自合伙企业解散事由出现后十五日内指定一个或者数个合伙人，或者委托第三人，担任清算人。

2. 合伙企业财产在支付清算费用和职工工资、社会保险费用、法定补偿金以及缴纳所欠税款、清偿债务后的剩余财产，依照出资比例进行分配。

3. 合伙企业注销后，原普通合伙人对合伙企业存续期间的债务仍应承担无限连带责任。

第十条　纠纷的解决

合伙人之间如发生纠纷，应共同协商，本着有利于合伙事业发展的原则予以解决。如协商不成，可以诉诸人民法院。

第十一条　本合同自订立并报经工商行政管理机关批准之日起生效并开始营业。

第十二条　本合同如有未尽事宜，应由合伙人集体讨论补充或修改。补充和修改的内容与本合同具有同等效力。

第十三条　本合同正本一式_____份，合伙人各执一份，送_____

_____各存一份。

合伙人：_____　　　_____年____月____日

合伙人：_____　　　_____年____月____日

合伙人：_____　　　_____年____月____日

合伙人：_____　　　_____年____月____日

文件二：采购合同

生产线采购合同　　　（卖方角度拟定）

买方：

卖方：

签约时间：20××年2月25日

签约地点：

买方：×××（以下简称买方）

卖方：×××（以下简称卖方）

买卖双方依照《中华人民共和国民法典》及相关法律法规，经友好协商，就骏马一号工厂注汽机组生产线项目的设计、生产、调试、投运、售后等相关事项达成一致，签订本合同，以资共同遵守执行。

一、合同的相关内容及要求

注汽机组是一种重质原油开采的专用设备，主体设备由辐射段、过渡段、对流段及水汽系统、燃烧系统、控制系统等组成。

注汽机组生产线的建设以"国际一流、国内第一"为目标，在保证产能

（日产一台）、品质（详见技术协议及相关附件）、周期（单台产品 15 个工作日）的前提下，实现物流输送、组对装配、焊接的自动化（参考零人工搬运、零人工组对、零人工焊接的建设理念），形成现代化的生产流水线。同时，生产线的建设以人流、物流、信息流为出发点，并通过合理的布局、成熟的工艺、流畅的节拍实现生产线的建设目标。此外，生产线自身还应满足环境及安全的要求。

此项目为全自动化石油装备制造生产线，应满足国家和行业标准及技术协议的要求，保证生产线的使用性能。在优先确保本生产线项目的设计、生产、调试、投运的前提下，卖方须参考 VI 设计公司的效果图，尽量满足买方对 VI 效果的要求。同时，双方将本着深入沟通、真诚合作的原则，按合同约定，履行职责与义务，完成生产线的开发及建设。

该生产线包括以下工作站：（略）

二、合同的价格

2.1 合同总价格为人民币×××××（大写：_____万元）。

2.2 合同总价格的构成：

2.2.1 合同总价格 = 直接材料费 + 经营费。

2.2.2 直接材料费：指原材料及外购件的费用（含相关税费），占合同总价格的 60%。

2.2.3 经营费：包括设计费、制造费、外协运输费、安装费、调试费、技术培训费、技术资料费、检验费、管理费、17% 增值税及涉及生产线建设的全部费用，占合同总价格的 40%。

2.2.4 生产线投产后对本项目所使用的直接材料予以核对，实际发生的直接材料费用低于合同总价格的 60% 的部分，从合同总价格中减除；除买方因技术协议中的设计输入及使用功能外的原因所导致方案更改而增加的费用外，对于实际发生的直接材料费用高于合同总价格的 60% 的部分，买方不再支付。

2.2.5 该生产线的方案与设计，应满足生产线的建设要求。如因方案与设计不能满足生产线或工作站建设的要求（技术协议中的设计输入或使用功能），卖方在取得买方认可的前提下，应予变更，不追加合同费用；如买方因其他原因（技术协议中的设计输入及使用功能以外的原因），要求卖方更改方案或设计，费用双方确认后，签订补充协议，买方支付全部费用。

三、付款方式及金额

卖方承担此项目的设计、制造、安装、调试、培训及服务，买方须按照合同的约定分阶段足额支付相关费用。具体付款金额与期限如下：

3.1 项目预付款：合同签字生效后 7 个工作日内，买方支付卖方合同总价格的 10%，即人民币××××元（大写：____万元），扣除已支付的人民币××××元（大写：____万元），仍须支付人民币××××元（大写：____万元），支付方式为银行承兑汇票。

3.2 项目进度款：生产线的总图设计完成确认后，买方须按如下三期足额支付项目款，在 20××年____月____日前支付合同总价格的 15%、在 20××年____月____日前支付合同总价格的 15%、20××年____月____日前支付合同总价格的 20%，至此买方共支付合同总价格的 60%。

3.3 项目到货款：设备及材料到达买方现场后，在到货量到达总货量的 50% 之时，买方须支付合同总价格的 10%，否则卖方有权中止后期货物的运送；在完成余下货物运送之时，买方须支付合同总价格的 10%。

3.4 项目验收款：生产线调试验收合格后 15 个工作日内，买方须支付合同总价格的 10%。

3.5 项目质保金：质保期为两年，从生产线调试验收之日起算。质保期的第一年结束后 15 个工作日内，买方须支付合同总价格的 7%，质保期的第二年结束后 15 个工作日内，买方须支付合同总价格的 3%。

3.6 关于项目的融资，在买方满足融资条件的情况下，卖方酌情予以配合。

四、供货周期及要求

4.1 由于机器人的采购周期比较长，买方需在 20××年 3 月 10 日前确认总体方案，并执行机器人采购。

4.2 双方约定于 20××年 3 月 20 日—4 月 20 日完成生产线总图的所有三维设计及会签。

4.3 生产线的全部工作站必须于 20××年 8 月 1 日前初步满足现场调试条件。

4.4 于 20××年 12 月 31 日生产线具备投产条件，即可进入终验收阶段。

4.5 经双方终验收评审合格并完成 20 套以上高压注汽机组合格产品的生产，视为终验合格，双方在验收文件上签字，终验收完成。在终验收阶段的 1 个月内，若买方没有在终验收文件上签字，而且没能提出影响生产线投产的重大事项，将视为终验收完成。

4.6 终验收完成，进入生产线的质保阶段。

五、技术要求及标准

5.1 主要技术参数

主要技术参数见合同附件，合同附加文件与本合同具有同等法律效力。

5.2 相关技术资料

卖方应在设备出厂验收时，提交生产线的总平面布局图、工作站布局图、基础图、电气控制原理图、工艺操作手册、设备维护保养手册、消耗品明细、备件明细等所需的全部技术资料。

六、知识产权保护

6.1 卖方保证该生产线的任何一部分都是自主研发、自主设计，在设计生产阶段不存在侵犯他人专利权、商标权及其他知识产权。

6.2 买卖双方在本项目中原本各自所有的专利、专有技术及其他知识产权仍归各方各自所有，该项目实施过程中新产生的专利、技术等知识产权归买卖双方共有。

6.3 保密约定

6.3.1 买卖双方对该生产线的设计图纸等相关技术资料、数据均负有保密义务，未经允许不得擅自泄露、转让或许可第三方使用。

6.3.2 卖方承诺 5 年内不为其他注汽设备生产厂家提供相同或类似生产线，但如在此阶段相关技术已处于本领域的公知状态或已无保密必要性，则不再受此保密期限限制。

七、包装、运输及保险。

7.1 货物发运之前卖方须做必要的防护包装，并能防雨、防锈、防潮湿。因包装不当而造成的任何损失由卖方承担。

7.2 货物运到指定地点骏马工业园一号工厂，货物运输及保险费用由卖方负责，风险由卖方承担。

八、到货接收

8.1 买方对到厂货物须提供存放场地、装卸设备及相应的操作人员,协助卖方组织人员卸车和看管。

8.2 买卖双方应对到厂货物组织验收,依照技术协议的设备清单、货物装箱单、出厂合格证确认货物的数量及完好情况,并经双方签字确认。

九、服务承诺

9.1 质量保证期

终验收之日起24个月或到货之日起30个月,以提前到期日为准。

9.2 售后服务的响应时间

买方应将故障内容以传真或邮件形式及时通知卖方,卖方在接到通知后以最快速度予以答复,如需要,48小时内到达现场。

9.3 售后服务

9.3.1 在质保期内,由卖方对生产线的故障或损坏进行免费的维护和服务。

9.3.2 在质保期外,除因卖方原因而导致的生产线故障或损坏外,对于其他原因造成的生产线故障或损坏,均由卖方对所设计制造的产品提供有偿的维护和服务。

9.3.3 消耗品、维护部品及保险管、指示灯等易耗品的损坏不在卖方免费维修之列。具体见易耗品清单。

9.3.4 生产线因不可抗拒、不能避免、不能预见的不可抗力原因而遭受的损坏不在卖方的保修范围之内。

十、买方权利与义务

10.1 合同签订后,买方应提供准确的产品图纸(二维)、工艺资料、质量标准等相关技术资料及数据。

10.2 买方应依照合同的约定及时支付各阶段的款项。

10.3 买方有权参与卖方组织的设备采购招标活动,有权与卖方共同确定中标厂家及价格。

10.4 买方应根据生产线的设计进度,对设计总图进行评审,应在7个工作日内完成图纸会签。

10.5 买方应配合卖方的出厂检验、到货接收、安装调试、生产投运及技术培训活动。

10.6 买方有权对设备制造中存在的问题提出修改意见。

10.7 如生产线的设计及生产投运效果不能满足合同及技术协议的要求，买方有权要求卖方整改，并由卖方承担相关费用。

10.8 买方应为卖方生产线的设计、生产、调试、投运提供必要的条件和基础，且确保所提供的条件达到该地区相关部门对该生产线建设的相应要求。

十一、卖方权利与义务

11.1 卖方有权要求买方按照合同的约定及时支付各阶段的款项。

11.2 卖方有权要求买方应按照合同的约定，及时对生产线的设计总图进行评审、会签。

11.3 卖方应根据项目进度，及时通知买方进行出厂检验、到货接收、安装调试、生产投运及技术培训的准备工作。

11.4 卖方有权要求买方按照合同的约定，负责接收及保管到厂货物。

11.5 卖方必须响应生产线的各项标准和要求，严格按照技术协议的要求完成生产线的建设。

11.6 卖方必须确保生产线的建设周期及各项建设目标的实现。

11.7 卖方有义务接受买方进行的监造检查工作。

十二、违约责任

12.1 如因卖方原因导致设备不能按时到场，并足以影响生产线的调试和投产，则每迟延一周卖方须向买方支付延迟货物 0.3% 的违约金；如因卖方原因导致生产线不能按期投产，并足以影响生产线的调试和投产，则每迟延一周卖方须向买方支付合同总价格 0.1% 的违约金；但上述违约金的支付最高不得超过合同总价格的 4%。

12.2 如因买方的原因导致货物延迟到厂，并足以影响生产线的调试和投产，则每迟延一周买方须向卖方支付延迟货物 0.3% 的违约金；如因买方原因导致生产线不能按期投产，并足以影响生产线的调试和投产，则每迟延一周买方须向卖方支付合同总价格 0.1% 的违约金；但上述违约金的支付最高不得超过合同总价格的 4%。

12.3 如卖方工艺水平达不到合同要求，则卖方无条件给予整改。

12.4　如任何一方违约，另一方有权追究其违约责任。

12.5　卖方不得擅自将合同的核心或关键性部分予以转包或分包。

十三、合同的解除及变更

13.1　合同一经成立，双方应严格履行，未经协商任何一方不得擅自解除合同或变更合同条款。

13.2　合同履行中，如有争议买卖双方应协商解决。任何一方擅自主张合同解除，应负责赔偿另一方因合同解除而已经发生的实际费用，但以合同总价格的20%为赔偿的最高限额。

十四、不可抗力

由于不可抗力而造成的合同延误或解除，双方协商解决，互不承担责任。

十五、争议的解决

合同实施过程中发生的争议应通过友好协商解决，协商不成的，由_____予以解决。

十六、合同生效

16.1　本合同经双方签字、盖章后生效。

16.2　技术协议及其他补充协议为合同不可分割的一部分，具有同等法律效力。

16.3　本合同一式四份，卖方两份、买方两份。

十七、其他

17.1　附件1：各工作站技术协议书。

17.2　附件2：各工作站分项报价。

买方：	卖方：
法定代表人：	法定代表人：
委托代理人：	委托代理人：
日期：	日期：20××年2月25日
联系人：	联系人：
电话：	电话：
开户行：	开户行：
账号：	账号：

十、实训法规

1. 《中华人民共和国民法典》

2. 《最高人民法院关于适用〈中华人民共和国民法典〉合同编通则若干问题的解释》

第四节　法律意见书出具的非诉讼法律实训

引例：

国有控股公司能否成为有限合伙企业有限合伙人或普通合伙人？

假设你作为辽宁天正律师事务所的律师，请针对以上问题出具一份法律意见书。

一、实训目标

通过本节学习，学生可以了解法律意见书的作用及主要内容，掌握法律意见书制作中的要点，培养学生的法律逻辑思维及理论联系实际的能力，能够制作较简单的法律意见书。最终需要学生掌握以下技能：

1. 掌握法律意见书的制作要点。

2. 领会法律意见书制作中的逻辑思维。

3. 锻炼将法律理论知识用以解决实践问题的能力。

4. 能够制作简单的法律意见书。

在实训过程中，依然坚持以学生讨论、"头脑风暴"法为主，教师讲授和要点提示为辅的实训方法。

二、实训素材

案例一：

A公司为××集团公司承建LN项目的临建及主体结构劳务分包单位，

2022 年 10 月，××集团公司与 A 公司签订了《LN 项目主体结构劳务分包合同》。A 公司履约后期劳动力明显不足，导致分包工程工期和总包工程工期严重延误，按照合同工期主体结构工程施工工期滞后 60 天，并已严重影响到整体工程进度，施工过程中还存在材料浪费和质量、安全问题，××集团公司已向其下发过工作联系单、罚款通知单，且其下游工人多次发生恶意讨薪事件并已产生恶劣影响。基于 A 公司的上述违约行为，××集团公司被迫于 2023 年 5 月向 A 公司下发了工作联系单，要求其收尾退场并上报所有结算资料。A 公司退场后，仍遗留大量尾活及质量维修、机械拆除等工作，2023 年 5 月底，××集团公司请第三方单位继续对 A 公司遗留工程进行施工，A 公司还阻拦后续进场的第三方单位施工，又给××集团公司造成了停窝工损失。同时，××集团公司于 2023 年 12 月初向 A 公司发送解约通知函，该单位拒收并向××集团公司发送律师函，要求支付剩余工程款总计 449.74 万元，逾期则计划起诉××集团公司。

另外，××集团公司与 A 公司签订的《劳务合同》专用合同条款当中的补充条款中有两条约定，"完成本合同范围内的工作内容，若无法满足现场履约要求或者主动放弃本合同范围内部分工作内容，甲方有权雇佣其他分包完成，雇佣其他分包产生的所有费用从分包方结算金额中按 1.5 倍扣除"，"若因分包原因提出中途退场的，按照现场已实际施工工程量的总造价下浮 10% 办理结算"。合同应支付比例为双方已确认结算金额的 70%，由于 A 公司工人恶意讨薪堵门，××集团公司为维稳及消除不良影响，已超双方确认的结算金额进行付款。

如果你是××集团公司的律师，要求你结合上述所提供的案件事实情况，针对本案一审阶段作案件思路分析并提出诉讼方案（包括法律问题的分析、案件走向、问题解决等）。

案例二：

现有 18 位被保险人（平均年龄 60 岁以上）曾分别于 1998 年至 2000 年与市公司签订《个人养老金保险合同》（代号：C008），购买个人养老金。

《个人养老金保险合同》（代号：C008）第四条规定"固定年金或养老

金领取期从交费期满的次月至本合同责任终了时止"，第七条规定"开始领取养老金的年龄定为50、55、60、65周岁四档，被保险人可选其中一档"，第八条规定"到达第七条约定领取养老金的被保险人可按第五条规定按月领取固定年金或养老金，因性别不同其领取数额见附表"。

2005年前，省内所有个人养老金保险（代号：C008）的领取时间都是统一按照保单生效对应日执行的，但2005年之后，经省公司业务管理部解释之后，领取时间的释义和具体执行标准都发生了变更，即按照周岁生日对应日。

现18位已经按照保单生效对应日领取养老保险金的被保险人要求补发个人养老保险金。现市公司特请示省公司处理意见。

现在，如果你是省公司的法律顾问，请你就这一事件出具一份法律意见书（包括应用法律、结合实际、提出解决建议等）。

三、实训准备

（一）理论准备

1. 法律意见书的含义

法律意见书是律师以书面方式对咨询者提出的法律问题作出准确、肯定、有法律依据的回答，为咨询者的决策提供具体、明确、可靠的参考意见。法律意见书是律师提供法律服务的一种综合性的书面文件，其内容包括向咨询者提供法律依据、法律建议以及解决问题的方案。

法律意见书中通常需要就某个法律问题进行分析，并最终给出具体的建议，因此要求用词精确，层次清晰。

2. 法律意见书的种类

以不同的标准可对法律意见书作不同的分类，以法律意见书的使用主体为标准，有为依据政府主管部门的要求出具的法律意见书、为公司或其他营利性组织所出具的法律意见书、为自然人所出具的法律意见书等；以法律意见书的使用领域为标准，可分为在证券与金融领域使用的法律意见书、在国有资产领域使用的法律意见书、在招标投标领域使用的法律意见书等。

3. 法律意见书的作用与意义

出具法律意见书是一项基础类的非诉讼法律业务，但同时其也是一项重要的非诉讼法律业务，其被广泛应用于政府决策、公司企业发展等各个阶段，发挥着十分重要的作用。

法律意见书内容系统、法律依据充分，是对决策、设计等有关问题在法律上的分析论证，是决策方案进行论证不可缺少的依据材料，而且其从法律上对决策事项提出意见和方案，也为企业形成重大经营决策提供了法律依据。

（二）实践准备

1. 将学生分成小组，每组 6～7 人为宜。

2. 掌握《民法典》《民事诉讼法》《保险法》《最高人民法院关于适用〈中华人民共和国民事诉讼法〉的解释》《增值税暂行条例》等规范性文件的规定。

3. 将实训素材中的案例资料发给学生，要求思考法律意见书要解决的问题是什么，对委托人的意义是什么？

四、实训要点

（一）厘清事实，找寻问题

法律意见书制作的前提就是要以事实为依据，因此了解背景、厘清事实，并在此基础上清楚委托人或咨询人的需要是最为重要的，只有在此基础上才能为委托人进行法律分析进而给出法律意见。

对事实的了解一般是通过委托人或咨询人主动提供、律师对委托人或咨询人的进一步询问，有时可能还需要律师对相关细节进行进一步调查来共同完成，以上这些事实将写入法律意见书中，作为出具法律意见书的事实依据，这也可以很好地防范因事实不清而可能引发的职业风险。

在厘清事实的基础上，结合委托人或咨询人的目的和要求，寻找出案件可能涉及的焦点问题，准确界定法律关系，并将上述焦点问题进行一种有条理、有层次的逻辑安排，有主有次、重点突出。此外，还要注意分论点与论据、分论点与总论点之间的密切联系，使证明的层次形成一个环环相扣的链条结构，从而集中且有力地突出所要说明的问题，为之后的法律分析做好准备。

通常，对于焦点问题的查找是一个既简单又复杂的问题。简单在于委托人的问题是具体而明确的，是法律意见书需要最终解决的问题，这通常来说都是显而易见的；复杂在于最终焦点问题的解决可能会涉及很多其他问题的分析，这些问题有的前置于最终问题，有的是与最终问题相伴出现，或者是最终问题解决后的后续问题，因此在查找这些问题方面是有一些难度的，这就需要注重对事件背景的了解及扩散性思维的培养，由此及彼，而非将焦点仅限于委托人的问题。

（二）查询依据，解决问题

在厘清事实、列明焦点问题的基础上，律师需要对与本案有关的法律、行政法规、部门规章、地方性规范性文件以及相关判例等法律依据进行充分查询，尤其是某些部门规章、地方性法规及规章，由于并不如法律法规及司法解释般被律师熟知，因此更要深入查询。需要注意的是，我国虽为大陆法系国家，判例并不作为法律渊源，但在审判实践中，最高人民法院发布的指导性案例和公报案例往往被作为司法机关办理案件所考量的重要依据之一，因此对判例的查询也十分必要。以上这些经过查找的规范性文件及相关案例将写入法律意见书中，作为出具法律意见书的法律依据，这也可以很好地防范因法律依据不准确而引发的职业风险。

在法律依据的查找上，通常会出现查找范围相对准确，但具体条款上缺乏针对性的问题，因此这就要求在查找并援引适用法律条款时一定要能解决焦点问题，而非想当然地对法条的大段罗列。

在厘清事实、查明法律之后，就是对事实的法律分析。律师在进行法律分析时，要以法律为准绳，有针对性地去衡量本案事实。法律分析是介乎事实部分与最终结论之间的部分，是通过分析让委托人或咨询人在对有关法律知识上从不知到知、从不懂到懂，最后明白律师建议的部分，是整个法律建议书的核心内容。

法律分析的大忌就是将事实部分与法律依据进行简单的罗列，没有分析的过程，没有将事实部分与法律分析相融合。另外，在法律分析中，除了对法律依据的援引，通常在对事实部分了解有限的情况下，还需要律师假定一些情况再对假定的情况进行分析，而假定的情况就需要个人经验，这是对律师能力的一个考验。

（三）提出建议，列出方案

法律分析就是为了解决所列的焦点问题，因此在法律分析后一定要回到焦点问题的解决上，就是对于委托人或咨询人的问题给出具体的解决方案，包括建议、措施、步骤、对策、操作方式与流程等内容，这也是委托人或咨询人最想要的具体建议部分，律师要在这一部分中根据上面的事实及法律分析突破焦点问题，得出倾向性结论，给出处理问题的建议性措施，告知委托人较为清晰的操作方法，归纳总结完成法律意见书。需要强调的是，建议或结论必须明确而具体，具有可操作性。

（四）结构合理，层次清晰

法律意见书并没有标准格式，每个律师事务所的要求也不尽相同，但大概的格式如下。

法律意见书

兹受××委托，就其与××一事进行法律分析，并出具如下法律意见书。

一、案件事实

二、出具本法律意见书的事实依据

三、出具本法律意见书的法律依据

四、法律意见书正文

五、结论

六、声明部分

××律师事务所

××律师

××××年××月××日

（五）条件限制，风险防范

法律意见书的声明部分通常是对法律意见书的出具及使用设定一定的条件，以防止因上述条件改变而在法律意见书的内容及使用等方面出现的职业风险。

通常，声明部分均为格式性的，一般包括文件真实性、合法性的保留声明以及仅为本次事项使用的声明。前者如"假设文件由有权利的人员签署，其签字、盖章都是真实的，原件是真实的，所有的复印件是和原件一致的，且不存在虚假陈述和重要性遗漏"，后者如"法律意见书仅为了特定的交易目的，不得另做他用，不可做扩大解释，也不可被引用并在任何其他公开文件中提及，且只适用于法律意见书中明确提及的交易方及交易事项"。

五、实训过程

(一) 案件焦点分析训练

1. 通过投影仪，与学生共同回顾实训素材案例一的基本案情。

2. 以小组讨论的方式，思考××集团公司使用此法律意见书的目的，或者此法律意见书能给××集团公司解决什么问题，进而找寻出案件的主要焦点，教师在学生讨论的基础上予以总结归纳。

3. 在案例一主焦点下，是否会涉及其他焦点问题，其与主焦点问题的关系如何，应以何种合理顺序安排法律意见书的逻辑结构。教师在这一过程中要启发引导学生，最终归纳总结。

(二) 法律分析能力训练

1. 以案件焦点分析训练为基础，有针对性地查找焦点问题所适用的法律依据。

2. 通过小组讨论，运用查找的法律依据对案件焦点问题进行分析，给出法律意见。

3. 教师启发、学生检查，是否对焦点问题做到了"分析"，对于案件中的不明情况，是否假设一定的条件予以分析，最终给出的法律建议是否出于委托人的立场，是否有明确的具体的指导意见。

(三) 法律意见书制作训练

1. 通过投影仪，与学生共同回顾实训素材案例二的基本案情。

2. 以小组讨论的方式，让学生思考法律意见书需要解决的问题，问题之间的逻辑关系，学生对此问题的基本法律意见及相应的事实及法律依据。

3. 基于上述问题 2 的分析，让学生制作一份法律意见书。

六、实训作业

案例二：

法律意见书

××××保险公司：

辽宁祥和律师事务所应贵司要求，指派本所律师就贵司在签订保险合同事宜中存在的格式合同履行时间不一致及防范措施，出具本法律意见书。

一、本所律师出具本法律意见书的主要法律依据

1. 《中华人民共和国民法典》

2. 《中华人民共和国保险法》

二、本所律师出具本法律意见书的主要事实依据

个人养老金保险条款

三、本所律师出具的法律意见

1. 保险条款第四条规定"固定年金或养老金领取期从交费期满的次月至本合同责任终了时止"，第七条规定"开始领取养老金的年龄为 50、55、60、65 周岁四档，被保险人可选其中一档"，第八条规定"到达第七条约定领取养老金的被保险人可按第五条规定按月领取固定年金或养老金，因性别不同其领取数额见附表"。从这些条款可以看出贵司合同约定了固定年金或养老金领取期为"交费期满的次月"或者"50、55、60、65 周岁"，此处是被保险人（受益人）与贵司的争议点。

2. 《民法典》第四百九十六条规定："格式条款是当事人为了重复使用而预先拟定，并在订立合同时未与对方协商的条款。采用格式条款订立合同的，提供格式条款的一方应当遵循公平原则确定当事人之间的权利和义务，并采取合理的方式提请对方注意免除或者减轻其责任等与对方有重大利害关系的条款，按照对方的要求，对该条款予以说明……"第四百九十八条规定："对格式条款的理解发生争议的，应当按照通常理解予以解释。对格式条款有两种以上解释的，应当作出不利于提供格式条款一方的解释。格式条

款与非格式条款不一致的，应当采用非格式条款。"第五百零九条第一款、第二款规定"当事人应当按照约定全面履行自己的义务。当事人应当遵循诚信原则，根据合同的性质、目的和交易习惯履行通知、协助、保密等义务"。第五百一十条规定："合同生效后，当事人就质量、价款或者报酬、履行地点等内容没有约定或者约定不明确的，可以协议补充；不能达成补充协议的，按照合同相关条款或者交易习惯确定。"鉴于本合同作为格式合同的特殊性，根据相关法律法规及公平原则，贵司将固定年金或养老金领取的年龄定为50、55、60、65 周岁四档，被保险人可选其中一档，是对合同条款的正确理解。但是依据《民法典》第四百九十六条之规定，贵司应对其进行说明和解释。依据《民法典》第四百九十八条的规定，对格式条款有两种以上解释的，应当作出不利于提供格式条款一方的解释。因此，贵司应对于依据"交费期满的次月"领取养老金的被保险人作出补偿，补偿的金额为与被保险人选定年龄段周岁之差额。在法定的时效期间，被保险人主张其正当权益的，贵司予以认可。这样贵司既依法全面履行了自己的义务，又维护了另一方委托人的合法权益。对于修正后的保险合同，贵司依法履行义务即可。

四、结语

建议贵司依据法律、公平原则恰当地解决因瑕疵引发的争议，平衡双方的正当利益。

七、实训点评

案例二点评：

本案例是对学生逻辑思维能力、理论联系实际能力的综合考量，但学生在此法律意见书的制作中却比较迷茫，不知如何入手，在最后完成的法律意见书中也普遍呈现以下问题。

第一，法律意见书层次不清。层次不清在形式上主要体现为不分段落，深层次的问题则是学生对某一现实问题的逻辑分析能力较差。如本案例是解决 18 位老人要求补领养老金的问题，那涉及的第一个问题就是保险公司应不应该补发养老金，问题在哪儿？很多学生也想到了这个问题，但随之而来的就是对于全省其他与 18 位老人相同情况的被保险人可不可以补领的问题，以及既然存在要求补领养老金的情况，那是否存在多领取养老金的被保险人，保险公司在补发养老金之后是否可以要求多领养老金之人将养老金予以返还。此外，由于委托人为保险公司，因此还需要考虑如果不补发养老金是否存在诉讼风险的问题。对于后两个问题，大多数学生是没有涉及的，说明学生在对法律问题的分析上思路还是比较狭窄的，不明白委托人需要法律意见书的真正意图。

第二，理论联系实际能力较弱。理论联系实际能力较弱主要体现在学生或者在叙述事实，或者在整篇罗列法条，而没有将两者融合，就会出现学生作业中只是机械性大段援引法条，而不知所援引法条对解决问题的意义和作用。

第三，缺乏最终的明确的法律意见。由于学生对自己法律意见书的结论有诸多怀疑和不肯定，因此其也没有给出最终的明确的法律意见，而这恰恰是委托人最为需要的。

综合本节教学总结如下：

1. 法律意见书不限于某一具体问题的解决，其往往是由某一具体问题引出，在解决这一具体问题过程中通常还会涉及对其他延伸问题的思考和分析，但最终均会回到最初具体问题的解决上。

2. 法律理论要与实际问题相结合，而非分别论及。对法律依据的援引需要能够分析实际问题，而非进行简单的罗列。

3. 以法律规定分析实际问题只是一个过程，最终需要给出一个明确、具体、可行的建议，来指导委托人或咨询人的行为。

八、实训文书

案例二范例：

法律意见书

××××保险公司：

　　××律师事务所接受贵司委托，就××××有限公司 SY 市分公司（下称 SY 市分公司）关于 18 位被保险人的个人养老金的补发问题，现出具如下法律意见。

一、本所律师出具本法律意见书的主要法律依据

1. 《中华人民共和国民法典》

2. 《中华人民共和国保险法》

二、本所律师出具本法律意见书的主要事实依据

个人养老金保险条款

三、本所律师出具的法律意见

（一）关于个人养老金保险（C008）条款的瑕疵问题

保险条款第四条规定"固定年金或养老金领取期从交费期满的次月至本合同责任终了时止"，第七条规定"开始领取养老金的年龄定为 50、55、60、65 周岁四档，被保险人可选其中一档"，第八条规定"到达第七条约定领取养老金的被保险人可按第五条规定按月领取固定年金或养老金，因性别不同其领取数额见附表"。

按照上述三个条款的规定，容易对领取固定年金或养老金的起始时间产生三种歧义，即或者以保单生效对应日，或者以周岁生日对应日，或者以最先满足保单生效和周岁生日两个条件的日子为领取养老金的时间。以上条款在如何确定养老金的领取时间这个问题上表述模糊，不具有确定性，应视为具有意思表示上的瑕疵。

（二）关于对于已经按照保单生效对应日领取了养老金的客户的法律意义问题

上述个人养老金保险（C008）条款在领取时间上的模糊表述对于已经按照保单生效对应日领取了养老金的客户的法律意义就在于其是否可以按照省公司业务管理部的解释，即以周岁生日对应日作为领取养老金的起始日而要求 SY 市分公司补发相应的养老金。

本所律师认为，虽然这些客户已经按照保单生效对应日领取了养老金，但并不等于其对该条款没有歧义，更不等于其放弃了要求补发养老金的权利，只不过是由于在 2005 年前所有个人养老金保险（C008）的领取年龄都是统一按照保单约定的领取年龄的保单生效对应日执行的，但在省公司业务管理

部解释之后，领取时间的释义和具体执行标准都发生了变更。根据《民法典》第五百四十三条的规定，"当事人协商一致，可以变更合同"，因此，就此项变更，如果投保人向 SY 市分公司提出按照后一种标准执行，应视为在此问题上双方协商一致，SY 市分公司不得予以拒绝，但如果委托人并无此项主张，则仍按照双方之前确定的标准，即保单生效对应日执行。

（三）关于不给付已经按照保单生效对应日领取了养老金的客户补发自生日到生效对应日的养老金将会面临的诉讼风险问题

《民法典》第四百九十八条规定："对格式条款的理解发生争议的，应当按照通常理解予以解释。对格式条款有两种以上解释的，应当作出不利于提供格式条款一方的解释。格式条款和非格式条款不一致的，应当采用非格式条款。"

根据该条的规定，如果已经按照保单生效对应日领取了养老金的客户因与 SY 市分公司在格式条款解释上存有争议而提起诉讼，在究竟应以保单生效对应日还是周岁生日对应日来支付养老金这个问题上，法院将作出不利于提供格式条款一方的解释，即不利于 SY 市分公司的解释。

《民法典》第一百八十八条第二款规定："诉讼时效期间自权利人知道或者应当知道权利受到损害以及义务人之日起计算……"故如果投保人能够证明其符合上述情况，就不会存在丧失诉权的问题，而且此期间仍适用法律关于诉讼时效中止、中断的规定，因此投保人丧失诉权的可能性很小。

综上，本所律师认为，如果因为条款理解上的分歧诉讼至法院，SY 市分公司将会面临很大的败诉风险。

四、声明与承诺

1. 本法律意见书所载事实来源于本法律意见书出具之日前贵司的陈述和贵司提交的相关材料。贵司应保证，已向本所律师提供了出具本法律意见书所必需的全部有关事实材料，并且提供的所需文件均真实、合法、有效、完整，并无任何虚假记载、误导性陈述或重大遗漏，文件上所有的签名、印鉴均为真实，所有的复印件或副本均与原件或正本完全一致。若在本法律意见书出具后，贵司发现新的证据材料或者案件有新情况发生，请及时与本所律师联系，本所律师将根据新的证据材料和新的情况重新制作法律意见书。

2. 本法律意见书的出具仅根据并依赖于本法律意见书出具之日公布并生效的相关法律、法规、规章。本所不能保证在本法律意见书出具之后所公布生效的任何法律、法规、规章对本法律意见书不产生影响。

3. 本文件仅应贵司要求，供贵司参考，切勿外传。

此致

顺颂商祺

××律师事务所

××律师

×××年5月12日

九、实训拓展

（一）课后思考

1. 阅读并体会案例一法律意见书的制作思路。

2. 完成引例中的作业，制作一份法律意见书。

（二）补充资料

文件一：引例范例

关于国有控股公司能否成为有限合伙企业有限合伙人或普通合伙人的法律意见书

×××有限公司：

现就关于国有控股公司能否成为有限合伙企业有限合伙人或普通合伙人，提供如下法律意见书：

一、法律概念

1. 国有控股公司

国有控股公司是指通过持有其他公司达到决定性表决权的股份，而对该公司进行经营控制，并主要从事资本经营及其他生产经营的国有企业。

2. 合伙企业及合伙人

《合伙企业法》第二条规定："本法所称合伙企业，是指自然人、法人和其他组织依照本法在中国境内设立的普通合伙企业和有限合伙企业。普通合伙企业由普通合伙人组成，合伙人对合伙企业债务承担无限连带责任。本法对普通合伙人承担责任的形式有特别规定的，从其规定。有限合伙企业由普通合伙人和有限合伙人组成，普通合伙人对合伙企业债务承担无限连带责任，有限合伙人以其认缴的出资额为限对合伙企业债务承担责任。"

二、《合伙企业法》对普通合伙人的限制

《合伙企业法》第三条规定："国有独资公司、国有企业、上市公司以及公益性的事业单位、社会团体不得成为普通合伙人。"

1. 国有控股公司可以成为有限合伙人

从《合伙企业法》第三条字面意思理解来看，只限定了国有独资公司、国有企业、上市公司以及公益性的事业单位、社会团体不得成为普通合伙人，并未对成为有限合伙人作出限制，可认定为法律允许这些主体成为有限合伙人。从立法目的来看，第三条的设置是出于这类企业或组织从事的活动涉及国有资产或公共利益，其自身财产不宜对外承担无限连带责任，因此，也不宜成为对合伙企业债务承担无限连带责任的普通合伙人，但仍可以成为有限合伙人，对合伙企业以其出资额为限承担责任。

2. 国有控股公司不得成为普通合伙人

判定国有控股公司是否能够成为普通合伙人，主要是判断国有控股公司是否属于国有企业。在实践中由于缺乏相关法规依据，一些工商行政管理部门对此理解观点不一，导致处理结果不同。

《合伙企业法》经第十届全国人民代表大会常务委员会第二十三次会议修订通过后，全国人民代表大会常务委员会法制工作委员会编写了《中华人民共和国合伙企业法释义》一书，《中华人民共和国合伙企业法释义》对第三条的释义内容如下："本条是对普通合伙人适格性的规定。普通合伙人重要的特征是要对合伙企业的债务承担无限连带责任。国有独资公司、国有企业、上市公司如果成为普通合伙人，就要以其全部财产对合伙债务承担责任。在研究修改合伙企业法的过程中，许多单位、专家提出，这不利于保护国有资产和上市公司股东的利益。因此，不宜允许其成为普通合伙人。国有独资公司、国有企业、上市公司可以成为有限合伙人，以其出资额为限对合伙企业债务承担责任。本条的规定体现了上述单位和专家的意见。这里，国有独资公司是指国家单独出资、由国务院或者地方人民政府授权本级人民政府国有资产监督管理机构履行出资人职责的有限责任公司。上市公司是指其股票在证券交易所上市交易的股份有限公司。国有企业的概念则较宽泛，可以理解为包括国有独资企业、国有控股企业和国有控股公司。根据本条的规定，从事公益性活动的事业单位、社会团体，因其从事的活动涉及公共利益，其自身财产不宜对外承担无限连带责任。因此，也不宜成为对合伙企业债务承担无限连带责任的普通合伙人。他们可以根据实际需要，以有限合伙人的身份参加合伙企业，从事经营活动，对合伙企业以其出资额为限承担责任。"该释义表明了立法者的初衷，认为国有控股公司是属于国有企业范围内的，应适用对普通合伙人的范围的限制，不能成为普通合伙人。

三、结论意见

综上所述，根据《合伙企业法》的相关规定，我们认为国有控股公司属于法律界定的国有企业范围，不得成为有限合伙企业普通合伙人，但可以作为有限合伙人加入有限合伙企业。

文件二：案例一法律意见书

关于××集团公司 LN 某项目案诉讼方案的法律意见书

××集团公司：

现就贵司 LN 某项目案诉讼方案提供如下法律意见书：

一、本案的争议焦点

本案主要有三个争议焦点，焦点一为劳务分包单位撤场是否符合《劳务合同》中约定的"因分包原因提出中途退场的"条款约定，即是否属于劳务分包单位单方违约的问题；焦点二为导致案涉项目工期延误的归责问题，以及工期延误违约责任的具体计算标准（焦点一、焦点二为本诉部分）；焦点三为若劳务分包单位提出反诉要求贵司支付剩余工程款，关于工程款结算问题（焦点三为反诉部分）。

二、关于本案争议焦点的法律分析

（一）关于焦点一，劳务分包单位撤场是否符合《劳务合同》中约定的"因分包原因提出中途退场的"条款约定，是否属于劳务分包单位单方违约的问题

贵司与劳务分包单位签订的《劳务合同》专用合同条款当中的补充条款

中有两条约定，"完成本合同范围内的工作内容，若无法满足现场履约要求或者主动放弃本合同范围内部分工作内容，甲方有权雇佣其他分包完成，雇佣其他分包产生的所有费用从分包方结算金额中按 1.5 倍扣除"，"若因分包原因提出中途退场的，按照现场已实际施工工程量的总造价下浮 10% 办理结算"。根据上述两条合同约定，若希望法院依据合同约定判决劳务分包单位向贵司承担上述违约责任，则贵司需提供充分确实的证据，足以证明系因劳务分包单位主动放弃履行合同或劳务分包单位单方原因主动提出中途退场。贵司需收集整理相关证据如下：

劳务分包单位存在欠付工人工资：如农民工上访、到劳动监察大队投诉举报等相关证据。

劳务分包单位怠于履行合同：如贵司向劳务分包单位多次发送的开（复）工通知、督促其开展工作的工作联系函、项目施工微信群通知其尽快开工的聊天记录、贵司项目人员给劳务分包单位项目负责人发送履行合同通知的聊天记录等。

存在工程质量问题等相关方面的证据：如贵司向劳务分包单位发出的关于通知其返修、责令整改、施工质量不合格的往来函件，或监理单位对劳务分包单位下发的整改通知等工作文件。

存在工期延误情况的证据，该证据为本案主张劳务分包单位违约责任的主要证据之一，本律师将在焦点二详细展开说明。

综上，若贵司追究劳务分包单位因未完成合同约定内容而产生的违约责任，需提供充分证据使法院确信导致合同未依约履行系劳务分包单位单方原因导致或其主动撤场，则法院会因劳务分包单位未依约履行合同，以双方无法继续履行合同，致使合同的目的无法实现为由判决解除双方之间的劳务合同，进而追究违约方的责任。

需要提醒贵司注意的是：关于劳务分包单位未完成合同约定或撤场的违约责任，合同约定的上述两种违约责任均基于同种违约行为产生，则贵司需在"雇佣其他分包产生的所有费用从分包方结算金额中按 1.5 倍扣除"和"按照现场已实际施工工程量的总造价下浮 10% 办理结算"两种违约责任中择一主张。

本律师通过威科先行法律信息库以"建设工程施工合同、合同解除、违约金"关键词条对辽宁省区域内各地方基层、中级人民法院的裁判文书进行了检索，在近3年的建设工程施工合同纠纷案件中，共有441件案件对合同解除问题作出裁判。

通过对该441件案例的整理分析，得出结论如下：

法院对合同中约定的过高标准违约金，一般具有较大的自由裁量权，则"雇佣其他分包产生的所有费用从分包方结算金额中按1.5倍扣除"属于违约金标准过高，不易获得法院支持，或法院酌定予以调整。但若"按照现场已实际施工工程量的总造价下浮10%办理结算"，则符合贵司实际损失，且违约金标准未违反法律强制性规定，法院予以支持的概率更高。

（二）关于焦点二，导致案涉项目工期延误的归责问题，以及工期延误违约责任的具体计算标准

1. 关于工期延误的归责及期限如何确定问题，从以下三个方面进行证据收集：

1.1　由于发包方的原因导致工期延误，如拆迁户不离场导致无法正常施工等，则工期相应顺延，顺延期间的损失不能计入最终的违约金金额。

1.2　由于承包方的原因（即贵司原因）导致工期延误，则工期相应顺延，不能追究劳务分包单位的违约责任；若劳务分包单位主张该部分损失，根据贵司掌握的情况，延误工期时间较短，则可以在因劳务分包单位自身原因导致工期延误的期限内折抵（是否折抵要视合同约定而定，即便合同无明确约定，基于合同权利义务对等原则，不排除法院以合同约定的对方延误工期的违约赔偿标准来约束我方）。

1.3　由于劳务分包单位原因导致工期延误，贵司需要提供向劳务分包单位发出的告知其工期延误相关内容的工作往来函、工作微信群通知等消息内容。上述证据若能体现劳务分包单位延误工期的起始时间、延误期限等内容，或能据此推算出工期延误期限，则可以该证据作为计算劳务分包单位延误工期的期限，以此计算延误工期应承担的违约责任。

2. 违约金计算标准的问题

本律师通过检索"建设工程施工合同纠纷、工期延误、违约责任"等关键词，对与本案案情相近的建设工程施工合同纠纷案件进行了检索，在大连市中级人民法院作出的裁判内共检索出61件案件。

在上述 61 件案件中，一般情况下，在承包方（分包方）存在逾期交付工程、逾期施工、工期延误、浪费建材等违约行为的，除部分案件因原告举证不足未支持违约金的情况外，绝大多数案件法院会根据原告的举证情况，在补偿性为主、惩罚性为辅的前提下，作出如下四种判决结果：

2.1　有部分案例，在法院认定被告存在 70% 的过错，原告存在 30% 的过错后，一审法院以合同价款为基数，按照合同约定的日千分之一的逾期施工违约金计算标准，依据实际逾期交付日期计算违约金，再由被告按照 70% 的过错比例承担相应的违约责任。二审时，中级人民法院认为合同中约定的逾期施工违约金的年利率达 36.5% 过高，在二审时酌定调整为以年利率 24% 作为违约金计算标准，将违约金数额予以改判。【参考案例（2023）辽 02 民终 4046 号民事判决书】（按照该标准，若合同总价款为 1000 万元，则日违约金为 4600 元左右。计算公式为 $10,000,000 \times 0.24/365 \times 0.7$）

2.2　有部分案例，法院认为以合同总金额的 20% 作为违约金过高，酌定以未完工部分工程价款的 10% 作为违约金。【参考案例（2023）辽 0213 民初 1422 号民事判决书】

2.3　有部分案例，法院支持以日万分之 0.8 的标准，按照合同总金额为基数，计算违约金至判决合同解除之日。【参考案例（2021）辽 0211 民初 13997 号民事判决书】（按照该标准，若合同总价款为 1000 万元，则日违约金为 8000 元）

2.4　有部分案例，法院参考以一年期贷款市场报价利率四倍确定违约金

标准，按照15%计算违约金。【参考案例（2021）辽02民终2130号民事判决书】

结合以上案例的判决结果情况分析，关于违约金计算标准，大部分法院会在补偿性为主、惩罚性为辅的前提下，结合案件实际情况酌定判决，这属于法院自由裁量权的范畴，所以关于违约金判决标准的可能性较多。

针对焦点一、焦点二（本诉部分），需要强调一点：

《最高人民法院关于适用〈中华人民共和国民法典〉合同编通则若干问题的解释》第六十五条第一款、第二款规定："当事人主张约定的违约金过分高于违约造成的损失，请求予以适当减少的，人民法院应当以民法典第五百八十四条规定的损失为基础，兼顾合同主体、交易类型、合同的履行情况、当事人的过错程度、履约背景等因素，遵循公平原则和诚信原则进行衡量，并作出裁判。约定的违约金超过造成损失的百分之三十的，人民法院一般可以认定为过分高于造成的损失。"依据上述规定，贵司所主张的各项违约金总额应不超过实际损失的30%，否则超出部分存在法院不予支持的风险。同时，为实现法院能够合理支持贵司的违约金诉求，贵司应尽可能提供充分证据证明造成的实际损失。

（三）关于焦点三，若劳务分包单位提出反诉要求贵司支付剩余工程款，关于工程款结算问题

1. 贵司依据结算金额70%作为应付工程款，主张目前工程款已超付，要求劳务分包单位返还超付部分工程款将无法得到法院支持。在上述本律师检索的441件被告违约未完成合同内容，原告主张被告支付违约金的案件，法院会以"案涉工程未完工，在合同已解除的情况下，原告负有支付已完成工程价款的义务"为由判决贵司支付已完工部分工程价款。届时，贵司需提供准确的案涉项目工程款结算证据，依据合同解除时，被告劳务分包单位实际完工的工程量结算并支付工程款。【参考（2022）辽0292民初417号民事判决书】

上述情形，原告均需对被告已完工部分支付价款，只有在劳务分包单位交付工程存在工程质量问题时，可以在贵司提供工程质量问题及返修费用的证据后，在应付工程款中予以扣减，否则多支付部分无法要求劳务分包公司

予以返还，要求返还相应的利息也一并无法获得支持。

关于双方未结算部分工程款，贵司提供施工现场的录像、照片等资料，证明劳务分包单位实际完工量，从而确定未结算部分的工程款数额。或者，针对合同外签证部分（合同未约定综合单价的内容），提供书面鉴定申请，可以要求法院委托鉴定机构，对该部分工程价款进行鉴定。

以上是本案争议的三个焦点，另需贵司注意的是：案涉合同包含约定管辖条款，但本案为典型的建设工程施工合同纠纷，根据《中华人民共和国民事诉讼法》第三十四条关于不动产纠纷专属管辖的规定，本案应由案涉项目所在地即大连市甘井子区人民法院管辖。

三、诉讼方案及工作计划：

1. 根据以上分析的三个争议焦点，本律师拟提出诉讼方案如下：

1.1　充分举证，证明劳务分包单位撤场行为符合《劳务合同》中约定的"因分包原因提出中途退场的"违约条款约定，证明案涉合同无法继续履行系劳务分包单位单方违约导致。

1.2　收集整理贵司与被诉劳务分包单位之间的工作联系函、往来函件及微信群聊天记录等证据，证明劳务分包单位存在停工、延误工期、人力不足、工程质量问题等违约行为，再结合案涉合同的相关约定，向劳务分包单位主张其承担相应违约责任，贵司未足额支付工程款的，相应违约金从应支付未支付的工程款中予以扣除，不再支付。已足额支付工程款的，要求劳务分包公司向贵司支付相应违约金。

1.3　在案涉项目的结算材料不足以证明被诉劳务分包单位实际完工部分价款的情况下，针对双方未约定综合单价的部分，提供书面鉴定申请，要求法院委托鉴定机构，对本案案涉的工程价款进行鉴定。

以上为本律师针对此案的代理思路及诉讼方案，结合贵司提供的信息出具，仅供贵司参考。

×××律师事务所

经办律师：××

××××年××月××日

资料三：法律意见书

关于×××有限公司前员工张×离职后
从事与原单位任职期间同领域相竞争工作的
法律意见书

×××有限公司：

××律师事务所受贵司委托就贵司前工程师张×离职后从事与在贵司任职期间同领域相竞争工作这一事件，出具法律意见如下：

一、行为性质

张×离职后从事与其在贵司任职期间相同性质或相同领域的工作这一行为是一种竞业竞争行为，但这种竞争并不是法律所鼓励或倡导的良性竞争，由于其将前一个工作中获取的信息及技术用于后一个工作中，不能完全割裂前后工作间的关系，因此其行为是对公平合理竞争秩序的破坏，于广义上说是一种不正当竞争行为，是为法律所明确禁止的。

二、法律对竞业竞争行为的规制

法律授权用人单位对其负有保密义务的劳动者通过订立保密合同和竞业限制协议来限制离职后竞业行为，也就是说，对离职后竞业行为的限制只能通过用人单位的合同约束，而不能直接援引法律的规定。若用人单位没有与负有保密义务的劳动者签订保密合同及竞业禁止合同，或虽然签订但却合同无效之情况下，上述劳动者在离职之后就不再负有保密及竞业禁止的义务。

需要说明的是，如果用人单位与负有保密义务的劳动者没有签订保密合同，则依照诚实信用原则及附随义务，上述劳动者也应对单位的商业秘密予以保密。

三、保密合同及竞业禁止合同于张×竞业竞争一事中的意义

（一）保密合同及竞业禁止合同对专利保护的意义

专利权是国家授予申请人于一定时期对其发明所享有的绝对垄断权，专利权人可以通过对发明的独占性实施来实现对其的控制，也就是说，如果他人未经专利权人的许可而擅自实施其专利，则属于一种专利侵权行为。由于专利绝对权的属性，因此对其保护无须通过合同约束，即于张×离职事件中，

保密合同及竞业禁止合同在专利保护上的意义并不大。在具体诉讼中，则需要视违约责任与侵权责任下举证的难易程度及案件走向来决定责任竞合下的选择。

（二）保密合同及竞业禁止合同对商业秘密保护的意义

虽然法律授权用人单位可以与劳动者签订保密合同来保守商业秘密，但只有当上述负有保密义务的劳动者泄露了商业秘密、违反了保密合同的约定，用人单位才能追究其违约责任，而此时商业秘密已经泄露，而商业秘密一旦泄露即不复存在的特点决定了对其最好保护方式不是事后救济，而是事前的预防性保护。也就是说，保密合同对于商业秘密所起的保护作用是微乎其微的。

从目前来看，对商业秘密的最好保护方式只能通过限制负有保密义务的劳动者离职后所从事的工作内容及领域来避免商业秘密的泄露，而依据法律对于竞业竞争行为的规定，有效的竞业禁止合同是发挥上述商业秘密保护作用的基本前提。

（三）保密合同及竞业禁止合同对专有技术（包括申请中的专利）的意义

专有技术是指虽未申请专利或尚未获得专利权但仍有经济价值的生产某项产品的专门知识、操作经验和技术的总和。通常，根据保护方式不同，可将专有技术分为以下三种情况：一是处于专利申请阶段的技术信息；二是将其作为商业秘密保护的技术信息；三是除上述两种情况外的技术信息。

对于处于专利申请阶段的技术信息，按照《专利法》的规定，对其参照专利予以保护，对于未经该技术所有人的许可而擅自实施的，所有人可要求其支付适当的使用费，而专有技术所有人的专利申请文件在证明该技术的专有性上是一个证明力较强的证据，如果能结合其他相关证据则在诉讼举证上能更有保障。

对于作为商业秘密保护的技术信息，可以按照本法律意见书三（二）的意见处理。

对于既未申请专利又未将之作为商业秘密的其他专有技术而言，虽然法律规定参照专利予以保护，但对于专有技术的所有人来说，由于该技术的非隐秘性，其很难证明被他人所实施的技术是其所有的技术，这就给维权造成了很大的困难。在此情形下，如追究违约责任则相对容易些，因此保密合同及竞业禁止合同就显得相对重要。

四、有效的保密合同及竞业禁止合同须满足的条件

由于保密义务是民法诚信原则的体现，因此法律并没有对保密合同的有效性限定过多的条件，只要不触犯《民法典》中关于无效民事行为的规定即可。

根据《劳动合同法》的规定，竞业禁止协议至少需要满足以下条件：竞业禁止协议的主体限定为能够接触到商业秘密的员工，通常为单位的中高层及技术主管人员；时间上不得超过两年；仅限于商业秘密保护的目的。

张×虽然跟单位签订了竞业禁止的承诺，但从目前了解到的情况来看，单位并没有证据证明在张×离职后向其按月足额支付了补偿金，按照目前的法律规定及司法实践的判案倾向来看，竞业禁止协议是有效的，张×仍负有竞业禁止义务，但张×可向贵司另行主张经济补偿金。

五、张×现在所任职的公司是否可以承担侵权责任

如张×竞业竞争行为所涉的技术已获取了专利权，则其所任职的公司不论主观是否明知，如有《专利法》规定的侵权行为则可以追究其侵权责任。

如张×竞业竞争行为所涉的技术为商业秘密，则按照《反不正当竞争法》、《劳动合同法》及《关于禁止侵犯商业秘密行为的若干规定》，须证明张×现在任职的单位在主观上对于张×披露、使用或允许他人使用贵司商业秘密的行为是明知的，但是如果张×同时也是其任职公司的股东，则可以认定公司对上述盗取商业秘密行为的明知状态。

如张×竞业竞争行为所涉的技术为专有技术，则只要贵司能证明张×及其公司所使用的专有技术为贵司所有，则不论主观是否明知均可追究其侵权责任，否则只能追究张×的个人责任，而与其现任职公司无关。

综上，张×离职后从事与贵司任职期间同领域相竞争的工作，若该工作所涉内容为已经获取专利权的技术信息，则贵司可以专利侵权提起诉讼；若该工作所涉内容为商业秘密，则只能待张×泄露了商业秘密后才能追究其

违约责任；若该工作所涉内容为专有技术，则对于已处于专利申请中的专有技术，由于该申请可作为技术"专有性"的初步证据，因此在维权举证上相对容易些，但除上述专利申请阶段外的专有技术，若存在保密合同则对于维权相对便宜，反之则存在维权困境。至于张×现在任职公司的责任承担，则需区分张×竞业竞争行为所涉的技术的属性及对单位主观状态的举证情况。

六、贵司的应对措施

基于上述法律分析，在贵司原员工张×离职后从事与在贵司任职期间同领域相竞争的工作这一事件上，贵司的维权处境比较被动，建议贵司首先明确张×所涉技术中商业秘密的认定是否存有异议，如有异议则应加强对商业秘密的管理；其次，建议贵司进一步收集张×对贵司商业秘密及专有技术侵权的证据，如张×平日的工作表现，是否有离职的言辞，其平日对商业秘密的保管情况，是否有将包含有商业秘密的文件带出工作范围外，其平日是否有任何涉及商业秘密的言论等；最后，建议贵司向目前张×所属公司的往来客户（须与张×所涉专利、商业秘密、专有技术相关）发通知函，在函件中说明情况以及追究张×侵权的可能性，以起到警示及提醒作用，在此情况下，若张×与贵司接洽，则可在上述接洽过程中注重对侵权证据的进一步收集。

如在上述措施进行中，贵司最终决定采用诉讼方式对张×及其现任职公司追究法律责任，则需要做好以下准备工作：

1. 查阅调取张×目前任职公司及南京公司的工商档案，查看张×是否为上述两家公司的股东，据以分析两家公司对张×竞业竞争侵犯贵司专利技术及商业秘密主观上是否是明知的。

2. 收集、调取目前任职的公司及南京公司使用的技术及信息与张×离职前在贵司所掌握的专利技术及商业秘密的重合范围，对于重合范围内的信息按其属性进一步区分为专利、商业秘密和专有技术。

3. 若张×及其任职公司涉及专利侵权，则对于专利方法，只需贵司提供该方法已获取专利授权即完成举证责任，对于专利产品，则除了提供贵司对该产品拥有专利权的证明，还须提供上述两家公司产品所涉专利的必要技术特征与贵司申请专利的权利要求相一致，这部分工作需要贵司技术部门人员的配合。

4. 若张×及其任职公司涉及商业秘密侵权，则首先贵司需要自证涉嫌侵权的信息满足法律界定下商业秘密价值性、秘密性及保密性的要素。其次，贵司需要证明涉嫌侵权信息是张×于贵司任职期间所获得的，且非张×个人经验及技术的累积，属于职务行为下的技术成果（至于该成果的归属和使用须进一步查看张×与贵司是否签订过涉及上述内容的合同）。再次，贵司需要证明张×离职后违反法律规定及合同约定将在贵司获取的商业秘密运用到（如披露、使用、允许他人使用等）其现任职的两家公司。需要强调的是，张×与贵司签订的竞业禁止承诺函因未向其支付补偿金，张×如另行向法院提起诉讼要求贵司支付经济补偿金，则会获得法院的支持。最后，如要追究两家公司对贵司商业秘密的侵权责任，则需要证明其主观上对张×行为的明知状态，这需要一系列证明佐证，若张×为两家公司的股东，则这一证明事项即举证完成。

5. 若张×及其任职公司涉及专有技术侵权，贵司首先须证明涉嫌侵权技术为其专有（如将专利申请文件作为证据），则如张×及其所在公司不能证明该涉嫌侵权技术的正当来源（许可使用、转让、自我研发），则法院支持贵司这一诉求的可能性较大，当然在此情形下，贵司也可以追究张×违反保密合同的违约责任。

6. 如贵司能够完成上述举证证明事项，则诉请的内容可包括停止侵害、排除妨碍、消除影响、赔礼道歉、赔偿损失等责任承担方式，涉及赔偿损失的计算，若贵司不能举证证明，则以张×及其所在公司的获利所得为依据，均无法证明的，则由法院在 500 万元的幅度内自由裁量。

若贵司确有证据证明张×将侵害其技术信息，而这一行为会给贵司造成难以弥补的损失，则贵司可请求法院对张×的行为予以行为保全，但贵司须在行为保全后的 30 天内提起诉讼，否则该保全予以解除。

七、声明与承诺

1. 本法律意见书所载事实来源于本法律意见书出具之日前贵司的陈述和

贵司提交的相关材料。贵司应保证，已向本所律师提供了出具本法律意见书所必需的全部有关事实材料，并且提供的所需文件均真实、合法、有效、完整，并无任何虚假记载、误导性陈述或重大遗漏，文件上所有的签名、印鉴均为真实，所有的复印件或副本均与原件或正本完全一致。若在本法律意见书出具后，贵司发现新的证据材料或者案件有新情况发生，请及时与本所律师联系，本所律师将根据新的证据材料和新的进程重新制作法律意见书。

2. 本法律意见书中对贵司提供有关信息的引述，并不表明本所律师对该等信息的真实性、准确性、合法性作出任何判断或保证。

3. 本法律意见书的出具仅根据并依赖于本法律意见书出具之日公布并生效的相关法律、法规、规章。本所不能保证在本法律意见书出具之后所公布生效的任何法律、法规、规章对本法律意见书不产生影响。

4. 本所律师已经严格履行了法定职责，遵循了勤勉、尽职、诚信的执业原则，由于本意见书的出具涉及对法官自由裁量权的评价，而法官依据自由裁量权最终作出何种判决并非律师所能掌控。对此，特提示贵司对本意见持审慎采信态度。

5. 本文件仅应贵司要求，供贵司参考，切勿外传。

此致

顺颂商祺！

××律师事务所

律师：×× ××

20××年×月×日

十、实训法规及操作指引

福建省律师协会《律师事务所出具法律意见书业务操作指引（试行）》

第五节 律师函的出具

引例：

2023 年 7 月 13 日，思达咨询服务有限公司（以下简称思达公司）与恒信资产托管有限公司（以下简称恒信公司）之间签订《房屋租赁合同》一份，双方约定恒信公司将位于××市皇姑区岐山中路 1 号东机大厦十一楼 1105－06 号房间出租给思达公司办公使用。租期为 2023 年 7 月 14 日至 2024 年 7 月 13 日。全年租金 23330 元，每半年交付一次。同时合同约定，合同期满，如思达公司未向委托人提出续约申请，本租赁协议自动解除。如思达公司续约需在合同期满前一个月正式向恒信公司提出续约申请。

现该房屋租赁协议已期满近 10 个月之久，但思达公司未向恒信公司提出续约申请，却仍继续使用该房屋。

假如你是恒信公司的代理律师，请就此事拟定一份律师函。

一、实训目标

通过本节学习，学生可以了解律师函的含义及作用，掌握律师函的制作流程和要点，会做基本的律师函业务。具体目标如下：

1. 了解并掌握律师函的作用，在不同情况下会巧妙并妥善地运用。

2. 熟练掌握律师函的制作及书写，准确把握律师函中的用语及语气。

在教学中主要的实训方法以教师启发、学生讨论为主，教师讲授和要点提示为辅。

二、实训素材

案例一：

天天好大药房有限公司（以下简称天天药房）与宏伟金都房地产开发有

限公司（以下简称宏伟金都）于 2023 年 12 月 31 日签订《房屋租赁合同》，约定"宏伟金都将坐落于××市东陵区南塔街 101 号出租于贵司，租期自 2024 年 2 月 28 日至 2029 年 2 月 28 日，共计五年，租金标准为每年 40 万元"，后因天天药房由原承租一至二层改为仅租一层，故 2024 年 1 月 10 日双方另行签订《补充协议》，约定"租金由第一、二年合并支付 50 万元减为 40 万元，后三年 40 万元/年减为 30 万元/年，付款方式不变"。但截至目前，天天药房应依合同约定支付的第一、二年租金 40 万元却仅仅支付 20.5 万元，除去天天药房代为宏伟金都对外支付的消防处罚款 1 万元、空耗费 5 万元，天天药房尚欠宏伟金都 13.5 万元。

假如你是宏伟金都的代理律师，请就此事拟定一份律师函。

案例二：

2022 年 12 月 20 日，陈某与××市归州莹金采石场（以下简称采石场）签订协议一份（以下简称协议一），约定合作开采微细石粉项目。合作期限为 2023 年 1 月 1 日至 2023 年 12 月 31 日。

2023 年 9 月 19 日，双方签订协议一份（以下简称协议二），作为协议一的补充协议。约定合作开采及销售白云岩矿石及荒料、板材加工和销售。合作期限为 2023 年 9 月 19 日至 2025 年 9 月 18 日。

2024 年 5 月 1 日，双方签订协议一份（以下简称协议三），约定在大顶子山采区范围内合作开采和销售白云岩大理石荒料及生产过程中的矿石、碎石等副产品。合作期限为 2024 年 5 月 1 日至 2034 年 4 月 30 日。

2024 年 5 月 11 日，双方签订协议一份（以下简称协议四），约定甲方采石场（甲方）与陈某（乙方）在采石场部分矿区内合作开采和销售白云岩大理石荒料及生产过程中的矿石、碎石等副产品。同时约定，本协议签订后，双方以前签订的协议即时终止。如矿产储量较少或出材率较低或荒料结构达不到国家规定标准等情况发生，可提前终止本协议，乙方有权收回投入的荒料开采设备。甲方不能与第三方在本协议已经确认或在开采过程中逐步确认的矿区范围内进行合作。合作期限为 2024 年 5 月 11 日至 2034 年 5 月 10 日。

但合作项目由于与采石场提供的《开采设计》完全不符，该开采项目的出材率近乎零，前述四份协议均未得到履行，采石场还将原由陈某购买的用于生产加工的机械设备擅自卖掉，又与第三方另行合作开采协议内约定的合作开采项目，造成陈某经济损失 200 余万元。

假设你作为陈某的代理律师，请就此事拟定一份律师函。

案例三：

新荣股份有限公司于 2008 年 2 月 21 日注册"新荣"标识为商标，有效期至 2018 年 2 月 20 日，到期后续展至 2028 年 2 月 20 日，使用类别为第 7 类和第 9 类，商标使用范围为机器、机床，处理、开关、传送、积累、调节或控制电的仪器和器具等方面。

新荣自动化仪表工程有限公司成立于 2020 年 7 月 2 日，经营范围为：工业生产过程及自动化工程咨询、设计、成套；电脑及软件销售；工业自动化及管理软件开发；高低压配电成套设备销售等。新荣自动化仪表工程有限公司将新荣股份有限公司注册的"新荣"商标作为其企业字号。

假如你是新荣股份有限公司的代理律师，请就此事拟定一份律师函。

三、实训准备

（一）理论准备

1. 律师函的法律界定

律师函又称律师信，英文表述 Lawyer's letter，其最初来源于英美法系，后由港澳特区传入深圳，进而传入内地。

律师函是指律师接受客户的委托就有关事实或法律问题进行披露、评价，进而提出要求以达到一定效果而制作、发送的专业法律文书。律师用律师函对某一事实进行法律评价和风险估计，其目的在于以法律尺度和律师的判断，对送达对象晓之以法律事实，动之以利弊得失，让送达对象得出自己的"法律评价"，即"传法达意"。它的本质是一种委托代理进行意思表示的法律行为，对于委托人维护自身合法权益具有十分重要的作用。

2. 律师函中的法律关系

一份律师函中存在两层法律关系：一是委托人与律师之间的授权委托关

系，这一层面是核心的法律关系；二是律师与受送主体之间的代为函告的法律关系。律师函应根据委托人的合理要求而给予对方通知或在适当的范围之内向送达对象解释事由，以便送达对象作出符合委托人利益的决定。

3. 律师函的特点

（1）律师函行文关系单一，仅向委托人指向的人依法表达法律诉求。

（2）律师函基本上可以在一切法律业务中使用，从诉讼到非诉讼领域，从民事到商事领域均可。

（3）律师函属于非诉讼法律业务范畴，由于其仅表达法律诉求，因此往往篇幅短小灵活。

（4）律师函以委托人的角度为出发点，是代表委托人以律师的口吻和形式向委托人指向的人表达委托人的法律意志。

（5）律师函是作为专业法律人员的律师向委托人指向的人发送的带有强烈法律色彩的正式信函，具有表征法律威严性的特点。

4. 律师函的分类

根据功能不同，可以将律师函主要分为以下几种。

（1）律师催告函。律师催告函是当前最常使用的一种律师函，即将委托人的意志告知收函人，催促收函人依法履行其法律义务。

（2）律师询问函。律师询问函是主要用于了解、询问有关法律事项的一种律师函，用以进一步确认某一法律事实。

（3）律师答复函。律师答复函是委托律师对特定的质询来答复的一种律师函。

（4）其他律师函。除以上三种情况之外的其他功能律师函。

（二）实践准备

1. 将学生分为若干小组，每组 6~8 人为宜，方便小组讨论。

2. 查找阅读有关律师函的基本介绍，如历史起源、法律界定等。

3. 将本节课的实训案例发给学生，了解案件基本情况。

四、实训要点

（一）律师函的用途

律师函的出具，是非诉讼法律业务中一项最基本的业务，也可以说是一项相对简单的非诉讼法律业务，现已逐渐被大众接受。但是人们通常仅将律师函的作用局限在催收欠款、催收物业费这类事务上，其实律师函的作用远远不止于此。在司法实践中，律师函一般具有以下作用。

1. 收集证据

在司法实践中，经常出现委托人准备起诉却证据不足的情况，而一旦仓促提起诉讼，往往又不能从对方当事人处获得相关的证据，在这种情况下，有时可以通过制作并送达律师函的方式来解决。这种方式如同会计师事务所的询证函，通过这种方式取得对方当事人的证据及对争议事实的态度、观点，将对方当事人的回函当作书面证据予以使用。

2. 中断诉讼时效

律师发出律师函是受委托人的委托，体现委托人的意志，在所发生的纠纷没有提起诉讼与仲裁之前，有证据证明发出了律师函，可以起到中断诉讼时效的作用。

3. 达成庭外和解协议

委托人之间发生了争议，由于存在解决时间过长、失去客户、影响企业形象等原因，诉讼并非是最佳解决方式，如果通过制作并送达律师函的方式向对方阐明相关事实，提出问题的严重性，对方可能会考虑如果采用诉讼方式解决对其产生的不利后果，就有可能达成庭外和解，顺利解决纠纷。

4. 通知解除合同

《民法典》第五百六十二条至五百六十六条规定了合同一方的单方解除权，通过制作和送达律师函可以告知对方合同自通知到达时解除。对方有异议的，可以请求人民法院或者仲裁机构确认解除合同的效力。

5. 制止不法的侵权行为

对有的不良企业或人员的诋毁企业商誉、造谣中伤有关人员等不法行为，可以用制作并送达律师函的方式告诫其停止违法侵权行为。

6. 用律师函履行其他法律告知义务

用律师函可以履行其他法律告知义务，如通知追认无权代理人的代理行为、不安抗辩权的行使、同时履行抗辩权的行使、先诉抗辩权的行使、通知合同无效、撤销权的行使等，凡是委托人需要履行法律告知义务的，都可以通过律师函来完成。

（二）律师函出具的业务流程

律师函是指律师事务所根据委托人的请求，委派具体律师以律师事务所名义对有关事实或法律问题进行披露、评价，进而提出法律要求以达到一定效果的律师活动。律师函有其固有的流程，具体如下：

1. 接谈委托人

接谈委托人是律师应具备的一项重要业务技能，与委托人很好地沟通协调能力是一切工作的前提和基础。在初次接待委托人时，要注意倾听委托人的叙述，在对案件事实及委托人要求不明确前避免过早妄下结论，在倾听时，要对委托人的叙述有选择性地摘录，对于不清楚的事实部分可在委托人叙述之后进一步询问。

2. 明确委托人的要求

在对案件情况有了大概了解之后，询问委托人需要律师提供什么帮助，在明确委托人要求后，再对委托人有针对性地询问与本次律师函相关的、重要的案件情况，并查看相关案件材料。

3. 制作律师函并送达

律师在完成上述工作流程后，依据委托人所提供的材料及其要求，开始制作律师函。

在律师函制作完成之后，要将律师函送达给委托人指定的对象。送达方式有很多种，常见的有直接送达、邮寄送达等方式，上述送达方式可以使得律师有已将律师函送达给指定对象的证明，如签收回执。如果知晓指定对象的传真或邮箱，还可以同时以传真和邮箱的方式送达。至于是直接送达还是邮寄送达则可视具体情况而定，如在指定对象拒绝直接送达的情况下，则可以采用邮寄送达的方式，当然这需要明确知晓指定对象的名称和地址。对于送达究竟是委托人的工作还是律师的工作，具体要看双方间的约定，实践中也有更容易完成送达工作的一方来决定由谁负责送达，毕竟无论委托人还是律师都希望指定对象知晓委托人的意图，最终将问题很好解决。

4. 材料的立卷归档

在将律师函交给委托人之后，这一非诉讼法律业务还没有结束，律师需要将与本次律师函有关的材料按照一定顺序订卷归档才能申请结案。具体订卷归档的顺序，每一律师事务所的要求会有所不同，大致顺序如下：（1）委托合同文本；（2）律师事务所发票附联；（3）委托人身份证明；（4）相关案件材料；（5）律师函复印件；（6）律师函送达证明。

（三）律师函的内容及格式

1. 律师函的内容

律师函通常包括以下内容：（1）阐明事实，突出严重性。律师函中必须让对方清楚真实的事态，既不夸大也不缩小，在尊重事实的基础上突出严重性。（2）提出主张。律师函要明确地告知对方委托人的要求及主张。（3）告知后果。有人说，"没有法律责任的法律是没有力量的，没有告知后果的律师函就像温开水"，这是不无道理的。关于告知的表述有很多种，如"我方不排除采取某某措施的可能性""我方保留通过某某途径对贵方进行追索的权利""我方已经准备向贵方提出某某程序以保障我方的权益"等等。

2. 律师函的格式

律师函可以大致分为首部、正文和尾部三大组成部分。

律师函的首部一般包括标题、函号和送达对象三个部分。（1）标题。一个完整、规范的律师函标题一般由三部分组成：发函律师事务所的全称，律师函的主旨及律师函字样组成。如"某某律师事务所关于 A 公司立即支付工程款的律师函"，最好将"律师函"三字另起一行，主旨突出。如果只有"律师函"三个字，这样的表述方式不具体、不明确，也不专业。（2）函号。每个律师事务所的业务管理不同而函号会有所不同，大多数函号的基本结构

为：（年号）＋发函律师事务所简称＋法律文书的性质（或函或非诉＋字第
××号），如（201×）××函字第××号。（3）送达对象。送达对象即接收
律师函的机关、单位或个人等主体。为了表示对送达对象的尊重，送达对象
要用全称，不可省略或用不规范的简称。当送达对象为个人时需在姓名后加
先生或女士等尊称。

律师函的正文一般由四个部分组成，具体包括委托声明、事实简述、法
律评论和律师意见。

（1）委托声明。委托声明由委托来源及委托事项两部分组成。委托声明
主要是向送达对象表明律师向其出具律师函的合法授权来源以及委托人的委
托事项。委托声明的规范表述应该为：×××律师事务所（以下简称本所）
依法接受×××（以下简称×××）的委托，特指派本所×××律师（以下
简称本律师）就×××事宜出具本律师函。

（2）事实简述。在委托人提交的材料及委托人陈述的基础上，简明扼要
地将事实与双方争议的焦点总结出来即可。法律意见书是律师在充分的资料
准备及法律研究的基础上作出的，而律师在出具律师函时很多时候对案件的
事实及证据的掌握并不充分，在证据不充分的情况下，律师函不必详述，其
更多承担的是宣示功能而非分析功能。

（3）法律评论。法律评论由法律引用（包括合同条款的引用）和法律分
析两部分组成。在对事实进行简述之后，就得以事实为依据、以法律为准绳，
对对方的违约或违法行为进行法律评论。

（4）律师意见。提出委托人的具体要求，明确告知指定对象做什么以及
不这样做的法律后果是什么。

（5）另起一段写上"特此函告！"。

律师函的尾部一般由四个部分组成，具体包括律师函的寄送方式、附件、
落款和联系方式。（1）寄送方式。律师函的寄送方式的规范表述，如"本律
师函以特快专递及传真（注明送达对象的传真号码及收件人）的方式送达"
或"本律师函以特快专递及电子邮件（注明送达对象的邮箱号及收件人）的
方式送达"。（2）附件。律师函的附件一般包括授权委托书、委托人提供的
证据材料、法律依据、判决书等材料。委托人提供的证据材料用以证明律师

函事实部分的真实性。法律依据用以证明律师函提出的要求的合法性。判决书用以证明对方这种违约或违法行为，我方的主张已经有生效判决予以支持，从而迫使对方按照我方的要求去做。（3）落款。律师函的落款具体包括律师事务所的名称、发函律师姓名（实习律师、律师助理等均不得署名）和律师函的制作时间。律师的姓名要有印刷体和手写体。（4）联系方式。联系方式一般包括律师事务所及律师电话号码、邮箱、传真号码、联系地址和邮编等。这样方便对方可以有多种方式和我方取得联系。

（四）律师函制作的注意事项

1. 律师函送达对象的选择

如果指定对象有其上级或类似的主管单位，则将上述单位加入律师函的主体中，通过同时给这些主体发送律师函来给指定对象施压，从而进一步增强律师函的威力。当对方是大型组织和政府机构时，这种方法尤为有效。在给法人等组织发送律师函时同时抄送给法人的法定代表人或其他主管领导，通常都能刺激指定对象作出有利于委托人的反映和回复。

2. 强调己方优势，弱化己方劣势

律师在阐述事实时，要尊重事实，但在此基础上，也要强调己方的优势，弱化己方的劣势。如果事实对委托人有利，那就强调事实；如果法律对委托人有利，那就强调法律；如果情理对委托人有利，那就强调情理，目的就是尽可能让阐述的事实没有弱点。

3. 默示声明的作用

有的律师函在阐述事实的最后部分还会加上一个默示声明，如"如果我们在最后期限前还没有收到您的书面回复，我们就假使与我们的委托人有关的事实都是准确和完整的"或"如对律师函的内容有异议，请在最后期限前书面告知我方，逾期视为没有异议"。

这样的表述不能视为指定对象对上述事实的认可，也就是说，不能达到律师函中上述默示声明的目的，但这类默示声明却在一定程度上可以迫使指定对象在限期内作出答复。

4. 律师函用语的语气

律师函作为一种法律文件，经常用于商业往来中，其目的并不是一定要将问题予以诉讼解决，而是提醒指定对象对委托人委托之事项予以关注和注意，并积极予以解决，因此在律师函的用语方面，还是以商务用语为主，如称呼指定对象为"贵司"，不要语气过于强硬，更不要过度丑化对方，指出指定对象的不当行为即可。

5. 明确指定对象的行为时间及行为后果

律师函的目的就是要求指定对象在一定期限内为一定行为或不为一定行为，所以一个好的律师函需要为对方的行动确定一个期限。需要注意的是，这个期限一定要短，这样才能敦促指定对象尽快为一定行为或在这一期限之后不得为一定行为。时间带来压力，只有短时间才能造成紧迫感。

同时，要在律师函中明确一个具体的制裁措施，否则律师函的威力会减弱，也会让指定对象无所适从。至于制裁部分应包括法律责任、商业利益、商业信用等方面。如"如果我们不能在最后期限得到合理解决，我们将以适当的法律程序解决此问题。因提起诉讼而遭受的损失，包括但不限于违约金、诉讼费、律师费等应由贵司承担"。一旦对方意识到如果不能按照你的要求行动，将会遭受更大的损失时，就会采取更为积极的行动。

五、实训过程

（一）律师函的流程训练

1. 通过投影仪，与学生回顾案例一的基本案情。

2. 接谈委托人训练：学生以小组为单位，以角色扮演的方式同时进行委托人接谈训练，然后将最后接谈的结果，以及接谈中委托人及律师双方所遇到的问题予以记录，让各组学生共同思考解决问题的办法，教师启发并总结。

3. 确立委托关系的训练：教师随机选择每一小组的学生做律师代表与委托人代表进行委托关系的办理，重点观察确定双方委托关系确立所必需的法律文件是否完备。

4. 制作接谈笔录的训练，学生以小组为单位进行接谈笔录的制作，教师注意观察每一小组的练习情况，主要注意其在接谈环节所问的问题是否为之后律师函所必要，以及接谈笔录的格式。

（二）律师函的写作训练

1. 通过投影仪，与学生回顾案例二、案例三的基本案情。

2. 以小组为单位，由教师指定制作案例二和案例三的律师函。

3. 从每一小组中随机抽取，将学生制作的上述两份律师函进行比较，找寻异同点。

4. 根据上述异同点，引导学生对律师函写作中的要点予以注意和强化，达到举一反三的目的。

六、实训作业

案例一：

律师函

（20××）函字第×号

天天好大药房有限公司：

本律师受宏伟金都房地产开发有限公司的委托，针对阁下于 2023 年 12 月 31 日签订《房屋租赁合同》并在 2024 年 1 月 10 日签订《补充协议》，到目前为止并未按照约定完全交付租金，向阁下函告如下：

鉴于阁下于 2023 年 12 月 31 日签订《房屋租赁合同》并在 2024 年 1 月 10 日签订《补充协议》及阁下应支付租金 13.5 万元整的事实，本律师认为：

根据《民法典》第七百五十二条"承租人应该按照约定支付租金……"、第七百二十二条"承租人无正当理由未支付或延迟支付租金的，出租人可以要求承租人在合理期限内支付；承租人逾期不支付的，出租人可以解除合同"和第五百六十九条"当事人互负债务，标的物种类、品质不相同的，经双方协商一致，也可以抵销"，阁下应该于七日内支付尚欠××金都房地产开发有限公司的 13.5 万元，逾期则构成违约，应当承担违约责任。

根据以上基本事实和相关法律规定，本律师受宏伟金都房地产开发有限公司的委托，正式函告阁下：

请阁下于接到本律师函后七日内支付剩余租金 13.5 万元，宏伟金都房地产开发有限公司保留采取适当措施追究阁下违约责任的权利。

特此函告

律师：××

律师联系方式：（0086××）××××××

辽宁省××律师事务所（公章）

地址：××市××××××

邮编：××××

电话：××××××

网址：www.×××lawfirm.com

E-mail：×××@126.com

20××年×月×日

案例二：

律师函

（20××）函字第×号

××市归州莹金采石场：

本律师事务所受陈××的委托，针对阁下于 2022 年 12 月 20 日签订的协议和于 2024 年 5 月 11 日签订的协议综合来看，陈××有权收回投入的荒料开采设备，向阁下函告如下：

鉴于阁下于 2022 年 12 月 20 日和陈××签订的合作开采微细石粉项目和于 2024 年 5 月 11 日签订的协议，阁下应该赔偿陈××所遭受的经济损失 200 余万元的事实，本律师认为：

根据《民法典》第五百零九条"当事人应该按照约定全面履行自己的义务……"、第五百七十七条"当事人一方不履行合同义务或者履行合同义务不符合约定的，应当承担继续履行、采取补救措施或者赔偿损失等违约责任"和第三百一十一条第二款"受让人依据前款规定取得不动产或者动产的所有权的，原所有权人有权向无处分权人请求损害赔偿"，阁下应该赔偿陈××经济损失200余万元，逾期则构成违约，应当承担违约责任。

根据以上基本事实和相关法律规定，本律师受陈××的委托，正式函告阁下：

请阁下于接到本律师函后及时赔偿陈××经济损失200余万元，陈××保留采取适当措施追究阁下违约责任的权利。

特此函告

律师：邹××

律师联系方式：（0086××）××××××

××律师事务所

地址：××市×××××××××

邮编：110032

电话：×××××

网址：www.××××.com

E-mail：××××@126.com

20××年×月×日

案例三：

律师函

（20××）函字第5号

新荣自动化仪表工程有限公司：

本律师受新荣股份有限公司的委托，针对阁下于2020年7月2日成立时将"新荣"商标（2008年2月21日注册）作为贵司的企业字号，新荣股份有限公司要求贵司停止使用并赔偿损失，向阁下函告如下：

鉴于阁下于2020年7月2日成立并将"新荣"商标（2008年2月21日注册）作为贵司的企业字号的事实，本律师认为：

根据《商标法》第五十八条"将他人注册商标、未注册的驰名商标作为企业名称中的字号使用，误导公众，构成不正当竞争行为的，依照《中华人民共和国反不正当竞争法》处理"和《反不正当竞争法》第十七条第一款"经营者违反本法规定，给他人造成损害的，应当依法承担民事责任"，阁下应该停止使用并赔偿损失。

根据以上基本事实和相关法律规定，本律师受新荣股份有限公司的委托，正式函告阁下：

请阁下于接到本律师函后即时停止使用并赔偿损失，新荣股份有限公司保留采取适当措施追究阁下侵权责任的权利。

特此函告

××省××律师事务所（公章）

律师：邹××

律师联系方式：（0086××）××××××

20××年×月×日

七、实训点评

教师点评：

首先，委托关系的双方是委托人与律师事务所，律师只是依托律师事务所执业，与委托人间不构成委托关系。其次，学生对于案件事实的表述不完整，对于事件的发展表述得不完全，这不利于对方了解回顾案件事实，而且也使得致函方的事实依据听起来并不充分。再次，法律依据的寻找不是很准确，或不关联或有遗漏，这不利于对方清楚知晓自己行为的违法性，直接影响了事件的最终解决。最后，对于具体的责任承担方式并没有明示，并不能起到威慑对方和警告的作用，语气把握上也很柔弱。

八、实训文书

案例一范例：

律师函

（20××）函字第×号

天天好大药房有限公司：

××律师事务所接受宏伟金都房地产开发有限公司（以下简称宏伟金都）的委托，就宏伟金都与贵司房屋租赁事宜致函如下：

1. 贵司与宏伟金都于 2023 年 12 月 31 日签订《房屋租赁合同》，约定"宏伟金都将坐落于××市东陵区南塔街 101 号出租于贵司，租期自 2024 年 2 月 28 日至 2029 年 2 月 28 日，共计五年，租金标准为每年 40 万元"，后因贵司由原承租一至二层改为仅租一层，故 2024 年 1 月 10 日双方另行签订《补充协议》，约定"租金由第一、二年合并支付 50 万元减为 40 万元，后三年 40 万元/年减为 30 万元/年，付款方式不变"。但截至目前，贵司应依合同约定支付的第一、二年租金 40 万元却仅仅支付 20.5 万元，除去贵司代为宏伟金都对外支付的消防处罚款 1 万元、空耗费 5 万元，贵司尚欠宏伟金都 13.5 万元。

2. 烦请贵司于收到本律师函之日起三日内将剩余租金 13.5 万元支付予宏伟金都，如贵司在上述时间内未能支付剩余租金，宏伟金都将通过法律途径依法追究贵司之违约责任。届时，贵司不仅要履行支付义务，还要支付诉讼费、保全费、执行费及违约赔偿等。诚望贵司珍惜自身商誉，尽快履行还款责任，避免诉讼纠纷的发生。

此致

顺颂商祺！

××律师事务所（公章）

律师：张×

电话：13×××××

20××年 6 月 15 日

案例二范例：

律师函

（20××）函字第×号

敬启者

××市归州莹金采石场：

　　××律师事务所接受陈××先生的委托，指派本所律师刘×律师、王×律师就××市归州莹金采石场（以下简称贵司）与陈××先生之间的合同纠纷事宜，向贵司具函如下：

　　陈××先生基于与贵司美好合作的愿望及依据贵司提供的《××省××市归州镇东沟矿区白云石大理岩矿大顶子山采区开采设计》（以下简称《开采设计》）的信任，分别与贵司签订了如下协议：

　　1. 2022年12月20日签订协议一份（以下简称协议一），约定合作开采微细石粉项目。合作期限为2023年1月1日至2023年12月31日。

　　2. 2023年9月19日签订协议一份（以下简称协议二），作为协议一的补充协议。约定合作开采及销售白云岩矿石及荒料、板材加工和销售。合作期限为2023年9月19日至2025年9月18日。

　　3. 2024年5月1日签订协议一份（以下简称协议三），约定在大顶子山采区范围内合作开采和销售白云岩大理石荒料及生产过程中的矿石、碎石等副产品。合作期限为2024年5月1日至2034年4月30日。

　　4. 2024年5月11日签订协议一份（以下简称协议四），约定甲方××市归州莹金采石场与乙方陈××先生在归州莹金采石场部分矿区内合作开采和销售白云岩大理石荒料及生产过程中的矿石、碎石等副产品。同时约定，本协议签订后，双方以前签订的协议即时终止。如矿产储量较少或出材率较低或荒料结构达不到国家规定标准等情况发生，可提前终止本协议，乙方有权收回投入的荒料开采设备。甲方不能与第三方在本协议已经确认或在开采过程中逐步确认的矿区范围内进行合作。合作期限为2024年5月11日至2034年5月10日。

　　但令人遗憾的是，合作项目由于与贵司提供《开采设计》完全不符，事实上该开采项目的出材率近乎零，同时由于贵司生产经营及管理不善等原因，致使前述四份协议均未得到履行，根本达不到当初立约时的根本目的。令人不解的是贵司违反基本的商业准则，将原由陈××先生购买的用于生产加工的机械设备采用欺诈方式擅自卖掉，最终致使协议彻底无法履行。同时贵司又背信弃义，在与陈××先生未解除协议前，与第三方另行合作开采协议内约定的合作开采项目，造成陈××先生经济损失200余万元，并使其倾注一生的积蓄及心血付诸东流。

综上，本律师郑重致函贵司，请立即停止违约行为，并于收到本律师函之日起五个工作日内提出具体解决方案，并指派相关人员与本律师联系。逾期，本律师将根据委托人意见通过法律程序依法追究贵司之侵权责任，届时可能会因法院查封或冻结资产行为给贵司带来负面影响。

此致

顺颂商祺！

××律师事务所（公章）

律师：××

电话：13×××××××

20××年×月×日

案例三范例：

律师函

（20××）函字第×号

新荣自动化仪表工程有限公司：

××律师事务所接受新荣股份有限公司的委托，就贵司商标侵权及不正当竞争事宜致函如下：

新荣股份有限公司于2008年2月21日注册"新荣"标识为商标，使用类别为第7类和第9类，有效期为2008年2月21日至2018年2月20日，到期后续展至2028年2月20日，在此期间享有注册商标的专用权，商标使用范围为机器、机床，处理、开关、传送、积累、调节或控制电的仪器和器具等方面，而贵司成立于 2020 年 7 月 2 日，经营范围为：工业生产过程及自动化工程咨询、设计、成套；电脑及软件销售；工业自动化及管理软件开发；高低压配电成套设备销售等。

《商标法》第五十六条规定："注册商标的专用权，以核准注册的商标和核定使用的商品为限。"《最高人民法院关于审理商标民事纠纷案件适用法律若干问题的解释》第一条规定，将与他人注册商标相同或者相近似的文字作为企业的字号在相同或者类似商品上突出使用，容易使相关公众产生误认的，属于给他人注册商标专用权造成其他损害的行为。故新荣股份有限公司商标申请在先，贵司名称注册在后，且贵司的经营范围与新荣股份有限公司注册商标核定使用的商品类别相同或近似，因此贵司行为侵犯了新荣股份有限公司的商标权。

同时，根据《反不正当竞争法》第六条第二款"经营者不得实施下列混淆行为，引人误认为是他人商品或者与他人存在特定联系：……（二）擅自使用他人有一定影响的企业名称（包括简称、字号等）、社会组织名称（包括简称等）、姓名（包括笔名、艺名、译名等）……"，贵司的行为构成了不正当竞争。

烦请贵司于收到本律师函之日起三日内停止将"新荣"商标用于其企业名称并赔偿新荣股份有限公司因此所遭受的损失，否则新荣股份有限公司将通过法律途径依法追究贵司之侵权责任。届时，贵司不仅要承担民事侵权责任，包括但不限于停止侵权，支付诉讼费、保全费、执行费及侵权赔偿，还要承担相应的行政责任。诚望贵司珍惜自身商誉，尽快履行责任，避免诉讼纠纷的发生。

此致

顺颂商祺！

××律师事务所（公章）

律师：××

电话：13×××××

20××年×月×日

九、实训拓展

（一）课后思考

律师函是一项简单而基础的非诉讼法律业务，其作用很广泛，注意要点也比较明显，但现实中每一个需要出具律师函的事件毕竟各不相同，在此节实训中没有办法穷尽所有情况，因此希望学生通过上述三个案例举一反三。

1. 律师函的用途有哪些？
2. 完成引例中的作业。

（二）补充资料

文件一：引例范例

律师函

思达咨询服务有限公司：

××律师事务所接受恒信资产托管有限公司（以下简称恒信公司）的委托，指派本律师就委托人与贵司之间的房屋租赁事宜特致函贵司如下：

2023 年 7 月 13 日，贵司与委托人之间签订《房屋租赁合同》一份，双方约定委托人将位于××市皇姑区岐山中路 1 号东机大厦十一楼 1105－06 号房间出租给贵司办公使用。租期为 2023 年 7 月 14 日至 2024 年 7 月 13 日。全年租金 23330 元，每半年交付一次。同时合同约定，合同期满，如贵司未向委托人提出续约申请，本租赁协议自动解除。如贵司续约需在合同期满前一个月正式向委托人提出续约申请。

现该房屋租赁协议已期满近 10 个月之久，但令人遗憾的是贵司未向委托人提出续约申请，未重新签订房屋租赁协议，却仍继续使用该房屋。

《民法典》第七百三十四条第一款规定："租赁期限届满，承租人继续使用租赁物，出租人没有提出异议的，原租赁合同继续有效，但租赁期限为不定期。"现根据委托人的意见，要求解除与贵司之间的房屋租赁协议，请贵司在收到本律师函之日起 10 日内搬离该租赁房屋，同时向委托人支付自租赁协议届满日起至双方房屋交接之日止的该不定期租赁期间的房屋租金。

逾期，本律师将接受委托人的委托，就贵司的严重的违约行为向人民法院提起诉讼。届时，贵司不仅要履行支付义务，还须支付诉讼费、保全费、执行费及违约赔偿等。诚望贵司珍惜自身商誉，尽快履行支付义务并搬离租赁房屋，避免诉讼纠纷的发生。

此致

顺颂商祺!

××律师事务所（公章）

律师：王×

电话：××××××

20××年×月×日

第六节　项目书及方案制作的非诉讼法律业务

引例：

××××电气设备有限公司（以下简称××电气公司），成立于2009年1月18日，注册资本为500万元人民币，公司注册地址为××市××区××路208号，实际经营地址为××市××区××路208号，法定代表人为张×，公司实际控制人为张×、王×。经营范围中无许可经营项目，一般经营项目包括：高低压成套设备、开关柜及开关箱、电器设备、金属零部件机械加工；电气设备安装（持资质证经营）；电缆桥架、五金、工业电器、电缆批发、零售。（依法须经批准的项目，经相关部门批准后方可开展经营活动）

王×在经营××电气公司与他人进行正常的商业交易时，交易方提出以增值税发票抵顶一部分交易价款。王×因法律意识淡薄，并未意识到有偿购买增值税发票的行为触犯刑法，加之××电气公司的财务管理存在不规范，缺乏公司内部对税务合规方面的把控，最终导致非法购买增值税发票犯罪行为的发生。

王×因本案被立案调查后，因公司此前一直由王×运营，公司的业务已部分暂停。且因实际负责人王×涉案，公司短期内无人负责，也没有合适的人选能够将公司现有情况和现有工作进行整理、运作，公司的整体生产经营均陷入停滞。

在王×积极配合办案单位调查并主动认罪认罚后，回归了公司，将现有工作进行了交接，目前公司的运营已基本恢复正常。

在本案发生前，××电气公司一直是当地合法诚信经营的企业，本案系首次出现违法违规经营的情况，案发后××电气公司决定加大力度建设公司合规体系，以防止违法违规行为的再次发生，因此公司聘请律师参与合规计划的执行，决定对企业内部治理结构、规章制度、人员培训等问题和漏洞进行全面梳理，在制度上防止犯罪再次发生。

假设你是××电气公司的委托律师，请制定一份专项合规计划书。

一、实训目标

通过本节学习，学生可以了解项目书及方案制作于非诉讼法律业务中的重要性，掌握项目书及方案制作的流程和要点，掌握简单的项目书及方案的制作，与此同时最大限度地控制和降低风险。具体目标如下：

1. 了解并掌握项目书及方案制作的流程及要点，清楚委托人的要求，合理预知项目及方案制作中的要点及难点。

2. 撰写项目书或方案计划，并能在项目书及方案制作中对上述要点及难点进行更好地解决。

实训方法坚持以学生讨论为主，教师讲授和要点提示为辅。

二、实训素材

案例：

××××工程设计有限公司及关联企业因资不抵债，欲申请破产重整，公司及关联企业的大致情况如下：

（一）××××工程设计有限公司

注册资本：10000万元人民币

企业类型：有限责任公司（自然人投资或控股）

营业期限：2009 年 10 月 21 日至 2029 年 10 月 8 日

法定代表人：×××

住所：××市××区××××号

经营范围：电力设施承装三级、承修三级；电力系统工程、配套电力工程设计；电力设备制造及材料销售；电力工程施工（国家法律法规限定或禁止的除外）。（依法须经批准的项目，经相关部门批准后方可开展经营活动）

主要资产为房产和土地：

序号	产权证号	地址	面积（m²）	登记时间
1	100××25	××区××大街×号	3259.46	2016.6.27
2	100××326	××区××大街×号	5264.99	2016.6.27
3	1000××27	××区××大街×号	13776.59	2016.6.27
4	1000××28	××区××大街×号	5772.06	2016.6.27
5	1000××24	××区××大街×号	2625.99	2016.6.27

序号	土地证号	地址	面积（m²）	终止日期	使用权类型
1	0719×3	××市××区×号	26672.31	2061.12.20	出让

资产负债：截至 2021 年 5 月 31 日，期末资产总计 503,221,258.53 元，期末负债合计 551,616,602.51 元，期末所有者权益合计 -48,395,343.98 元。

（二）××××电子股份有限公司

注册资本：6000 万元人民币

企业类型：股份有限公司（非上市、自然人投资或控股）

营业期限：2000 年 7 月 27 日至 2025 年 7 月 26 日

法定代表人：×××

住所：××市高新科技开发区×号

经营范围：电力系统及工业自动化系统设计，电子设备的研制、生产、安装、调试及咨询服务，电气设备销售；进出口贸易。（依法须经批准的项

目，经相关部门批准后方可开展经营活动）

主要资产为房产和土地：

序号	产权证号	地址	面积（m²）	登记时间
1	20130×××××267	××区×号	10444.02	2013.8.12

序号	土地证号	地址	面积（m²）	终止日期	使用权类型
1	6×××7	××区×号	15000.00	2053.5.26	出让

资产负债：截至 2021 年 5 月 31 日，期末资产总计 457,176,356.96 元，期末负债合计 420,840,945.18 元，期末所有者权益合计 36,335,411.78 元。

（三）××××集团有限公司

注册资本：20000 万元人民币

企业类型：有限责任公司（自然人投资或控股）

营业期限：2014 年 11 月 7 日至 2034 年 11 月 6 日

法定代表人：×××

住所：××省××市××区××××室

经营范围：企业管理；生物质能源、新能源、风力发电技术、太阳能发电技术研发、技术服务、技术咨询、技术交流、技术转让、技术推广；生物质燃料销售；工程技术研发及工程项目管理；园区管理服务；会议及展览服务；项目策划与公关服务。（依法须经批准的项目，经相关部门批准后方可开展经营活动）

资产负债：截至 2021 年 5 月 31 日，期末资产总计 228,717,453.38 元，期末负债合计 28,198,433.60 元，期末所有者权益合计 200,519,019.78 元。

（四）××××有限公司

注册资本：3000 万元人民币

企业类型：有限责任公司（自然人投资或控股）

营业期限：2013 年 4 月 1 日至 2033 年 3 月 31 日

法定代表人：×××

住所：××市××新区××号

经营范围：从事石油、天然气节能降耗技术及风能、太阳能新能源、新材料、电力电子工程技术研发、设计、转让、咨询（国家法律法规限定或禁止的除外）；新能源设备生产，销售。（依法须经批准的项目，经相关部门批准后方可开展经营活动）

资产负债：截至 2021 年 5 月 31 日，期末资产总计 400,762,491.77 元，期末负债合计 385,053,399.81 元，期末所有者权益 15,709,091.96 元。

假设你作为×××工程设计有限公司及关联企业的律师，现根据上述材料，制作一份破产重整方案。

三、实训准备

（一）理论准备

项目书及方案的制作也是律师非诉讼业务中的一项重要内容，而且涉及项目及方案大都涉及事务的细节和流程，这就要求制作者策划出一套科学和合理的项目书或方案，因此难度不小。

项目书及方案有多种类型，常见的有规划方案、建设方案、技术解决方案、实施方案等。这里所说的项目书及方案的制作是从法律角度而言的，即我们制定的方案是符合法律规定、有相应的法律依据的项目书或方案，而不包括其他。

1. 项目书及方案制作的业务流程

项目书及方案的制作并没有固定的程序，但作为一项非诉讼法律业务，其大体要遵循以下业务流程。

（1）背景了解：首先要从委托人处了解项目背景，要注意倾听委托人的叙述，在对项目背景及委托人要求不明确前避免过早妄下结论。在倾听时，要对委托人的叙述有选择性地摘录，对于不清楚的事实部分可在叙述之后进一步询问。

（2）明确委托人的要求。在对项目背景有了大概了解之后，询问委托人需要律师提供什么帮助，在明确委托人要求后，再对委托人有针对性地询问与本次项目书及方案制作相关的、重要的情况，同时可以要求委托人提供相关材料，方便对项目背景有更加完整及深入的了解。

（3）给出初步方案。在对项目背景及委托人要求大体明确后，视情况给出专业的初步方案。由于时间有限，加之对项目背景的了解大多没有查看相关材料，方案宜粗不宜细。但由于项目的复杂程度不同、律师的能力及水平也各有不同，因此这一环节要视具体情况而定，如果暂时不能给出初步方案，可以告知委托人考虑到严谨性待事后具体研究后再和其进一步沟通。

（4）非诉讼法律服务专项合同的订立。在与委托人进行几轮沟通后，如果委托人对于律师给出的初步方案认可的话，就要进入非诉讼法律服务专项合同的订立阶段。在此阶段，双方可就服务内容、服务价款及其他的权利义务内容予以明确约定。

（5）查阅相关材料。律师在经过上述与委托人的接谈后，虽然对于项目背景有了大致的了解，但这些大致的了解对于项目书及方案的制作还是远远不够的。在专项服务合同订立后，律师事务所应视项目的复杂程度，组成针对此专项服务的律师团队，进行分工合作，分别查阅跟此项目有关的材料，包括收集委托人提供的材料。在大多数情况下，还要查找相关的法律依据、地方性文件、网络资料等。

（6）制作项目书或方案。在了解项目背景、查阅相关资料的基础上，就要进入项目书及方案的制作阶段。项目书及方案的制作不可能是一蹴而就的，需要与委托人多次协商，形成最终版本。

2. 项目书及方案的制作与合同制定及法律意见书出具的关系

项目书及方案的制作与合同制定及法律意见书的出具间既有联系又有区别。

项目书及方案的制作中有部分合同制定的内容，但前者的侧重点在于项目的可行性分析，包括项目实施的指导思想、法律依据及项目实施的程序及步骤等，而后者则侧重于双方权利义务、违约责任等内容的约定。通常，项目书及方案的制作是一个框架，这个可行性框架通过后，再进入合同制定这一阶段中，因此一个好的项目书及方案会为以后的合同制定奠定一个好的基础。

同样，项目书及方案的制作中也有部分法律意见书出具的内容，但法律意见书的侧重点在于相关事件的法律后果上，更多的是对法律后果的一种预测，而项目书及方案的制作不仅限于法律依据的寻找及法律结果的预测，还包括该项目的具体运作及实施，因此两者各有侧重。

（二）实践准备

1. 将学生分为若干小组，每组 6 ~ 8 人为宜，方便小组讨论。

2. 查找阅读有关项目及方案制作的基本介绍，如业务流程、基本内容等。

3. 将本节课的实训案例发给学生，了解案件基本情况。

四、实训要点

（一）项目书及方案制作的主要内容

项目可以理解为"事"，方案可以理解为"如何做"，项目方案就是"如何做事"。

现实中，有的项目书或方案写得不伦不类，有的写成了计划书，有的写成了清单类，这种"项目书"或"方案"别人看不懂什么事、要做什么以及如何做。

通常，项目书或方案包括以下主要内容。

1. 项目名称

项目名称尽量做到准确，让看到项目名称的人能大概了解项目书或方案的内容。

2. 背景介绍

背景介绍主要介绍和说明项目的主要内容、目的意义等内容，这对于进一步了解项目书或方案的内容十分必要。

3. 项目或方案的必要性分析

此部分主要介绍运行此项目或制作此方案的原因，包括原因论证、现实情况等内容，必要性分析是一个项目或方案存在的现实基础，缺少这一现实基础则这一项目或方案就没有存在的必要。

4. 项目或方案的可行性分析

可行性分析主要包括项目或方案的法律依据及政策支持，这是可行性分析的基础。如果一个项目或方案离开了法律这一基础和依托，缺失了合法性基础，那其一定不能顺利运行下去，而且可能还会让委托人承担一定的法律责任。需要注意的是，有的项目或方案虽能获得政策支持，但并不一定符合法律规定，在这一点上，还是要以法律规定为最终的尺度。

在找寻到法律依据及政策支持后，就要对这一项目或方案进行系统的规划和说明，即这一项目或方案实施中的难点及重点问题。需要说明的是，在项目书或方案的制作中，虽然越细致越好，但这也并不绝对。某些环节设定得过于细致，反而会阻碍整个项目的进行和实施，而且在项目书或方案制作时，也并不能将每个环节事无巨细地设定好。在大多数情况下，只是对某些重点或难点问题、某些关键性问题或程序性问题的重要回应。

5. 其他需要说明的情况

依据项目书或方案内容及委托人要求的不同，其在结构和内容上还可做适当的调整，如可增加项目的具体内容、项目的实施进度、项目目标、项目经费预算、项目组织情况等。

（二）项目书及方案制作的注意事项

1. 了解委托人的目的及需求

在了解了项目背景后，一定要进一步了解委托人实施此项目或方案的目的是什么，是为了解决什么问题，是为了解决融资问题还是为了解决工程进度问题，是为了解决合作模式问题还是为了解决经营发展问题。在了解了委托人目的的基础上，还要进一步了解委托人的需求，这个需求原则上要比目的更为具体、更为繁杂，是委托人希望通过此项目或方案而亟须解决的问题，因此制定的项目书或方案要围绕着委托人的目的和需求展开，这也是评价一个项目或方案是否成功的一个最基本的标准。

2. 设计的方案须立足法律

某些项目书或方案看起来可行，但其却欠缺法律依据和基础。不同于其他项目书或方案，律师制作的项目书或方案一定要考虑项目或方案实施的法律基础，这也是法律类项目书或方案区别于其他项目书或方案的不同之处。

3. 宏观与微观相结合

在项目书及方案制作时，要将宏观与微观相结合，缺少宏观的项目书及方案是没有方向和依据的，同样缺少微观的项目书及方案也是没有可实施性的。

4. 思路清楚、架构清晰

制作的项目书或方案一定要思路清楚、架构清晰，让委托人一目了然，明白制作者如此设定的目的所在。在结构安排上，原则上要循序渐进、层层递进，依据充分、阐释清晰。

5. 不仅要具有可行性，还要具有可实施性

制作的项目书或方案不仅要有法律依据和政策支持，还要具有可实施性，需要在重点难点问题上提出解决办法，在关键性环节上提出解决思路，这样的项目书或方案就不仅具有了可行性，还具有了可实施性，这才是一个项目书或方案可以最终成功运行的关键。

五、实训过程

（一）项目书及方案制作的流程训练

1. 通过投影仪，与学生回顾案例的基本案情。

2. 背景了解训练：学生以小组为单位，进行背景了解训练，然后将了解到的背景及委托人的具体要求予以记录。

3. 基本观点训练：对委托人的问题及疑虑予以简单地解答，同时提出自己对于这一问题的基本看法。让各组学生共同思考解决问题的办法，教师给予启发并总结。

4. 确立委托关系的训练：教师随机选择每一小组的学生做律师代表与委托人代表进行委托关系的办理，重点观察确定双方委托关系确立所必需的法律文件（委托代理合同、身份证明、费用交纳及发票开具）是否完备。

（二）项目书及方案制作的重点难点预测训练

1. 以案例为背景，通过小组讨论，引导学生发现、预测案例中的重点及

难点问题。

2. 假设上述重点及难点问题发生，会引发什么法律后果。

（三）项目书及方案制作的重点难点解决训练

1. 以案例为背景，通过小组讨论，让学生找寻出上述重点及难点问题的解决方法。

2. 小组之间相互评价上述解决方案，如上述解决方案的好处和缺点。

3. 由教师对上述解决方案予以总结和点评。

（四）项目书及方案制作的写作训练

以案例为背景，制作一份项目书或方案，重点关注上述重点及难点问题解决方案的细节运作问题。

六、实训作业

案例作业：

一、调查工作

（一）由企业提供财产清单等资料

开展财产调查工作，由企业提供财产状况说明及项下的各类财产明细、各类财产权属资料、相关合同与协议、财产情况说明及附表、相关证书及相关财务资料，并与企业法定代表人、财务人员进行访谈，便于对各类财产情况进行梳理。财会人员提供财产清单，包括：财务凭证、资产负债利润表以及账本等。

（二）前往相关机构查询企业财产情况

前往相关机构查询、了解企业的财产情况。

二、选聘审计和评估机构以查明企业资产情况

选聘审计、评估机构（如需），对企业的资产进行进一步调查。准备相关材料向法院进行申请，相关材料包括但不限于：

公司相关授权手续；资不抵债证明；职工安置方案；财产状况明细（债权、债务清册）；诉讼及执行情况；合法且到期债权相关证据；无法偿还到期债权的证据；其他人民法院要求提交的材料。

三、进入程序后配合管理人工作

企业进入破产程序后，配合管理人了解企业情况，协助管理人工作，直至企业注销。

七、实训点评

案例教师评议：

首先，形式上并不完整，仅仅只是简单的破产流程的介绍，还不能称之为项目书。其次，在内容上，第一，凸显不出是针对破产企业的具体情况所量身制定的项目书，上述破产流程的介绍可以用于任何破产项目；第二，内容仅仅为破产流程，而没有考虑到本次推进破产重整企业共4家，关联企业实质合并的问题；第三，没有结合破产企业的具体情况，在实质合并下做进一步的具体分析，如法院对关联企业实质合并破产审核标准等问题；第四，既然是一个服务方案，当然要有一定的服务计划及内容，这部分也是学生作业中缺少的。上述问题的出现，一方面是由于学生实践经验的欠缺，对于专项非诉讼法律业务几乎很少接触，另一方面也是源于其基本知识掌握得不熟练、不准确，存在知识盲区。

八、实训文书

案例范例：

关于××××工程设计有限公司及关联企业申请破产重整法律服务方案

一、背景概述

根据国家企业信用信息公示系统等公开渠道查询的信息，以及企业财务人员前期介绍，公司基本情况分析如下：

（一）××××工程设计有限公司

注册资本：10000万元人民币

企业类型：有限责任公司（自然人投资或控股）

营业期限：2009年10月21日至2029年10月8日

法定代表人：×××

住所：××市××区××××号

经营范围：电力设施承装三级、承修三级；电力系统工程、配套电力工程设计；电力设备制造及材料销售；电力工程施工（国家法律法规限定或禁止的除外）。（依法须经批准的项目，经相关部门批准后方可开展经营活动）

主要资产为房产和土地：

序号	产权证号	地址	面积（m²）	登记时间
1	100×××25	××区××大街×号	3259.46	2016.6.27
2	100×××326	××区××大街×号	5264.99	2016.6.27
3	1000××27	××区××大街×号	13776.59	2016.6.27
4	1000××28	××区××大街×号	5772.06	2016.6.27
5	1000××24	××区××大街×号	2625.99	2016.6.27

序号	土地证号	地址	面积（m²）	终止日期	使用权类型
1	0719×3	××市××区×号	26672.31	2061.12.20	出让

资产负债：截至 2021 年 5 月 31 日，期末资产总计 503,221,258.53 元，期末负债合计 551,616,602.51 元，期末所有者权益合计 −48,395,343.98 元。

（二）××××电子股份有限公司

注册资本：6000 万元人民币

企业类型：股份有限公司（非上市、自然人投资或控股）

营业期限：2000 年 7 月 27 日至 2025 年 7 月 26 日

法定代表人：×××

住所：××市高新科技开发区×号

经营范围：电力系统及工业自动化系统设计，电子设备的研制、生产、安装、调试及咨询服务，电气设备销售；进出口贸易。（依法须经批准的项目，经相关部门批准后方可开展经营活动）

主要资产为房产和土地：

序号	产权证号	地址	面积（m²）	登记时间
1	20130×××267	××区×号	10444.02	2013.8.12

序号	土地证号	地址	面积（m²）	终止日期	使用权类型
1	6×××7	××区×号	15000.00	2053.5.26	出让

资产负债：截至 2021 年 5 月 31 日，期末资产总计 457,176,356.96 元，期末负债合计 420,840,945.18 元，期末所有者权益合计 36,335,411.78 元。

（三）××××集团有限公司

注册资本：20000 万元人民币

企业类型：有限责任公司（自然人投资或控股）

营业期限：2014 年 11 月 7 日至 2034 年 11 月 6 日

法定代表人：×××

住所：××省××市××区××××室

经营范围：企业管理；生物质能源、新能源、风力发电技术、太阳能发电技术研发、技术服务、技术咨询、技术交流、技术转让、技术推广；生物质燃料销售；工程技术研发及工程项目管理；园区管理服务；会议及展览服务；项目策划与公关服务。（依法须经批准的项目，经相关部门批准后方可开展经营活动）

资产负债：截至 2021 年 5 月 31 日，期末资产总计 228,717,453.38 元，期末负债合计 28,198,433.60 元，期末所有者权益合计 200,519,019.78 元。

（四）××××有限公司

注册资本：3000 万元人民币

企业类型：有限责任公司（自然人投资或控股）

营业期限：2013 年 4 月 1 日至 2033 年 3 月 31 日

法定代表人：×××

住所：××市××新区××号

经营范围：从事石油、天然气节能降耗技术及风能、太阳能新能源、新材料、电力电子工程技术研发、设计、转让、咨询（国家法律法规限定或禁

止的除外）；新能源设备生产，销售。（依法须经批准的项目，经相关部门批准后方可开展经营活动）

资产负债：截至 2021 年 5 月 31 日，期末资产总计 400,762,491.77 元，期末负债合计 385,053,399.81 元，期末所有者权益 15,709,091.96 元。

二、企业破产流程简介

（一）破产重整申请需要准备的材料

1. 债权人申请破产重整

（1）债权人（申请人）的相关身份证明及材料；

（2）债权发生的事实与证据；

（3）债权的性质、数额、有无担保及证据；

（4）债务人的相关身份证明及材料；

（5）债务人财产状况说明、债务清册、债权清册、有关财务会计报告；

（6）职工工资的支付和社会保险费用的缴纳情况。

2. 债务人自行提出破产重整需要提供的资料

债务人申请破产的，立案部门除审查破产申请书外，还应当审查如下材料是否齐备：

（1）企业主体资格证明；

（2）企业法定代表人与主要负责人名单；

（3）企业的开办人或者股东会决议决定企业破产的文件；

（4）企业职工安置情况和安置预案；

（5）企业职工工资的支付和社会保险费用的缴纳情况；

（6）企业亏损情况的书面说明及审计报告；

（7）企业至破产申请日的资产状况明细表，包括有形资产、无形资产和企业投资情况；

（8）企业债权情况表，要求列明企业的债务人名称、住所、债务数额、发生时间和催讨情况；

（9）企业债务情况表，要求列明债权人名称、住所、债权数额、发生时间及偿还情况；

（10）企业债权的担保情况、企业债务的担保情况；

（11）企业已发生的诉讼情况和执行情况；

（12）人民法院根据债务人企业状况要求企业对职工债权及其他群体性权益等提供相应的担保或保障措施；

（13）国有企业或国有控股企业申请破产经其上级主管部门同意的文件。

因此，建议本案由债权人向法院提出破产重整申请。法院会在受理前召开听证会，要求债务人提供上述所需的文件资料，同时要求主要债权人（银行、税务、职工代表等）发表意见。因此需要与主要债权人进行沟通，尽量征得其同意。

（二）法院受理申请后工作流程

法院指定破产管理人，由管理人接管破产企业，审查债权，招募投资人，制定重整计划草案，召开债权人会议，分组表决重整计划草案。如果重整计划草案通过，裁定终止重整程序；如果重整计划草案经两次表决未通过，则进入破产清算程序。

三、关于实质合并

据贵司介绍，××××工程设计有限公司及关联公司共四家企业，本次欲共同申请破产，即关联企业实质合并。

（一）实质合并的程序要求

通常选择核心企业先行进入破产程序，之后关联企业申请实质合并，《全国法院破产审判工作会议纪要》第三十三条规定："实质合并申请的审查。人民法院收到实质合并申请后，应当及时通知相关利害关系人并组织听证，听证时间不计入审查时间。人民法院在审查实质合并申请过程中，可以综合考虑关联企业之间资产的混同程序及其持续时间、各企业之间的利益关系、债权人整体清偿利益、增加企业重整的可能性等因素，在收到申请之日起三十日内作出是否实质合并审理的裁定。"

（二）实质合并的法律要求

《全国法院破产审判工作会议纪要》第三十二条规定："关联企业实质合并破产的审慎适用。人民法院在审理企业破产案件时，应当尊重企业法人人格的独立性，以对关联企业成员的破产原因进行单独判断并适用单个破产程序为基本原则。当关联企业成员之间存在法人人格高度混同、区分各关联企业成员财产的成本过高、严重损害债权人公平清偿利益时，可例外适用关联企业实质合并破产方式进行审理。"

根据上述规定，人民法院对于实质合并是要进行严格审查的，单独适用破产为原则，实质合并为例外。审查是否构成实质合并的核心条件为"关联企业成员之间存在法人人格高度混同、区分各关联企业成员财产的成本过高、严重损害债权人公平清偿利益"，而最关键的核心要点为各关联企业成员的财产混同，混同程度的要求为难以区分或区分的成本过高。

四、企业相关情况

（一）企业数量较多

本次推进破产重整企业共四家，法院对关联企业实质合并破产审核标准较严格，涉及债权人众多，社会影响较大。

（二）企业间存在的关联关系是否构成人格混同

四家公司存在关联关系，如要达到法律所认可的关联关系，需要对各关联企业进行深入调查，从人员混同、财务及资产混同、业务混同等方面进行严谨的调查论证。特别是对财务混同情况进行调查，以确定是否达到财务混同无法区分或区分成本较高的程度，进而判断是否构成法人人格混同。

（三）涉诉案件繁杂

根据裁判文书网等公开渠道初步查询的信息，公司涉诉案件众多，有相当一部分处于未结状态，且涉及劳动争议、合同纠纷、民间借贷、财产保全等多方面。

五、服务内容

将由破产业务领域内的资深高级合伙人律师作为项目负责人，牵头组成工作团队提供全过程法律服务，针对四家企业的破产业务提供包括但不限于前期咨询、组织材料、法律分析、出具法律意见、制作各项方案、代理参加听证、出席债权人会议等综合法律服务。

1. 参与破产重整申请的总体方案论证，并设计具体实施方案；

2. 监督和见证破产重整申请前的清产核资、关联调查等工作；

3. 根据有关法律、法规及相关规范性文件的规定，确定核查企业并对其进行针对破产重整申请的法律尽职调查；

4. 就法律尽职调查中发现的问题提出法律建议或处置措施；

5. 起草、审查、修改破产申请涉及的破产重整申请书等文件；

6. 指导公司准备破产企业主体资格证明文件；

7. 指导公司准备法定代表人、董监高清单及证明文件；

8. 核查公司资产，包括房屋、土地、对外投资、资金账户等；

9. 详细核查公司债权债务及担保情况，列明债权人/债务人名称、住所、金额、形成时间、催讨情况等，并制作债权清册和债务清册；

10. 通过内部和外部相结合的方式，核查企业的诉讼、仲裁和执行情况，并制作详细清单，列明原告、被告、案号、管辖法院、诉讼进展、裁判情况等；

11. 详细梳理企业职工的工资支付、五险一金的缴纳情况；

12. 协助公司到银行调查企业银行账户的开设情况，并制作详细清单，列明开户时间、账号、资金等；

13. 与审计师沟通，出具符合规定的审计报告，和审计师共同起草财务状况说明；

14. 向人民法院递交破产重整申请，参与法院立案审查；

15. 作为企业代理人配合管理人工作，参与破产程序；

16. 调查公司关联情况，起草符合合并破产条件的论证说明；

17. 代理关联企业申请实质合并，就实质合并向管理人及人民法院进行沟通，必要时出具法律意见；

18. 双方商定的与本次委托事项相关的其他工作。

非常荣幸能有机会向贵方展示我所的专业法律服务，非常感谢贵方对我所的信任，我所将本着诚实信用的工作方式为贵方提供优质的法律服务，用心为贵方的涅槃重生贡献一份绵薄之力！

×××律师事务所

2023 年 6 月 8 日

九、实训拓展

(一) 课后思考

项目书及方案的制作是一项较为复杂的非诉讼法律业务，其注意要点及风险点都比较明显，但现实中每一项目事项毕竟各不相同，因此希望学生通过上述案例举一反三。

1. 找一些法律类项目书进行阅读。

2. 完成本节引例中的作业。

(二) 补充资料

文件一：引例范例

××××电气设备有限公司专项合规计划书

一、涉案公司基本情况

(一) 公司简介

公司名称：××××电气设备有限公司（简称××电气公司或公司）

成立日期：2009 – 01 – 18

注册资本：500 万元人民币

统一社会信用代码：91……59

公司注册地址：××市××区××路 208 号

实际经营地址：××市××区××路 208 号

法定代表人：张×

公司实际控制人：张×、王×

经营范围：许可经营项目：无。一般经营项目：高低压成套设备、开关柜及开关箱、电器设备、金属零部件机械加工；电气设备安装（持资质证经营）；电缆桥架、五金、工业电器、电缆批发、零售。（依法须经批准的项目，经相关部门批准后方可开展经营活动）

(二) 实际控制人王×的关联企业的经营情况：

1. ××××电力设备有限公司，成立于 2017 年 10 月 17 日，注册地址辽宁省××市××区××路 208 号，注册资本 2800 万元，法定代表人王×，系该公司执行董事兼总经理。主要经营范围包括高低压开关柜、电线桥架、高低压电器元件、电力电子设备、自动化设备、变压器、箱式变电站、电线电缆及附件、电缆分支箱、母线槽、塑料件、金属件、五金建材、输配电及控制设备生产、加工、销售；承包电力工程施工及改造。

2. ××××养殖合作社，成立于 2015 年 4 月 15 日，成员出资额 200 万元人民币，注册地址××市××街 5 号，主要经营范围包括畜禽养殖及自产自销、组织采购、供应成员畜禽养殖所需的生产资料，组织收购、销售成员及同类生产经营者的畜禽产品，引进畜禽养殖新技术、新品种，开展与畜禽养殖有关的技术培训、技术交流和信息咨询服务。

实际控制人王×各企业累计注册资本 3500 万元，均足额实缴。

（三）公司既往诚信情况及行业评价

××电气公司是专业生产高低压电气成套柜体的现代化企业，坐落于沈阳市老工业基地于洪区五金工业园。公司自创立以来，技术方面一直追求不断创新和逐步提高，一贯坚持"科技创造价值"的理论导向，以品牌战略为先导，推出各种优质的高低压电气成套柜体。公司拥有标准化厂房，技术先进，设备一流，制作工艺精湛，能够提供高质量全方位的完善服务。在经营中，公司坚持以"科技创造 + 优良品质 = 价值"的经营理念，以"务实、规范、创新、高效"为管理理念，诚信经营，严格按照合同约定和行业标准提供高质量的优良产品，满足客户的需求，为客户提供满意服务，充分尊重合作伙伴的价值，尊重员工的价值，提倡人性化沟通，共同参与。在公司的发展方面，××电气公司不断追求创新，旨在为客户和社会创造价值，诚信经营，创造核心竞争力。

××电气公司在此前经营过程中积极履行合同，未出现违约或违法情况。

王×经营的多家企业在多年的发展历程中，一贯遵纪守法，无前科劣迹，积极纳税，诚信经营，为行业树立了典范。

（四）受本案影响的经营状况

本案案发后，公司的实际控制人王×因本案被立案调查后，因公司此前一直由王×运营，公司的部分业务暂停。且因实际负责人王×涉案，公司短期内无人负责，也没有合适的人选能够将公司现有情况和现有工作进行整理、运作，公司的整体生产经营均陷入停滞。

在王×积极配合办案单位调查并主动认罪认罚后，王×回归了公司，一方面让公司停滞的生产经营状态恢复，另一方面王×将现有工作进行了交接，将公司的经营情况和相关细节对公司的法定代表人进行了交代，并且积极对公司内部运营出现的问题和不规范的情况进行反思、整改。目前，公司的运营已基本恢复正常。

二、案涉违法违规行为的基本情况及内部处理

（一）对违法违规行为的认识

根据《刑法》第二百零八条第一款的规定，非法购买增值税专用发票或者购买伪造的增值税专用发票的，处五年以下有期徒刑或者拘役，并处或者单处二万元以上二十万元以下罚金。本罪的客观方面主要包括非法购买增值税专用发票的行为和购买伪造的增值税专用发票的行为。

（二）对犯罪原因的认识

结合实际控制人王×陈述的涉案情况，本案起因系王×在经营××电气公司与他人进行正常的商业交易时，交易方提出以增值税发票抵顶一部分交易价款。王×因法律意识淡薄，并未意识到有偿购买增值税发票的行为触犯刑法，加之××电气公司的财务管理存在不规范，缺乏公司内部对税务合规方面的把控，最终导致非法购买增值税发票犯罪行为的产生。

案件发生以后，××电气公司的管理人员对此次违法犯罪行为高度重视，在案发后第一时间调查了相关情况，并进行了内部审查，反思此次交易中出现违法犯罪行为的原因，认真反省，并积极配合公安及检察机关对案件的调查。因在本案发生前，××电气公司一直是当地合法诚信经营的企业，本案系首次出现违法违规经营的情况，并且实际控制人被立案调查，××电气公司决定加大力度建设公司合规体系，以防止违法违规行为的再次发生。

同时，公司聘请律师参与合规计划的执行，对企业内部治理结构、规章制度、人员培训等问题和漏洞进行全面梳理，通过制定完备的合规管理规范、构建有效的合规组织体系、健全合规风险防范及违规应对机制等方式，在制度上防止犯罪再次发生。

（三）案发后的处理

违法案件发生后，××电气公司终止了该笔涉案业务，并积极配合公安机关调查。非法购买的增值税发票第一时间作进项转出处理，涉案发票没有计入成本费用。经税务单位稽查，无应补缴税款。

（四）对涉案负责人员的处理

对于公司实际经营者王×，公司决定免除其总经理职务并处以一万元罚款。现公司总经理由执行董事、法定代表人张×担任，公司运营的相关事项均由张×负责。

（五）公司、实际控制人及高级管理人员的承诺情况

1. 公司承诺

××电气公司在案发后深刻反省，认识到本案系因公司经营者合法合规意识淡薄、经营不规范导致。虽然及时补救，未给国家税收造成损失，但公司已作出承诺，保证以后实事求是经营，依法纳税，杜绝此类事件的发生，思想上深刻认识，请税务局监督。

2. 实际控制人承诺

股东、现实际控制人、执行董事张×，承诺将合规作为企业生存和管理的长期方针，在合规检查期和公司合规检查期结束后，继续依法合规经营和监督企业。签署股东合规承诺书，并将承诺书备案管理，作为实际控制人严格自我约束的依据，按照承诺书的内容管理和监督公司。

3. 高级管理层承诺

高级管理人员为原实际控制人、监事王×，承诺在合规考察期间保障公司将合规机制坚持下去，在合规考察结束后继续将合规体系延续下去，作为公司安全和管理的长期机制，按照法律和法规运营和管理公司，签署承诺书，并将承诺书备案管理，严格自我约束，并履行对公司的监管义务，按照承诺书的内容管理和监督公司。

（六）公司架构

××电气公司的法定代表人为张×，股东为张×（持股60%）、王×（持股40%），公司总经理由张×担任。公司为有限公司，结构简单。公司不设董事会，设执行董事一名，由张×担任。执行董事对股东会负责。公司未

设立监事会，设立一名监事，由王×担任。按照公司章程，股东会定期会议每半年召开一次，临时会议由代表十分之一以上表决权的股东、执行董事或监事提议召开。公司的重大事项如修改章程、增加或减少注册资本的决议、公司合并分离解散等事宜，通过股东会决议。

公司执行董事张×系股东会选举产生，负责召集股东会、执行股东会决议，并有权负责公司日常经营中的重大决策事项，包括决定公司的经营计划和投资方案、制订公司的年度财务预算方案和决算方案、制订公司的利润分配方案和弥补亏损方案等。

公司总经理按照公司章程，由执行董事聘任。公司总经理由张×担任，负责主持公司的日常工作，包括拟定公司内部管理机构设置方案、拟定公司的基本管理制度、拟定公司的具体规章、提请聘任或者解聘公司副经理、财务负责人等。

监事由股东会选举产生，由王×担任，负责监督执行董事、总经理的履职情况及公司的财务状况。公司所有权及经营权分离，同时具有行之有效的监事制度进行监督。

为树立企业合规意识，杜绝公司内部违法违规行为，公司新设合规部门，由王×担任合规责任人，叶××担任合规专员，对公司内部员工合规问题进行定期或不定期监察，以促进公司依法可持续发展。

××电气公司的管理架构较为简单，但公司对于必须设置的高级管理人员如董事、监事等，均按照《公司法》的规定进行配置，《公司章程》的规定能够得以施行。

三、企业风险调查和风险预防、识别和应对机制

××电气公司与××律师事务所签订了合规专项委托协议，对企业在合规风险识别及日常合规管理方面与律师合作，律师提供了一系列企业经营日常合同文件，进行了法律培训、业务流程培训等相关的法律服务和帮助。公司及律师结合行业自身及相关联的企业的经营特点，通过查阅法律法规、行业规范、有关案例等，清晰界定专项合规的行为规范和边界范围，对公司经营风险进行排查，识别公司经营中存在的潜在风险，并采取积极的管理措施进行整改以避免经营风险的再次发生。

（一）财务工作不规范

××电气公司在此前的经营过程中，存在财务工作不规范的情况。这也与本案案涉发票违法行为的发生存在关联。××电气公司仅设财务一人，公司的全部财务工作仅由一名员工负责，财务工作和出纳工作由同一人负责。按照财务管理制度和《会计法》的规定，公司的财务负责公司的收支统计，出纳负责钱款往来，二者分工不同，应当分别由专人负责，从事出纳人员不可以兼任稽核、会计档案保管和收入、支出、费用、债权债务账目的登记工作。

（二）企业登记档案更新不及时

按照××电气公司企业档案的登记情况，公司2009年成立时注册资本为50万元，已于注册后实缴。2016年3月，基于公司经营需要，公司的注册资本变更为500万元。上述500万元在变更后已实缴，但是公司并未办理注册资本缴纳情况的变更登记，目前公司仍处于实缴50万元注册资本的登记状态，增加的450万元注册资本目前仍显示为认缴状态。企业登记档案是企业在登记注册及经营过程中留存的信息、文件、档案的总称。企业登记档案查询是指通过一定的程序，查询企业注册登记、经营范围、投资规模、经营状况等综合情况，从而防范交易风险或投资风险，为经营者的决策提供参考。企业登记档案不但为企业间的经济关系提供了法律依据，而且是企业资信的重要组成部分。对于企业档案中记载的事实，是可以作为定案依据的。有限责任公司的股东以其出资额为承担责任的限度，就××电气公司的情况而言，公司的两名股东已经实际缴纳了全部出资，尽到了全部出资义务，就应当办理出资变更登记，将认缴变为全部实缴。否则，一旦公司内部涉及股权变动或者公司与他人存在经济纠纷，如企业登记档案显示股东并未完全实缴注册资本，应当对外承担责任。

（三）临时劳务用工不规范

××电气公司在经营中，基于生产业务量的增加，存在临时聘用劳务工的情况。针对上述情况，公司通过中嵘（沈阳）人力资源有限公司（下称中嵘公司）聘用劳务工。但是，公司与中嵘公司签订的协议为《人事代理协议》，该《人事代理协议》的内容并不规范，协议中仅体现××××公司代××电气公司发放工资，但劳务工并非由中嵘公司派遣，这与××电气公司基于用工需求向××××公司购买"劳务"的合同目的不符。

（四）公司内部管理制度缺失

××电气公司在日常经营中，没有员工手册或公司内部管理制度，对于公司员工日常的管理，包括上班时间、工作职责、考勤情况等没有规范化文件进行统一要求。

四、公司的改进调整情况

根据本计划书中所列的风险，××电气公司进行了整改，具体如下：

（一）针对财务工作不规范进行整改

公司增加了财务工作的负责人员，保留原有财务人员，并单独设置了出纳岗位，由专人担任，保证财务和出纳的岗位相互独立。通过将出纳和财务的岗位分离，来保障公司资金支付的审批和执行独立，保障资金的保管、记录与清点盘查工作有效进行。

（二）及时更新企业登记档案

对于公司未及时更新企业登记档案的情况，在小微企业中较为常见，其本质在于公司管理人员的公司运营规范意识差。针对上述情况，公司的执行董事兼法定代表人已责成公司的财务人员将实缴注册资本的情况进行整理，整理完成后将第一时间到市场监督管理局办理变更登记，将已经实际缴纳的注册资本从认缴变更为实缴状态。

（三）临时用工不规范的问题

针对公司临时用工不规范的问题，因公司目前处于淡季，没有额外用工需求，待发生额外用工的需求后，公司将与劳务公司签订合作协议，由劳务公司提供临时用工所需的劳务，公司仅向劳务公司支付合作费用，以此确保公司临时用工合法合规，降低公司因经营不规范造成的用人风险，并且最大限度上保障劳务工的合法权益。

（四）公司制度制定

公司内部管理制度缺失、公司管理不规范，直接后果是公司的生产力降低，对于员工的奖惩均没有依据，并且实际上因责任划分不明确，公司运营中监管制度缺失，也间接导致了本案中发票违法犯罪行为的产生。针对上述情况，公司制定《员工手册》，一方面对公司员工的权责进行划分，对公司日常运营中的制度进行明确，同时对公司管理人员和员工在工作中可能存在的违规风险进行防控。公司管理人员、员工在实际工作的过程中，应注意避免违反程序开展业务，比照《员工手册》约束日常工作行为。同时，在之后的合规计划执行中将对公司员工进行法律培训及行业知识培训。

针对公司缺乏风险识别和应对机制的问题，公司制定合规风险识别预警机制，包括识别、评估、应对三个环节。具体的操作办法详见附件《风险识别应对管理办法》。

为了有效防范经营管理风险，鼓励员工主动参与公司管理，及时监督和举报公司内部运营缺陷或违规行为，确保公司依法合规稳健经营，公司制定了内部举报机制，以员工广泛参与、实施监督举报、处理有效及时、严格追究责任、举报人身份保密为原则。具体的操作办法详见附件《内部举报自查管理制度》。

（五）聘请律师作为企业合规的法律服务人员

公司与××律师事务所签订了合规专项委托协议，在合规风险识别及日常合规管理方面与律师合作，在企业经营遇到问题时积极向律师咨询，由律师提供解答，并由律师提供日常的合规审查和相关的法律服务和帮助。

外聘律师的联系方式在公司对全体员工公开，在日常经营中，除实际经营者、管理人员可以直接就企业经营的相关情况向律师进行咨询外，公司的员工在工作中如发现企业有违规情况，也可以与律师进行联络，将相关情况向律师提供，以便律师第一时间将情况分析汇总后向合规责任人反馈，并提供整改意见。

（六）运营审核

针对公司对外经营签订的合同，建立内部审核、管理制度。一方面，设置合同审核岗位，在合同签订前，业务的发起人员有义务将合同提供给总经理和合同审核专员（即财务内勤）进行审核，对合同中是否存在不规范、内容违法、损害公司或第三人利益的情况进行检查；另一方面，在合同签订时，由执行董事、法定代表人张×负责，仅张×本人或其授权的人员有权签订，以此完善合规建设。

合同内容检查无误并签署后，如合同系我方支出款项，由业务人员将合同提交给总经理，总经理提供付款批复后，业务人员将合同与付款批复提供给出纳，由出纳核查后履行。如合同为对方支出款项，那么业务人员将合同提交给业务部门的负责人。在开具发票时，也需经总经理批复。对于合同、发票和合同履行的相关证据，公司建立档案室进行单独保管。

五、合规体系建立

（一）合规组织体系的建立

违法违规的行为给企业带来的不仅仅是罚金上的经济伤害，更会给企业的品牌、名誉造成难以估量的损失。企业遵循全面覆盖、强化责任、协同联动、客观独立的原则建立健全合规体系，设立合规领导小组及合规负责人，建立合规审核制度，公司监事王×担任企业的合规领导小组负责人及合规负责人，承担合规管理的组织领导和统筹协调工作，定期召开会议，研究决定合规管理重大事项或提出建议。

（二）合规体系人力、物力保障情况

公司设立合规机动储备金每年10000元，合规风险管理部门对合规管理合格的给予加分，合规管理做得不好的给予减分，每季度按照分值情况予以发放合规管理合格奖金，未被扣分的岗位职工发季度奖金1000元。报告重大合规风险有功者给予奖励，每次奖励2000元（重大合规风险为有可能导致公司涉及行政及刑事风险的情况）。建立诚信举报制度，鼓励员工举报违法、违反职业操守或可疑行为，并充分保护举报人。公司设立举报信箱，每周日由总经理张×定期开箱检查是否有举报信。对举报人的保护体现在举报信箱安装在无监控的区域，并且举报均为匿名举报。

（三）合规责任人和合规专员的设置

经公司股东会决议，公司设立合规责任人一名为王×。王×系公司的监事。作为公司的合规责任人，王×出具了承诺书，承诺保障公司始终遵循以合规发展、客户增值、员工成长、环境友好为价值导向，坚持诚信、合规经营的原则，将诚信合规理念融入各项经营管理和业务发展活动中，守法合规、实现民营企业的社会责任和使命。王×作为合规责任人，承诺不断推进公司的合规管理体系的完善，促进合规管理体系运行效率的不断提升，以防范企业经营中的法律风险。

合规责任人承诺书、股东会决议详见附件。

公司设立合规专员一人，负责公司日常的合规经营管理监督。合规专员承诺书见附件。

（四）合规部门的职责

公司在执行董事下设置合规管理部门，合规管理部门的负责人为合规责任人王×，合规管理部门的职责包括：

1. 起草合规管理体系，制定合规计划和实施方案；

2. 关注重大法律法规变化，组织开展合规风险识别、风险预警，参与公司重大事项的风险应对，进行风险评估工作；

3. 设定合规培训计划指标，组织、协助各部门开展合规培训；

4. 组织开展合规检查工作，督促违规整改和持续改进，参与违规事件处置；

5. 参与公司重大事项决策，重要规章制度、重大合同的法律合规审查；

6. 参与合规经费预算审核和统筹规划。

（五）合规培训

公司建立制度化、常态化合规培训机制，以保障合规生产经营的理念对公司的全部人员进行覆盖。培训的内容包括日常行为准则、法律法规普及、行业典型案例等，且培训应满足如下要求：

1. 开展多种形式的合规培训，必要时聘请外部专家对员工进行培训；

2. 针对不同培训对象开展针对性培训；

3. 将合规培训纳入员工培训计划中；

4. 根据外部监管环境变化与合规义务变化，不断更新合规培训的内容；

5. 确保员工能通过培训，了解、遵守合规要求和目标。

实际控制人涉案后，公司外聘律师对公司法定代表人、实际控制人、高级管理人员及业务人员尤其是涉案人员王×进行了一次关于业务合规性的法律培训，将合法、合规经营的理念植入企业员工的内心。

（六）企业持续整改机制及合规文化建设情况

1. 响应机制

（1）积极合作。如果发生违规行为，公司应积极配合调查，不得销毁、伪造证据，不能与员工串供、统一口径。通过积极配合调查、合作的行为，换取从轻的宽大处理,以避免公司损失扩大。

(2)事后补救。如发生问题,第一时间向有关部门报告;如造成国家损失,第一时间积极缴纳罚款。

(3)积极整改。在公司内部开展合规调查。首先,调查违规事实,企业将聘请外部律师团队对企业违规行为进行专项调查。其次,针对发现的合规漏洞提出补救计划,并完善合规管理体系。系统地找出整个合规管理体系的漏洞,并立即制定整改计划,以有效修复和完善合规体系。再次,对责任人进行处罚,对处罚的情况和事由予以公开,以起到警示作用,并提交行政或司法机关处理。

2. 外聘专业律师加以辅助

公司聘请专业的律师团队作为公司的法律顾问进行合规审查,对于企业合规制度的实施情况进行检查。在制度运行过程中,对制度进行进一步完善,发现问题立即整改。此外,如果企业或员工因工作涉案,对涉案原因进行分析,如系公司制度原因导致,或通过制度能够避免,则对制度加以完善,以避免企业涉案情况发生。

(七)合规行为准则

公司出台《诚信合规准则》,将《诚信合规准则》下发到各部门供全体员工学习,由管理层牵头、全公司上下共同学习《诚信合规准则》,一致将诚信合规作为始终坚守的承诺。

六、公司发展前景与展望

公司以科技创造价值为导向,以老工业基地产业园为核心,产品供给全国。一方面从科技研发层面对产品进行不断创新、完善,将现有能够生产的二十余种柜体的数量提高,功能增多,以提升核心竞争力;另一方面从技术层面提升生产效率,扩大供给能力,为更多的客户提供优质商品。同时,在生产经营中,注重合规管理,依法依规经营。

×××电气设备有限公司

××××年××月××日

附件:(略)

第三章

公司类非诉讼法律实务实训

第一节　公司设立中的法律风险和防范

引例：

甲乙共同经营一家公司，两人是多年的合作伙伴。乙与丙共同投资经营一家饭店，饭店在经营中需要资金，因此乙与丙希望通过引入新股东的方式来融资经营，甲虽然对该饭店经营感兴趣，但甲与丙不和，因此甲欲委托其邻居丁代为持股，其自己作为隐名股东享有股东利益。

假设你是甲的律师，请代甲拟定一份其与丁之间的持股协议。

一、实训目标

通过本节学习，学生可以了解公司设立过程中的风险并能有效防范，熟知公司设立的流程，能够制定公司设立中基本的法律文件，并熟练掌握以下技能。

1. 了解和熟知公司设立的流程。

2. 掌握公司设立过程中的主要风险，并能进行有效防范。

3. 能够制作公司章程及发起人协议。

实训过程以学生小组讨论、角色扮演为主，教师讲授和总结为辅。

二、实训素材

案例一：

甲乙是大学同学，甲在国内从事房产中介工作，乙在国外从事二手老爷车买卖生意。2023年2月，乙从国外回来与甲相遇，两人决定于2023年7月成立一家专门从事二手老爷车买卖的公司，甲出资10万元现金，并将自家300平方米的门市房用于公司经营，乙出资5万元现金，并负责寻找二手老爷车并从国外进口运输到国内，双方口头协商后即分别工作。甲自有的300平方米门市房已经出租给丙用于婴幼儿产品的销售，租赁期到2024年6月20日，为了新公司于2023年7月开业，甲经过与丙协商，赔偿其8万元让其提前撤离。

2023年7月，甲乙现金出资已经完成，甲已将门市房装修一新准备开业，但乙的二手老爷车却迟迟没有进口入境，截至2023年11月，甲认为其白白赔偿给丙8万元并损失了这几个月的门市房租金，遂与乙发生争议，乙认为这属于商业风险应由甲自己承担。

请问，在甲乙合作之时，甲采用何种措施可以在损失发生后获得合理赔偿？

案例二：

甲乙为公司同事，二人均有海外留学经历，遂二人决定辞职成立一家留学咨询公司。公司注册资本10万元，甲乙各出资5万元，主要办事机构在沈阳。

甲因留学意大利，因此其主要负责意大利的留学业务，乙留学澳大利亚，其有亲属在英国和加拿大，因此乙主要负责澳大利亚、英国和加拿大的留学业务，但乙在上海还有其他生意要经营，因此乙要留在上海，而甲留在沈阳负责公司的日常业务。

假设你作为乙的委托律师，应如何设定甲乙之间的利润分配、表决权行使比例？

案例三：

甲与乙是初中同学，乙与丙是夫妻关系。丙作为一医疗器械压力泵生产厂的经理，可以拿到压力泵的货源，甲做了多年的销售业务，有着丰富的销售经验，因此甲与丙欲成立一家公司，注册资本50万元，甲出资49%，丙出资51%，公司主要办事机构所在地是西安。

甲担心丙在销售网络建成后自己独自销售，独享利润，因此对于公司成立有所顾忌。

假如你作为甲的委托律师，针对甲的担忧，请制作一份公司章程。

三、实训准备

（一）理论准备

1. 公司设立的必要条件

（1）公司的名称。公司既然作为一个拟制的法律主体，其就需要如同自然人一样有自己的名称。按照《公司法》及《企业名称登记管理规定实施办法》的规定，企业名称一般应当由行政区划名称、字号、行业或者经营特点、组织形式组成，并依次排列。按照要求拟定的公司名称须经过公司名称的预先核准登记，待通过后在180日内予以注册。

（2）公司的住所。公司住所即公司的主要办事机构所在地，是于公司章程中必须载明的事项，具有公示效力。公司的主要办事机构变更，则需要进行公司住所的变更登记，否则会有市场监管部门予以行政处罚的法律风险。

（3）公司的组织机构。公司作为一个拟制的主体，需要进行日常运营的从事决策、执行和监督的组织机构。按照《公司法》的规定，股东会、董事会是公司最基本的组织机构，可以在董事会中设立审计委员会行使监事的职权。除此之外，公司还可以根据自身的运营特点和经营需要设立其他的机构。股东会作为公司的最高权力机构，对公司发展的重大事项起着决策作用；董事会作为公司的最高执行机构，其由股东会产生，对股东会负责，执行股东会的决策，董事会成员数量无上限。

（4）公司的章程。公司章程是公司的宪法，是公司运行时必须遵守的规则。有些事项在章程中必须记载，否则会导致章程的无效，这些记载事项称为绝对必要记载事项。有些事项虽然不记载在章程中并不会导致章程的无效，但如欲保证这些事项有效，则需要记载在章程中，这就是相对必要记载事项。上述必要记载事项之外的，由当事人自愿记载的事项，称为任意记载事项。

对于律师和法务人员来说，除要清楚哪些是绝对必要记载事项外，还需要对《公司法》授权章程约定优先的事项予以熟知，这样在公司设立制定章程的时候才可以发挥专业性选择适合委托人的事项方式予以记载。《公司法》第四十六条"有限责任公司章程应当载明的事项"规定了章程中的绝对必要记载事项，那对于"公司章程另有规定"的事项（条款）又有哪些呢？总结如下：

①第二十四条　公司股东会、董事会、监事会召开会议和表决可以采用电子通信方式，公司章程另有规定的除外。

②第六十四条第一款　召开股东会会议，应当于会议召开十五日前通知全体股东；但是，公司章程另有规定或者全体股东另有约定的除外。

③第六十五条　股东会会议由股东按照出资比例行使表决权；但是，公司章程另有规定的除外。

④第八十四条　有限责任公司的股东之间可以相互转让其全部或者部分股权。

股东向股东以外的人转让股权的，应当将股权转让的数量、价格、支付方式和期限等事项书面通知其他股东，其他股东在同等条件下有优先购买权。股东自接到书面通知之日起三十日内未答复的，视为放弃优先购买权。两个以上股东行使优先购买权的，协商确定各自的购买比例；协商不成的，按照转让时各自的出资比例行使优先购买权。

公司章程对股权转让另有规定的，从其规定。

⑤第九十条　自然人股东死亡后，其合法继承人可以继承股东资格；但是，公司章程另有规定的除外。

⑥第一百六十七条　自然人股东死亡后，其合法继承人可以继承股东资格；但是，股份转让受限的股份有限公司的章程另有规定的除外。

⑦第二百一十条　公司分配当年税后利润时，应当提取利润的百分之十

列入公司法定公积金。公司法定公积金累计额为公司注册资本的百分之五十以上的，可以不再提取。

公司的法定公积金不足以弥补以前年度亏损的，在依照前款规定提取法定公积金之前，应当先用当年利润弥补亏损。

公司从税后利润中提取法定公积金后，经股东会决议，还可以从税后利润中提取任意公积金。

公司弥补亏损和提取公积金后所余税后利润，有限责任公司按照股东实缴的出资比例分配利润，全体股东约定不按照出资比例分配利润的除外；股份有限公司按照股东所持有的股份比例分配利润，公司章程另有规定的除外。

公司持有的本公司股份不得分配利润。

⑧第二百一十九条 公司与其持股百分之九十以上的公司合并，被合并的公司不需经股东会决议，但应当通知其他股东，其他股东有权请求公司按照合理的价格收购其股权或者股份。

公司合并支付的价款不超过本公司净资产百分之十的，可以不经股东会决议；但是，公司章程另有规定的除外。

公司依照前两款规定合并不经股东会决议的，应当经董事会决议。

⑨第二百二十四条 公司减少注册资本，应当编制资产负债表及财产清单。

公司应当自股东会作出减少注册资本决议之日起十日内通知债权人，并于三十日内在报纸上或者国家企业信用信息公示系统公告。债权人自接到通知之日起三十日内，未接到通知的自公告之日起四十五日内，有权要求公司清偿债务或者提供相应的担保。

公司减少注册资本，应当按照股东出资或者持有股份的比例相应减少出资额或者股份，法律另有规定、有限责任公司全体股东另有约定或者股份有限公司章程另有规定的除外。

⑩第二百二十七条 有限责任公司增加注册资本时，股东在同等条件下有权优先按照实缴的出资比例认缴出资。但是，全体股东约定不按照出资比例优先认缴出资的除外。

股份有限公司为增加注册资本发行新股时，股东不享有优先认购权，公司章程另有规定或者股东会决议决定股东享有优先认购权的除外。

⑪第二百三十二条　公司因本法第二百二十九条第一款第一项、第二项、第四项、第五项规定而解散的，应当清算。董事为公司清算义务人，应当在解散事由出现之日起十五日内组成清算组进行清算。

清算组由董事组成，但是公司章程另有规定或者股东会决议另选他人的除外。

清算义务人未及时履行清算义务，给公司或者债权人造成损失的，应当承担赔偿责任。

2. 公司设立的程序

公司设立是指发起人依照法定的条件和程序为组建以营利为目的的公司法人而进行的一系列法律行为。公司一般是按照下列顺序设立的：（1）申请公司名称预先核准；（2）准备公司的住所；（3）制定公司章程；（4）申请公司设立；（5）受理审查；（6）核准发照；（7）凭营业执照到公安局指定的刻章社，去刻公章、财务章；（8）去银行开基本户；（9）申请领购发票。

3.《公司法》修改的主要内容

2023 年 12 月 29 日第十四届全国人民代表大会常务委员会第七次会议正式审议通过了对《公司法》的修订，并于 2024 年 7 月 1 日正式施行。新《公司法》共十五章、二百六十六条，修改内容超过四分之一，是我国自 1993 年颁布《公司法》以来的又一次重大修改，本次修改主要有以下显著之处。

（1）有限责任公司股东认缴出资期限有了限制，股东出资加速到期扩大了适用情形

公司资本制是公司法的基石之一。从最初的注册资本实缴制到注册资本认缴制，再到现在的有限期的认缴制，是我们改革实践的经验在公司法上的体现。对于 2024 年 7 月 1 日之前设立的公司，从五年认缴期适当放宽至八年，如股东对于自己在此期限内不能足额实缴出资，则按照法律规定及公司章程及时做注册资本的减资处理。具体体现在：

第四十七条第一款　有限责任公司的注册资本为在公司登记机关登记的全体股东认缴的出资额。全体股东认缴的出资额由股东按照公司章程的规定

自公司成立之日起五年内缴足。

第九十八条第一款　发起人应当在公司成立前按照其认购的股份全额缴纳股款。

（2）增设公司登记一章，将公司登记事项予以整合

《公司法》将原散落在有限责任公司和股份有限公司中关于登记的条款进行整合，增设了公司登记一章，并且全面规定了公司登记的对抗效力。具体体现在《公司法》第二十九条至第四十一条。

第二十九条　设立公司，应当依法向公司登记机关申请设立登记。

法律、行政法规规定设立公司必须报经批准的，应当在公司登记前依法办理批准手续。

第三十条　申请设立公司，应当提交设立登记申请书、公司章程等文件，提交的相关材料应当真实、合法和有效。

申请材料不齐全或者不符合法定形式的，公司登记机关应当一次性告知需要补正的材料。

第三十一条　申请设立公司，符合本法规定的设立条件的，由公司登记机关分别登记为有限责任公司或者股份有限公司；不符合本法规定的设立条件的，不得登记为有限责任公司或者股份有限公司。

第三十二条　公司登记事项包括：

（一）名称；

（二）住所；

（三）注册资本；

（四）经营范围；

（五）法定代表人的姓名；

（六）有限责任公司股东、股份有限公司发起人的姓名或者名称。

公司登记机关应当将前款规定的公司登记事项通过国家企业信用信息公示系统向社会公示。

第三十三条　依法设立的公司，由公司登记机关发给公司营业执照。公司营业执照签发日期为公司成立日期。

公司营业执照应当载明公司的名称、住所、注册资本、经营范围、法定

代表人姓名等事项。

公司登记机关可以发给电子营业执照。电子营业执照与纸质营业执照具有同等法律效力。

第三十四条 公司登记事项发生变更的，应当依法办理变更登记。

公司登记事项未经登记或者未经变更登记，不得对抗善意相对人。

第三十五条 公司申请变更登记，应当向公司登记机关提交公司法定代表人签署的变更登记申请书、依法作出的变更决议或者决定等文件。

公司变更登记事项涉及修改公司章程的，应当提交修改后的公司章程。

公司变更法定代表人的，变更登记申请书由变更后的法定代表人签署。

第三十六条 公司营业执照记载的事项发生变更的，公司办理变更登记后，由公司登记机关换发营业执照。

第三十七条 公司因解散、被宣告破产或者其他法定事由需要终止的，应当依法向公司登记机关申请注销登记，由公司登记机关公告公司终止。

第三十八条 公司设立分公司，应当向公司登记机关申请登记，领取营业执照。

第三十九条 虚报注册资本、提交虚假材料或者采取其他欺诈手段隐瞒重要事实取得公司设立登记的，公司登记机关应当依照法律、行政法规的规定予以撤销。

第四十条 公司应当按照规定通过国家企业信用信息公示系统公示下列事项：

（一）有限责任公司股东认缴和实缴的出资额、出资方式和出资日期，股份有限公司发起人认购的股份数；

（二）有限责任公司股东、股份有限公司发起人的股权、股份变更信息；

（三）行政许可取得、变更、注销等信息；

（四）法律、行政法规规定的其他信息。

公司应当确保前款公示信息真实、准确、完整。

第四十一条 公司登记机关应当优化公司登记办理流程，提高公司登记效率，加强信息化建设，推行网上办理等便捷方式，提升公司登记便利化水平。

国务院市场监督管理部门根据本法和有关法律、行政法规的规定，制定公司登记注册的具体办法。

（3）增加了董事会催缴股东出资责任及股东出资不实下的失权制度

认缴制下，普遍存在股东出资不实的情况，针对这一问题，增加了股东出资不实下的董事会催缴义务，否则董事应当承担赔偿责任。如股东经催缴后仍未履行出资义务，则丧失其股权。具体体现在：

第五十一条　有限责任公司成立后，董事会应当对股东的出资情况进行核查，发现股东未按期足额缴纳公司章程规定的出资的，应当由公司向该股东发出书面催缴书，催缴出资。

未及时履行前款规定的义务，给公司造成损失的，负有责任的董事应当承担赔偿责任。

第五十二条　股东未按照公司章程规定的出资日期缴纳出资，公司依照前条第一款规定发出书面催缴书催缴出资的，可以载明缴纳出资的宽限期；宽限期自公司发出催缴书之日起，不得少于六十日。宽限期届满，股东仍未履行出资义务的，公司经董事会决议可以向该股东发出失权通知，通知应当以书面形式发出。自通知发出之日起，该股东丧失其未缴纳出资的股权。

依照前款规定丧失的股权应当依法转让，或者相应减少注册资本并注销该股权；六个月内未转让或者注销的，由公司其他股东按照其出资比例足额缴纳相应出资。

股东对失权有异议的，应当自接到失权通知之日起三十日内，向人民法院提起诉讼。

（4）有限公司股权转让规则的调整

有限公司股东对外转让股权无须经过其他股东的过半数同意，具体体现在：

第八十四条第二款　股东向股东以外的人转让股权的，应当将股权转让的数量、价格、支付方式和期限等事项书面通知其他股东，其他股东在同等条件下有优先购买权。股东自接到书面通知之日起三十日内未答复的，视为放弃优先购买权。两个以上股东行使优先购买权的，协商确定各自的购买比例；协商不成的，按照转让时各自的出资比例行使优先购买权。

（5）监事及控股股东责任的增加

公司法在强调董事、监事、高管忠实、勤勉义务的同时，将监事的上述义务细化，改变了原只有董事义务的细化规定，具体体现在《公司法》第一百八十一条、第一百八十二条、第一百八十三条、第一百八十四条及第一百八十六条。

第一百八十一条　董事、监事、高级管理人员不得有下列行为：

（一）侵占公司财产、挪用公司资金；

（二）将公司资金以其个人名义或者以其他个人名义开立账户存储；

（三）利用职权贿赂或者收受其他非法收入；

（四）接受他人与公司交易的佣金归为己有；

（五）擅自披露公司秘密；

（六）违反对公司忠实义务的其他行为。

第一百八十二条　董事、监事、高级管理人员，直接或者间接与本公司订立合同或者进行交易，应当就与订立合同或者进行交易有关的事项向董事会或者股东会报告，并按照公司章程的规定经董事会或者股东会决议通过。

董事、监事、高级管理人员的近亲属，董事、监事、高级管理人员或者其近亲属直接或者间接控制的企业，以及与董事、监事、高级管理人员有其他关联关系的关联人，与公司订立合同或者进行交易，适用前款规定。

第一百八十三条　董事、监事、高级管理人员，不得利用职务便利为自己或者他人谋取属于公司的商业机会。但是，有下列情形之一的除外：

（一）向董事会或者股东会报告，并按照公司章程的规定经董事会或者股东会决议通过；

（二）根据法律、行政法规或者公司章程的规定，公司不能利用该商业机会。

第一百八十四条　董事、监事、高级管理人员未向董事会或者股东会报告，并按照公司章程的规定经董事会或者股东会决议通过，不得自营或者为他人经营与其任职公司同类的业务。

第一百八十六条　董事、监事、高级管理人员违反本法第一百八十一条至第一百八十四条规定所得的收入应当归公司所有。

对于控股股东及实际控制人也规定了"董监高"的忠实、勤勉义务。

（6）公司决议撤销、不成立制度的完善

对于公司决议撤销增加了轻微瑕疵下的不可提起撤销之诉的规定，这样更符合实际情况，具体体现在：

第二十六条第一款　公司股东会、董事会的会议召集程序、表决方式违反法律、行政法规或者公司章程，或者决议内容违反公司章程的，股东自决议作出之日起六十日内，可以请求人民法院撤销。但是，股东会、董事会的会议召集程序或者表决方式仅有轻微瑕疵，对决议未产生实质影响的除外。

同时，对于公司决议不成立的情况进行了更多列举以更加明确适用，具体体现在：

第二十七条　有下列情形之一的，公司股东会、董事会的决议不成立：

（一）未召开股东会、董事会会议作出决议；

（二）股东会、董事会会议未对决议事项进行表决；

（三）出席会议的人数或者所持表决权数未达到本法或者公司章程规定的人数或者所持表决权数；

（四）同意决议事项的人数或者所持表决权数未达到本法或者公司章程规定的人数或者所持表决权数。

（7）法人人格否认制度的扩大适用

法人人格否认制度适用情形扩大，不再是简单的刺破，而是可以双层"刺破"、横向"刺破"。具体体现在：

第二十三条第一、二款　公司股东滥用公司法人独立地位和股东有限责任，逃避债务，严重损害公司债权人利益的，应当对公司债务承担连带责任。

股东利用其控制的两个以上公司实施前款规定行为的，各公司应当对任一公司的债务承担连带责任。

这对于债权人利益的保护，以及以往适用法人人格否认制度的局限都是有益的。

（8）公司治理结构的调整

在公司治理结构上可以不设监事会或监事，增设审计委员会行使监事职权。具体体现在：

第六十九条　有限责任公司可以按照公司章程的规定在董事会中设置由董事组成的审计委员会，行使本法规定的监事会的职权，不设监事会或者监事。公司董事会成员中的职工代表可以成为审计委员会成员。

第一百二十一条　股份有限公司可以按照公司章程的规定在董事会中设置由董事组成的审计委员会，行使本法规定的监事会的职权，不设监事会或者监事。

审计委员会成员为三名以上，过半数成员不得在公司担任除董事以外的其他职务，且不得与公司存在任何可能影响其独立客观判断的关系。公司董事会成员中的职工代表可以成为审计委员会成员。

审计委员会作出决议，应当经审计委员会成员的过半数通过。

审计委员会决议的表决，应当一人一票。

审计委员会的议事方式和表决程序，除本法有规定的外，由公司章程规定。

公司可以按照公司章程的规定在董事会中设置其他委员会。

第一百三十七条　上市公司在董事会中设置审计委员会的，董事会对下列事项作出决议前应当经审计委员会全体成员过半数通过：

（一）聘用、解聘承办公司审计业务的会计师事务所；

（二）聘任、解聘财务负责人；

（三）披露财务会计报告；

（四）国务院证券监督管理机构规定的其他事项。

第一百七十六条　国有独资公司在董事会中设置由董事组成的审计委员会行使本法规定的监事会职权的，不设监事会或者监事。

（9）引入类别股

为了适应现实的需要，《公司法》规定可以根据公司章程选择统一面额股或无面额股。具体体现在：

第一百四十二条　公司的资本划分为股份。公司的全部股份，根据公司章程的规定择一采用面额股或者无面额股。采用面额股的，每一股的金额相等。

公司可以根据公司章程的规定将已发行的面额股全部转换为无面额股或者将无面额股全部转换为面额股。

采用无面额股的，应当将发行股份所得股款的二分之一以上计入注册资本。

第一百四十四条　公司可以按照公司章程的规定发行下列与普通股权利不同的类别股：

（一）优先或者劣后分配利润或者剩余财产的股份；

（二）每一股的表决权数多于或者少于普通股的股份；

（三）转让须经公司同意等转让受限的股份；

（四）国务院规定的其他类别股。

公开发行股份的公司不得发行前款第二项、第三项规定的类别股；公开发行前已发行的除外。

公司发行本条第一款第二项规定的类别股的，对于监事或者审计委员会成员的选举和更换，类别股与普通股每一股的表决权数相同。

4. 公司设立需要递交的相关材料

（1）有限责任公司（一人有限公司）设立登记提交材料规范。

第一，公司法定代表人签署的《公司设立登记申请书》。

第二，全体股东签署的《指定代表或者共同委托代理人的证明》及指定代表或委托代理人的身份证件复印件。

应标明指定代表或者共同委托代理人的办理事项、权限、授权期限。

第三，全体股东签署的公司章程。

第四，股东的主体资格证明或者自然人身份证件复印件。

股东为企业的，提交营业执照副本复印件；股东为事业法人的，提交事业法人登记证书复印件；股东为社团法人的，提交社团法人登记证复印件；股东为民办非企业单位的，提交民办非企业单位证书复印件；股东为自然人的，提交身份证件复印件；其他股东提交有关法律法规规定的资格证明。

第五，董事、监事（如有）和经理的任职文件及身份证件复印件。

依据《公司法》和公司章程的有关规定，提交股东会决议、董事会决议或其他相关材料。股东会决议由股东签署，董事会决议由董事签字。

第六，法定代表人任职文件及身份证件复印件。

第七，住所使用证明。

自有房产提交房屋产权证复印件；租赁房屋提交租赁协议复印件以及出租方的房屋产权证复印件。有关房屋未取得房屋产权证的，属城镇房屋的，提交房地产管理部门的证明或者竣工验收证明、购房合同及房屋销售许可证复印件；属非城镇房屋的，提交当地政府规定的相关证明。出租方为宾馆、饭店的，提交宾馆、饭店的营业执照复印件。使用军队房产作为住所的，提交《军队房地产租赁许可证》复印件。

将住宅改变为经营性用房的，属城镇房屋的，还应提交《登记附表—住所（经营场所）登记表》及所在地居民委员会（或业主委员会）出具的有利害关系的业主同意将住宅改变为经营性用房的证明文件；属非城镇房屋的，提交当地政府规定的相关证明。

第八，《企业名称预先核准通知书》。

第九，法律、行政法规和国务院决定规定设立有限责任公司必须报经批准的，提交有关的批准文件或者许可证书复印件。

第十，公司申请登记的经营范围中有法律、行政法规和国务院决定规定必须在登记前报经批准的项目，提交有关的批准文件或者许可证书复印件或许可证明。

（2）股份有限公司设立登记提交材料规范。

第一，公司法定代表人签署的《公司设立登记申请书》。

第二，董事会签署的《指定代表或者共同委托代理人的证明》（由全体董事签字）及指定代表或委托代理人的身份证件复印件；应标明指定代表或者共同委托代理人的办理事项、权限、授权期限。

第三，由发起人签署或由会议主持人和出席会议的董事签字的股东大会或者创立大会会议记录（募集设立的提交）。

第四，全体发起人签署或者全体董事签字的公司章程。

第五，发起人的主体资格证明或者自然人身份证件复印件。

发起人为企业的，提交营业执照副本复印件；发起人为事业法人的，提交事业法人登记证书复印件；发起人股东为社团法人的，提交社团法人登记证复印件；发起人为民办非企业单位的，提交民办非企业单位证书复印件；发起人为自然人的，提交身份证件复印件；其他发起人提交有关法律法规规定的资格证明。

第六，以股权出资的，提交《股权认缴出资承诺书》。

第七，董事、监事（如有）和经理的任职文件及身份证件复印件。

依据《公司法》和公司章程的规定和程序，提交由发起人签署或由会议主持人和出席会议的董事签署的股东大会决议（募集设立的提交创立大会的会议记录）、董事会决议或其他相关材料。股东大会决议（创立大会会议记录）可以于第3项合并提交；董事会决议由董事签字。

第八，法定代表人任职文件及身份证件复印件。

第九，住所使用证明。

自有房产提交房屋产权证复印件；租赁房屋提交租赁协议复印件以及出租方的房屋产权证复印件。有关房屋未取得房屋产权证的，属城镇房屋的，提交房地产管理部门的证明或者竣工验收证明、购房合同及房屋销售许可证复印件；属非城镇房屋的，提交当地政府规定的相关证明。出租方为宾馆、饭店的，提交宾馆、饭店的营业执照复印件。使用军队房产作为住所的，提交《军队房地产租赁许可证》复印件。

将住宅改变为经营性用房的，属城镇房屋的，还应提交《登记附表—住所（经营场所）登记表》及所在地居民委员会（或业主委员会）出具的有利害关系的业主同意将住宅改变为经营性用房的证明文件；属非城镇房屋的，提交当地政府规定的相关证明。

第十，《企业名称预先核准通知书》。

第十一，募集设立的股份有限公司公开发行股票的还应提交国务院证券监督管理机构的核准文件。

第十二，公司申请登记的经营范围中有法律、行政法规和国务院决定规定必须在登记前报经批准的项目，提交有关的批准文件或者许可证书复印件或许可证明。

第十三，法律、行政法规和国务院决定规定设立股份有限公司必须报经批准的，提交有关的批准文件或者许可证书复印件。

在按照上述规范准备公司设立登记的相关材料时，需要注意及说明的是：首先，《公司设立登记申请书》《指定代表或者共同委托代理人的证明》《登记附表—住所（经营场所）登记表》可以通过各地政务服务平台下载。其次，提交的申请书与其他申请材料应当使用 A4 型纸。以上各项未注明提交复印件的，应当提交原件；提交复印件的，应当注明"与原件一致"并由股东签署，或者由其指定的代表或委托的代理人加盖公章或签字。最后，以上涉及股东签署的，自然人股东由本人签字；自然人以外的股东加盖公章。

（二）实践准备

1. 将学生分成小组，每组 6~7 人为宜。

2. 掌握《公司法》和最高人民法院关于适用《中华人民共和国公司法》若干问题的规定（一）—（五）等规范性文件。

3. 将实训素材中的案例资料发给学生，要求思考案例中是否存在风险，存在风险的原因以及如何避免和防范。

四、实训要点

（一）选择适宜的营利性组织形式

从事商业经营，首先就是要选择一个适宜经营范围和经营特点的组织形式进入市场，按照我国法律规定，可进入市场经营的组织形式有个体工商户、个人独资企业、合伙、公司四大类。

一是个体工商户。它是指有经营能力并依法经市场监督管理部门登记，从事工商业经营的公民。个体工商户虽为公民或家庭经营，但经核准登记是可以从事经营活动的。个体工商户无须财产转移，账务要求比较简单且无须缴纳企业所得税，因此运营成本比较低，当然其劣处就是资信较低，且须承担无限责任。个体工商户比较适合某些风险不高、收益稳定的传统行业，如小规模餐饮服务。

二是个人独资企业。它是指由个人出资经营、归个人所有和控制、由个人承担经营风险和享有全部经营收益的企业。个人独资企业同样无须财产转移，账务要求也比较简单，也无须缴纳企业所得税，只是由于无财产转移，因此也须承担无限责任。一般来说，个人独资企业的实力要远远大于个体工商户，因此其较适合规模稍大、风险不高、收益稳定的传统行业。

三是合伙。我国合伙包括个人合伙和合伙企业两种，前者是由两个或两个以上自然人依照《民法典》的规定组成的民事主体，后者是指由两个或两个以上自然人、法人或其他组织按照《合伙企业法》的规定组成的企业组织形式。个人合伙及合伙企业在出资要求及风险承担上类似于个体工商户和个人独资企业，在此不再赘述，只是合伙中最大的特点就是允许以劳务出资，这是其他经营组织形式所不具有的。

四是公司。目前，公司是我国比较普遍的经营组织形式，大约占所有经济组织形式的60%。这一比例关系也说明了公司无可比拟的优越性，如责任的有限性与获利的无限性。相对于前三种经营组织形式，公司的设立条件比较严苛，需要转移财产到公司名下，还需要缴纳企业所得税，但对于有经营风险的项目，公司这种经营形式似乎更为适宜。

（二）发起人协议缺失下的法律风险

发起人协议是公司设立的初始性文件，对公司能否成功设立具有十分重要的意义。《公司法》第四十三条规定："有限责任公司设立时的股东可以签订设立协议，明确各自在公司设立过程中的权利和义务。"发起人协议主要涉及出资问题，对于防范公司设立过程中的风险具有十分重要的意义。

发起人协议的内容并不统一，但主要内容和条款包括：

1. 出资人的详细信息。如出资人为自然人，则包括姓名、出生年月、身份证号码、家庭住址等；如出资人为法人或其他组织，则包括名称、法定代表人姓名、职务、住所等。如上述信息不详细，则可能导致在产生债务时无法确定被告身份的问题。

2. 新设公司的注册资金、各投资人认缴的出资额、出资方式、出资期限、交付时间等。

3. 公司组织机构的人员组成。

4. 公司设立中的费用及债务承担。

5. 竞业禁止条款。股东与公司如果处于同一行业，相互之间就会存在竞争关系，此时有必要对存在竞争关系的股东给予必要的限制。

6. 违约责任与争议解决方式，特别是延期出资下的违约责任问题。现实中，很多发起人间的纠纷是由出资不足、未按期出资等原因导致公司未能最终成立而引发的，因此此部分内容十分重要，如能对责任承担问题予以明确规定，则可有效防范因此引发的纠纷。

7. 保密条款。发起人协议往往涉及新公司的很多核心内容，对这些重要内容应予以保密，否则一旦泄露可能会影响到公司的最终成立。

（三）章程瑕疵的法律风险

在章程的制定中，以下几部分内容是需要重点关注的。

1. 有限公司的股权比例可以与其红利分配比例、表决权行使比例、增资比例不一致，只需要与剩余财产分配比例相一致即可。

实践中，有的股东可能出资比例比较少，但其对公司的发展十分重要，则可以依据有限公司的股权比例与其红利分配比例、表决权行使比例、增资比例不一致这一规则很好地解决出资比例与红利分配比例、表决权行使比例不一致的问题。这样做既可以协调不同类型投资者的客观情况，调和股东之间的矛盾，又有利于集中各种力量发展公司的生产经营。

2. 有限责任公司可以根据其股东人数和经营规模，自行确定其治理结构。

根据《公司法》的相关规定，有限责任公司可以根据其股东人数和经营规模，自行确定其治理结构。除股东会是必需的机构之外，可以根据公司规模的大小选择不设立董事会，监事会也不再是必需的组织机构。另外，需要注意的是，公司的法定代表人由代表公司执行公司事务的董事或者经理担任，具体可由公司章程规定。

3. 有限公司股权转让、股东表决通过比例可由章程自由规定。

《公司法》第八十四条规定："有限责任公司的股东之间可以相互转让其全部或者部分股权。股东向股东以外的人转让股权的，应当将股权转让的数量、价格、支付方式和期限等事项书面通知其他股东，其他股东在同等条件下有优先购买权。股东自接到书面通知之日起三十日内未答复的，视为放弃优先购买权。两个以上股东行使优先购买权的，协商确定各自的购买比例；协商不成的，按照转让时各自的出资比例行使优先购买权。公司章程对股权转让另有规定的，从其规定。"由此可知，在制定公司章程时，可以对优先购买权及其行使施加合理的条件和限制，以便保证股东转让股权的需要。

需要注意的是，对于除了修改公司章程、增加或减少注册资本的决议，公司合并、分立、解散或者变更公司形式的决议须经特别表决程序，其他事项的议事方式和表决程序可由公司章程自行规定。

4. 公司章程可以将公司对外投资、对外担保设定为特别表决事项。

公司对外投资、对外担保属于重大事项，为了确保公司对外投资和担保的慎重性，鉴于《公司法》把对外投资和对外担保的数额与决策程序等交由公司章程规定，因此建议将其列入股东会的职权范畴，这对于防范公司的投资和担保风险具有重要的意义。

5. 公司的经营范围、股权比例等发生变化时，要注意及时制定章程修正案。

根据《公司法》第九条和第四十六条的规定，公司章程上记载的公司的经营范围等事项发生变化时要及时制定章程修正案。公司章程具有对外公示的作用和效力，如果不予以公司章程变更登记，则不能对抗第三人，容易引发法律风险。

6. 为了防止股东虚假出资或抽逃出资，公司章程可以规定股东按实际出资额行使红利分配权、表决权等权利。

7. 关于股份继承问题的规定。《公司法》第九十条规定："自然人股东死亡后，其合法继承人可以继承股东资格；但是，公司章程另有规定的除外。"因此，如果有限责任公司的股东不同意股权继承，就可以在章程中予以禁止，避免因此而产生法律纠纷。

（四）股权结构不合理的法律风险

1. 股权过于集中的法律风险。在实践中，很多公司在股权结构上是一股独大的，这可能是源于对公司控制权的迷思。这种一股独大的股权结构虽然有其决策效率高的优点，但也有其不能避免的缺点，即在这种情况下公司的组织机构形同虚设，缺乏必要的监督制约机制，一旦大股东的决策失误或个人身体原因，就会使整个公司陷入瘫痪，这种公司股权结构既不符合现代公司管理的要求，也不能适应公司规模化、多元化的经营要求。

2. 股权过于分散的法律风险。股权分散是现代公司尤其是股份有限公司的重要特征，这既有利于公司股东之间相互制约，保证公司的正常发展，也有利于中小股东权益的保护，但如果公司大多数股东的持股比例低于平均标准，则股东弱小下易导致董事会独大，可能会引发管理层的道德危机，这样将有损于公司和股东的利益。

3. 股权平衡下的法律风险。股权平衡一般是指公司股东不多且持股比例均等，对于公司决策或者全部通过或者均不通过，这可能会形成一种公司管理的僵局。

（五）隐名持股的法律风险

隐名持股是指实际出资人认购了公司的股份，但在公司章程、股东名册、出资证明书和工商登记中却没有记载其名字而显示的是另一主体，其出资收益等权利的实现是通过与以上另一主体之间的协议来保证的一种出资形式。

如果双方之间有关于此部分内容的协议，则根据《最高人民法院关于适用〈中华人民共和国公司法〉若干问题的规定（三）》第二十四条第一款、第二款规定："有限责任公司的实际出资人与名义出资人订立合同，约定由实际出资人出资并享有投资权益，以名义出资人为名义股东，实际出资人与名义股东对该合同效力发生争议的，如无法律规定的无效情形，人民法院应当认定该合同有效。前款规定的实际出资人与名义股东因投资权益的归属发生争议，实际出资人以其实际履行了出资义务为由向名义股东主张权利的，人民法院应予支持。名义股东以公司股东名册记载、公司登记机关登记为由否认实际出资人权利的，人民法院不予支持。"但在无协议或协议规定不完善下还是存在很大的法律风险：

1. 实际出资人的风险。如果实际出资人与名义出资人间缺少关于隐名出资或隐名持股的协议，则由于公司的工商登记及股东名册、公司章程中均无实际出资人的记载，一旦名义出资人与实际出资人间因股东身份发生争议，则实际出资人的股东身份不会得到法院确认，即便实际出资人有证据证明其的出资行为，但极易被法院认定为其与名义出资人之间系一种借贷关系，而非隐名出资关系。另外，如果双方协议内容违背我国公司法或相关法律的强制性规定，或以合法形式掩盖非法目的等都会造成协议无效。

除此之外，实际出资人也无法控制名义出资人因其自身债权债务而使股权被查封、扣押或私下擅自转让的风险。

2. 名义出资人的风险。如果实际出资人出资不足，则基于公司登记的公信力，公司债权人会要求名义出资人在补足出资的范围内承担清偿责任，名义出资人以其不是真正的股东抗辩，不会得到人民法院支持。

（六）公司设立不能的法律风险

公司设立不能是指在公司设立过程中由于资本未募足、发起人未按期召开创立大会或创立大会作出不设立公司的决议等原因，导致公司的设立申请未获得登记管理机关的登记注册，从而不能成立公司的情况。

按照《公司法》的规定，公司不能成立时发起人对设立行为所产生的债务和费用承担连带责任。需要注意的是，如因一人过错导致公司不能有效成立的，则须按照发起人协议的约定处理，如无约定，设立时的股东为二人以上的，享有连带债权，承担连带债务。

五、实训流程

（一）发起人协议制作训练

1. 学生以小组为单位，共同回顾案例一的基本情况。

2. 以小组讨论的方式，思考案例一中甲乙双方发生纠纷的原因是什么。如果双方诉至法院，法院是否会支持甲的主张？为什么？

3. 如果双方在公司成立之初就制定了发起人协议，则在协议中如何规定可以弥补甲的损失。

（二）权利比例设置训练

1. 学生以小组为单位，共同回顾案例二的基本情况。

2. 以小组讨论的方式，思考案例二中甲乙双方的业务量与其股权比例是否一致。甲不能负责公司的日常业务，如何了解乙的具体工作及公司的盈利情况？

3. 针对以上分析情况，思考如何将甲乙之间的股权比例、表决权行使比例、红利分配比例予以合理配置以合理地平衡甲乙间的权利义务。

（三）章程制作训练

1. 学生以小组为单位，共同回顾案例三的基本情况。

2. 以小组讨论的方式，思考案例三中公司的组织机构设置情况。甲担任何职务？丙担任何职务？除此之外，其他必要职务应如何安排？

3. 以上述问题 2 为基础，制作一份公司章程。

六、实训作业

案例三作业：

依据《中华人民共和国公司法》及有关法律、法规的规定，由甲丙双方（人）共同出资，设立_____有限责任公司，并制定本章程。

第一条　公司名称：_____有限责任公司（以下简称公司）。

第二条　住所：_____

第三条　公司经营范围：

第四条　公司注册资本：50 万元人民币，甲丙双方均以货币出资，其中甲出资 49%，丙出资 51%。

第五条　公司股东会行使下列职权：

（一）决定公司的经营方针和投资计划；

（二）选举和更换董事，决定有关董事的报酬事项；

（三）选举和更换由股东代表出任的监事，决定有关监事的报酬事项；

（四）审议批准执行董事的报告；

（五）审议批准监事的报告；

（六）审议批准公司的财务预算方案、决算方案；

（七）审议批准公司的利润分配方案和弥补亏损的方案；

（八）对公司增加或者减少注册资本作出决议；

（九）对公司合并、分立、变更公司形式、解散和清算等事项作出决议；

（十）修改公司章程。

第六条　股东会会议由执行董事召集并主持，股东按照出资比例行使表决权。

第七条　股东会会议应对所议事项作出决议，决议应当由股东一致通过。

第八条　甲任公司执行董事，执行董事为公司的法定代表人。

第九条　执行董事行使下列职权：

（一）召集和主持股东会议和董事会议；

（二）检查股东会议和董事会议的落实情况，并向董事会报告；

（三）代表公司签署有关条约；

（四）在发生战争、特大自然灾害等紧急情况下，对公司事务行使特别裁决权和处置权，但这类裁决权和处置权须符合公司利益，并在事后向董事会和股东会报告；

（五）提名公司经理人选，由董事会任免；

（六）其他职权。

第十条　丙担任公司监事，对董事和经理损害公司利益的行为予以监督和纠正。

第十一条　甲丙双方经协商一致，可以解散公司。

七、实训点评

案例三教师点评：

案例三主要训练的是学生组织机构设置能力并在此基础上的章程制作能力。

首先，学生把对丙权利的牵制都放在了由甲担任公司的法定代表人，但法定代表人可以是公司的董事、经理中的任何一人担任，因此担任法定代表人不代表就一定能牵制平衡丙的大股东权利，更何况如此安排丙同意的可能性也比较小。

其次，学生注意到了将公司事务交由甲丙二人一致通过，可以有效防止大股东丙权利的滥用。不可否认，这确是一种很好的中小股东制约大股东权利的方法和途径，但股东会职权扩大只能解决公司重大事项上的权利制衡问题，而无法实现将公司所有事项均放到股东会议事的层面上，这时就要辅之以人事制度。如本案中，丙作为享有51%股权的大股东且享有货源渠道，因此其一定会作为公司的执行董事，同时担任公司的法定代表人，而甲只能担任公司的监事，这对于制衡丙的大股东权利是远远不够的。财务部门是企业十分重要的部门，企业的财务负责人是公司的高级管理人员，因此甲如能任用比较可靠的财务人员，就在一定程度上可以制约丙的权利，防止大股东侵害公司利益。除此之外，甲还可以要求丙签订禁止竞争条款，承诺不与公司存在竞争关系以保障公司的利益。

最后，在章程制定上，学生在章程必备条款上仍有遗漏，如关于公司的解散与清算内容、关于股权转让的内容等，在章程的最后也没有股东签字的内容。

本节教学总结如下：

公司设立阶段比较复杂，需要经过很多行政手续，准备大量的文件。要想在设立阶段达到预防、化解和控制法律风险的目的，必须做到以下三点：

1. 严格执行和利用国家的法律法规，保证公司合法设立。

2. 梳理和明确股东之间、股东与公司之间的权利义务，保证各方权利义务的平衡。

3. 建立和完善公司治理结构，明确公司运作程序，保证公司运营顺畅。

八、实训文书

案例三范例：

【　　】有限责任公司章程
（设董事会、监事会）

第一章　总则

第一条　根据《中华人民共和国公司法》（以下简称《公司法》）及其他有关法律、行政法规的规定，经全体股东讨论，共同制定本章程。

第二条　本公司系依法成立的有限责任公司（以下简称公司），有独立的法人财产，享有法人财产权。

第二章　公司名称及住所

第三条　本公司的名称为【　　】。

第四条　本公司的住所为【　　　　】。

第三章　公司经营范围

第五条　公司经营范围为：【　　　　　】。

第四章　公司注册资本

第六条　公司注册资本：人民币【　　】元。

第七条　公司注册资本由全体股东认缴。股东应当按照本章程的规定缴足各自所认缴的出资额。

第五章　股东出资

第八条　股东出资信息

（一）股东姓名或名称、认缴出资额、出资方式、出资日期如下：

股东姓名或者名称	证件号码	认缴出资额	出资方式	出资日期	持股比例

（二）公司成立后，股东不得抽逃出资。股东违反规定抽逃出资的，应当返还抽逃的出资；给公司造成损失的，应当承担赔偿责任；负有责任的董事、监事、高级管理人员应当与该股东承担连带赔偿责任。

第九条　出资证明与股东名册

（一）公司成立后应当向股东签发出资证明书，出资证明书需记载以下事项：

1. 公司名称；

2. 公司成立日期；

3. 公司注册资本；

4. 股东的姓名或者名称、认缴和实缴的出资额、出资方式和出资日期；

5. 出资证明书的编号和核发日期。

出资证明书应当由法定代表人签名，并由公司盖章。

（二）公司制备股东名册，股东可依股东名册主张行使股东权利。股东名册需记载以下内容：

1. 股东的姓名或者名称及住所；

2. 股东认缴和实缴的出资额、出资方式和出资日期；

3. 出资证明书编号；

4. 取得和丧失股东资格的日期。

第十条 股东出资的催缴

（一）公司成立后，董事会应当对股东的出资情况进行核查，发现股东未按期足额缴纳本章程规定的出资的，应当提请公司向股东发出书面催缴书，催缴出资。

（二）股东未按照本章程规定的出资期限缴纳出资的，自公司发出书面催缴书之日起具有 60 日的宽限期，公司在发出书面催缴书时，应当载明出资宽限期。宽限期届满后，股东仍未履行出资义务的，公司经董事会决议后向该股东发出失权通知，发出失权通知之日起，该股东丧失未缴纳出资的股权。丧失的股权应当依法转让，或者相应减少注册资本并注销该股权；六个月内未转让或者注销的，由公司其他股东按照其出资比例足额缴纳相应出资。

按照本条第二款的规定失权的股东对失权有异议的，应当自接到失权通知之日起 30 日内向法院提起诉讼。

第六章 股东的权利和义务

第十一条 股东享有以下权利：

（一）参加或推选代表参加股东会并根据其出资份额享有表决权。

（二）了解公司经营状况和财务状况：

1. 股东有权查阅、复制公司章程、股东名册、股东会会议记录、董事会会议决议、监事会会议决议和财务会计报告。

2. 股东可以要求查阅公司的会计账簿、会计凭证：

（1）股东要求查阅公司会计账簿、会计凭证的，应当向公司提出书面请求，说明目的。

（2）公司有合理根据认为股东查阅会计账簿、会计凭证有不正当目的，可能损害公司合法利益的，可以拒绝提供查阅，并应当自股东提出书面请求之日起 15 日内书面答复股东并说明理由。

（3）股东查阅公司会计账簿、会计凭证不得影响公司日常经营，要求查阅的会计账簿、会计凭证不得超过法律规定的最长保留期限。

（4）股东可以委托会计师事务所、律师事务所等中介机构查阅本条所述的相关文件；股东和其所委托中介机构查阅、复制有关材料的，应当遵守有关保护国家秘密、商业秘密、个人隐私、个人信息等法律、行政法规及本章程的规定。股东及其所委托的中介机构对公司、股东及第三人造成损害的，应当承担赔偿责任，股东应当对其委托的中介机构所承担的赔偿责任承担连带义务。

（5）股东要求查阅、复制公司全资子公司相关材料的，适用本条相关规定。

（三）选举和被选举为董事、监事、经理。

（四）依照法律、法规和公司章程的规定获取股利并转让。

（五）优先购买其他股东转让的出资。

（六）优先购买公司新增的注册资本。

（七）公司终止后，依法分得公司的剩余财产。

（八）其他权利。

第十二条　股东承担以下义务：

（一）遵守公司章程；

（二）按期缴纳所认缴的出资；

（三）以其所认缴的出资额承担公司的债务；

（四）在公司办理登记注册手续后，股东不得抽回投资；

（五）法律、行政法规规定的其他义务。

第七章　股权转让

第十三条　股东之间可以相互转让全部或者部分股权。

第十四条　股东向股东以外的人转让股权的，应当将股权转让数量、价格、支付方式和期限等事项书面通知其他股东，其他股东在同等条件下具有优先购买权。股东自接到书面通知之日起三十日未答复的，视为放弃优先购买权。两个以上股东行使优先购买权的，协商确定各自的购买比例，协商不成的，按照转让时各自的认缴出资比例行使优先购买权。

第十五条　股东转让股权的，应当书面通知公司，请求变更股东名册，公司收到通知后应当及时变更股东名册。受让人自记载于股东名册时起成为公司股东，行使股东权利。

第十六条 自然人股东死亡后，其他股东有权在该自然人股东死亡后【 】日内回购该自然人股东的股权，回购价格按照该自然人股东实缴出资金额对应的金额计算，若多个股东要求回购的按照____比例进行回购；若逾期其他股东未进行回购的视为放弃回购，该股权由合法继承人继承。

第八章 公司治理机构及其产生办法、职权、议事规则

第十七条 股东会

（一）公司股东会由全体股东组成，股东会是公司的最高权力机构，行使下列职权：

1. 选举和更换董事、监事，决定有关董事、监事的报酬事项。

2. 审议批准董事会的报告。

3. 审议批准监事会的报告。

4. 审议批准公司的利润分配方案和弥补亏损方案。

5. 对公司增加或者减少注册资本作出决议。

6. 对发行公司债券作出决议。

7. 对公司合并、分立、解散、清算或者变更公司形式作出决议。

8. 修改公司章程。

9. 依法享有的其他职权。

对上述所列事项股东以书面形式一致表示同意的，可以不召开股东会会议，直接作出决定，并由股东在决定文件上签名或者盖章。

（二）股东会会议分为定期会议和临时会议

1. 定期会议

公司每年年初召开一次股东会会议。

2. 临时会议

代表十分之一以上表决权的股东、董事会、监事会提议召开临时会议的，应当召开临时会议。

（三）股东会的召集与主持

1. 股东会的首次会议由出资最多的股东召集和主持。

2. 公司成立后，股东会会议由董事会召集，董事长主持；董事长不能

履行职务或者不履行职务的，由半数以上董事共同推举一名董事主持。董事会不能履行或者不履行召集股东会会议职责的，由监事会召集和主持；监事会不召集和主持的，代表十分之一以上表决权的股东可以自行召集和主持。

（四）股东会的通知及召开

定期股东会议将于召开 15 日前以书面方式通知各股东，临时股东会将于会议召开 10 日前以书面方式通知各股东。通知可以以电子邮件、短信、传真、微信等电子方式进行。

（五）股东会的表决

公司股东会会议由股东按认缴出资比例行使表决权。

股东会会议可通过现场会议或者视频会议方式召开并进行表决，并将决议文件通过电子邮件、短信、传真、微信等电子方式进行传签。

第十八条 董事会

（一）公司设董事会，成员为【 】人，由股东会选举产生或罢免。董事每届任期【 】年，任期届满，可以连选连任。

（二）董事会对股东会负责，行使下列职权：

1. 召集股东会会议，并向股东会报告工作；

2. 执行股东会的决议；

3. 决定公司的经营计划和投资方案；

4. 制订公司的利润分配方案和弥补亏损方案；

5. 制订公司增加或者减少注册资本以及发行公司债券的方案；

6. 制订公司合并、分立、解散或者变更公司形式的方案；

7. 决定公司内部管理机构的设置；

8. 制定公司的基本管理制度；

9. 决定聘任或者解聘公司经理及其报酬事项，并根据经理的提名决定聘任或者解聘公司副经理、财务负责人及其报酬事项；

10. 公司章程规定或者股东会授予的其他职权。

（三）董事会会议的通知及召开

1. 董事会会议应当每年召开一次，董事会会议将于召开 3 日前以书面方式通知各董事。通知可以以电子邮件、短信、传真、微信等电子方式进行。

2. 公司董事会可以以现场会议或者视频会议方式召开并进行表决，并将决议文件通过电子邮件、短信、传真、微信等电子方式进行传签。

（四）董事会决议通过方式

1. 董事会会议应当由过半数的董事出席方可举行。董事会作出决议，应当经全体董事的过半数通过。

2. 董事因故不能亲自出席董事会会议时，可以书面委托他人参加，由被委托人履行委托书中载明的权利。

3. 董事会对本章程第二十八条到第三十一条规定的事项决议时，关联董事不得参与表决，其表决权不计入表决权总数。出席董事会的无关联关系董事人数不足三人的，应当将该事项提交股东会审议。

（五）董事会的表决

董事会决议的表决，应当一人一票。

（六）董事会会议的召集和主持

董事会会议的召集和主持由董事长召集和主持；董事长不能履行职务或者不履行职务的，由半数以上董事共同推举一名董事召集和主持。三分之一以上董事可以提议召开董事会会议。

（七）董事会会议记录

董事会应当对所议事项的决定作出会议记录，出席会议的董事应当在会议记录上签名。

第十九条 监事会

（一）公司设监事会，监事【 】名，其中职工监事所占比例为【 】。监事会成员中的股东代表由股东会选举产生或罢免。职工监事由职工代表大会、职工大会或其他形式民主选举产生。监事的任期每届为三年。监事任期届满，连选可连任。公司董事、高级管理人员不得兼任监事。

（二）监事会对股东会负责，行使下列职权：

1. 检查公司财务；

2. 对董事、高级管理人员执行公司职务的行为进行监督，对违反法律、行政法规、公司章程或者股东会决议的董事、高级管理人员提出解任的建议；

3. 当董事、高级管理人员的行为损害公司的利益时，要求董事、高级管理人员予以纠正；

4. 提议召开临时股东会会议，在董事会不履行本法规定的召集和主持股东会会议职责时召集和主持股东会会议；

5. 向股东会会议提出提案；

6. 依照《公司法》第一百八十九条的规定，对董事、高级管理人员提起诉讼；

7. 公司章程规定的其他职权。

监事可以列席董事会会议，并对董事会决议事项提出质询或者建议。监事会发现公司经营情况异常，可以进行调查；必要时，可以聘请会计师事务所等协助其工作，费用由公司承担。监事会可以要求董事、高级管理人员提交执行职务的报告。董事、高级管理人员应当向监事会提供有关情况和资料，不得妨碍监事会或者监事行使职权。

（三）监事会会议的通知及召开

监事会会议应当每年召开一次，监事会会议将于召开 3 日前以书面方式通知各监事。监事可以提议召开临时监事会会议。通知可以以电子邮件、短信、传真、微信等电子方式进行。公司监事会可以以现场会议或者视频会议方式召开并进行表决，并将决议文件通过电子邮件、短信、传真、微信等电子方式进行传签。

（四）监事会决议通过方式

监事会会议应当经全体监事的过半数通过。监事因故不能亲自出席监事会会议时，可以书面委托他人参加，由被委托人履行委托书中载明的权利。

（五）监事会的表决

监事会决议的表决，应当一人一票。

（六）监事会会议的召集和主持

监事会由监事会主席召集和主持；监事会主席不能履行职务或者不履行职务的，由半数以上监事共同推举一名监事召集和主持。

（七）监事会会议记录

监事会应当对所议事项的决定作出会议记录，出席会议的监事应当在会议记录上签名。

第二十条　公司设经理，由董事会聘任或者解聘。经理对董事会负责，行使下列职权：

1. 主持公司的生产经营管理工作，组织实施董事会决议；

2. 组织实施公司年度经营计划和投资方案；

3. 拟订公司内部管理机构设置方案；

4. 拟定公司的基本管理制度；

5. 制定公司的具体规章；

6. 提请聘任或者解聘公司副经理、财务负责人；

7. 决定聘任或者解聘除应由董事会决定聘任或者解聘以外的负责管理人员；

8. 董事会授予的其他职权。

经理列席董事会会议。

第九章　公司法定代表人的产生、变更方法

第二十一条　公司法定代表人由经理或代表执行事务的董事担任。

第二十二条　担任法定代表人的董事或者经理辞任的，视为同时辞去法定代表人，法定代表人辞任的，公司应当在法定代表人辞任之日起30日内确定新的法定代表人。

第二十三条　法定代表人以公司名义进行民事活动并签字，其后果由公司承担。法定代表人因执行职务造成他人损害的，由公司承担民事责任，如法定代表人存在过错的，公司可以向其追偿。

第十章　公司董事、监事、高级管理人员的资格和义务

第二十四条　有下列情形之一的，不得担任公司的董事、监事、高级管理人员：

（一）无民事行为能力或者限制民事行为能力；

（二）因贪污、贿赂、侵占财产、挪用财产或者破坏社会主义市场经济秩序，被判处刑罚，或者因犯罪被剥夺政治权利，执行期满未逾5年，被宣告缓刑的，从缓刑考验期满之日起未逾2年；

（三）担任破产清算的公司、企业的董事或者厂长、经理，对该公司、

企业的破产负有个人责任的，自该公司、企业破产清算完结之日起未逾3年；

（四）担任因违法被吊销营业执照、责令关闭的公司、企业的法定代表人，并负有个人责任的，自该公司、企业被吊销营业执照、责令关闭之日起未逾3年；

（五）个人因所负数额较大债务到期未清偿，被人民法院列为失信被执行人。

违反前款规定选举、委派董事、监事或者聘任高级管理人员的，该选举、委派或者聘任无效。

董事、监事、高级管理人员在任职期间出现本条第一款所列情形的，公司应当解除其职务。

第二十五条　董事、监事、高级管理人员应当遵守法律、行政法规和公司章程。

第二十六条　董事、监事、高级管理人员对公司负有忠实义务，应当采取措施避免自身利益与公司利益冲突，不得利用职权牟取不正当利益；董事、监事、高级管理人员对公司负有勤勉义务，执行职务应当为公司的最大利益尽到管理者通常应有的合理注意义务。公司的控股股东、实际控制人不担任公司董事但实际执行公司事务的，适用本条相关规定。

第二十七条　公司董事、监事、高级管理人员不得有下列行为：

（一）侵占公司财产、挪用公司资金；

（二）将公司资金以其个人名义或者以其他个人名义开立账户存储；

（三）利用职权贿赂或者收受其他非法收入；

（四）接受他人与公司交易的佣金归为己有；

（五）擅自披露公司秘密；

（六）违反对公司忠实义务的其他行为。

第二十八条　公司董事、高级管理人员，直接或者间接与本公司订立合同或者进行交易，应当就与订立合同或者进行交易有关的事项向董事会或股东会报告，并按照公司章程的规定经董事会或股东会决议通过。

第二十九条　公司董事、监事、高级管理人员的近亲属，董事、监事、高级管理人员或者其近亲属直接或者间接控制的企业，以及与董事、监事、高级管理人员有其他关联关系的关联人，与公司订立合同或者进行交易，适用本章程第二十八条的规定。

第三十条　公司董事、监事、高级管理人员，不得利用职务便利为自己或者他人谋取属于公司的商业机会，但是，有下列情形之一的除外：

（一）向董事会或股东会报告，并经董事会或股东会决议通过；

（二）根据法律、行政法规或者公司章程的规定，公司不能利用该商业机会。

第三十一条　公司董事、监事、高级管理人员未向董事会或者股东会报告，并按照公司章程的规定经董事会或者股东会决议通过，不得自营或者为他人经营与公司同类的业务。

第三十二条　公司董事、监事、高级管理人员违反本章程第二十七条至第三十一条规定所得的收入归公司所有。

第三十三条　公司董事、监事、高级管理人员执行职务违反法律、行政法规或者公司章程的规定，给公司造成损失的，应当承担赔偿责任。

第三十四条　董事、高级管理人员有本章程第三十三条规定的情形的，股东可以书面请求监事会向人民法院提起诉讼；监事有本章程第三十三条规定的情形的，股东可以书面请求董事会向人民法院提起诉讼。

监事会或者董事会拒绝提起诉讼或者收到请求之日起 30 日内未提起诉讼，或者情况紧急、不立即提起诉讼将会使公司利益受到难以弥补的损害的，股东有权为公司利益以自己的名义直接向人民法院提起诉讼。他人侵犯公司合法权益，给公司造成损失的，前款规定的股东可以依照本条规定向人民法院提起诉讼。

第三十五条　公司全资子公司的董事、监事、高级管理人员有本章程第三十三条规定的情形，或者他人侵犯公司全资子公司合法权益造成损失的，股东可以依照本章程第三十四条规定书面请求全资子公司的监事会、董事会向人民法院提起诉讼或者直接向人民法院提起诉讼。

第三十六条　公司董事、监事、高级管理人员执行职务因故意或者重大过失给他人造成损害的，应当承担赔偿责任。

第三十七条　公司控股股东、实际控制人指示董事、高级管理人员从事损害公司或者股东利益行为的，与该董事、高级管理人员承担连带责任。

第三十八条　公司可以在董事任职期间为董事因执行公司职务承担的赔偿责任投保责任保险。公司为董事投保责任保险或者续保后，董事会应当向股东会报告责任保险的投保金额、承保范围及保险费率等内容。

第十一章　公司财务、会计与利润分配

第三十九条　财务会计

（一）公司依照法律、行政法规和国务院财政部门的规定，制定公司的财务会计制度。

（二）公司除法定的会计账簿外，将不另立会计账簿。公司的资产，不以任何个人名义开立账户存储。

（三）公司聘用、解聘承办公司审计业务的会计师事务所由【　】决定。

第四十条　利润分配

（一）公司弥补亏损和提取公积金后所余税后利润按全体股东的实缴出资比例分配。

（二）公司违反前款规定向股东分配利润的，股东应当将违反规定分配的利润退还给公司；给公司造成损失的，股东及负有责任的董事、监事、高级管理人员应当承担赔偿责任。

股东会作出分配利润的决议的，董事会应当在股东会决议作出之日起6个月内进行分配。

第四十一条　公司的公积金可以用于弥补公司亏损、扩大公司生产经营或者转为增加注册资本。

公积金弥补公司亏损，应当先适用任意公积金和法定公积金；仍不能弥补的，可以按照规定使用资本公积金。

法定公积金转为增加注册资本时，所留存的该项公积金不得少于转增前公司注册资本的25%。

第十二章　公司增资与减资

第四十二条　公司增资

（一）公司增加注册资本应当经股东会决议通过。

（二）公司增加注册资本时，股东在同等条件下有权按照实缴出资比例认缴出资。

第四十三条　公司减资

（一）依照法律、行政法规的规定，经股东会决议，公司可以减少注册资本。

（二）公司减少注册资本，应当编制资产负债表及财产清单。公司应当自股东会作出减少注册资本决议之日起10日内通知债权人，并于30日内在报纸上或者国家企业信用信息公示系统公告。

（三）公司减少注册资本，应当按照股东出资比例相应减少出资额，但全体股东另有约定的除外。

公司按照本章程第四十一条第二款的规定弥补亏损后，仍有亏损的，可以减少注册资本弥补亏损。减少注册资本弥补亏损的，公司不得向股东分配，也不得免除股东的出资义务，公司按照本款减少注册资本的，应当自股东会作出减少注册资本决议之日起30日内在报纸上或者国家企业信用信息公示系统公告。公司按照本款减少注册资本后，在法定公积金和任意公积金累计额达到公司注册资本50%前，不得分配利润。

公司违反法律规定及本章程规定减少注册资本的，股东应当退还其收到的资金，减免股东出资的应当恢复原状；给公司造成损失的，股东及负有责任的董事、监事、高级管理人员应当承担赔偿责任。

第十三章　公司解散与清算

第四十四条　公司解散

（一）公司出现以下情形的解散：

1. 公司章程规定的营业期限届满或者公司章程规定的其他解散事由出现；

2. 股东会决议解散；

3. 因公司合并或者分立需要解散；

4. 依法被吊销营业执照、责令关闭或者被撤销；

5. 人民法院依照《公司法》第二百三十一条的规定予以解散。

（二）公司出现前款规定的解散事由，应当在10日内将解散事由通过国家企业信用信息公示系统予以公示。

（三）公司按照本条第一款第二项规定决议解散公司的，应当听取公司工会的意见，并通过职工代表大会或者其他形式听取职工的意见和建议。

第四十五条　清算分配

（一）公司因本章程第四十四条第一款第一、二、四、五项规定解散的，应当清算。董事为公司清算义务人，应当在解散事由出现之日起15日内组成清算组进行清算。

（二）清算组由董事组成，但是股东会决议另选他人的除外。

（三）公司财产在分别支付清算费用、职工的工资、社会保险费用和法定补偿金，缴纳所欠税款，清偿公司债务后的剩余财产，按照实缴出资比例进行分配。

（四）公司清算结束后，清算组应当制作清算报告，报股东会或者人民法院确认，并报送公司登记机关，申请注销登记。

第十四章　附则

第四十六条　定义

（一）控股股东：是指其出资额占公司资本总额百分之五十以上的股东；出资额虽然不足百分之五十，但依其出资额所享有的表决权已足以对股东会的决议产生重大影响的股东。

（二）实际控制人：是指通过投资关系、协议或者其他安排，能够实际支配公司行为的人。

（三）关联关系：是指公司控股股东、实际控制人、董事、监事、高级管理人员与其直接或者间接控制的企业之间的关系，以及可能导致公司利益转移的其他关系。但是，国家控股的企业之间不仅因为同受国家控股而具有关联关系。

（四）高级管理人员：是指公司的经理、副经理、财务负责人。

（五）持股比例：是指股东认缴注册资本占公司注册资本总额的比例。

第四十七条　章程的解释

公司章程由公司董事会负责解释。股东或监事对董事会解释有异议的，可以按照公司章程规定的提案程序向股东会提案，由股东会通过决议对争议条款及事项明确解释。

第四十八条　效力

（一）公司章程经股东签名或盖章，自公司登记成立之日起生效。

（二）公司章程自生效之日起，即成为规范公司的组织与行为、公司与股东之间权利义务关系的具有法律约束力的文件，以及对公司、股东、董事、监事、高级管理人员具有法律约束力的文件。

（三）公司成立后修改公司章程的，修改后的章程经股东签名或盖章后生效，并应报送公司登记机关备案。

（四）公司章程一式【　】份，包括报公司登记机关备案一份。

全体股东签名或盖章：

年　　月　　日

九、实训拓展

（一）课后思考

1. 合作框架意向书、发起人协议、公司章程的联系与区别。

2. 完成引例中持股协议的制作。

（二）补充资料

文件一：引例范例

委托持股协议

甲方（委托方）：　　　　　　　　　乙方（受托方）：

住址：　　　　　　　　　　　　　　住所：

电话：　　　　　　　　　　　　　　电话：

鉴于_____有限责任公司（以下简称_____公司）是一家于_____市场监督管理局登记注册的有限责任公司，登记注册号为：_____；甲方拟受让_____公司_____%的股权。

甲、乙双方本着平等互利的原则，经友好协商，就甲方委托乙方代为持有上述股权（下称代持股权）相关事宜达成如下协议，以兹共同遵照执行：

一、委托内容

甲方自愿委托乙方作为股权的名义持有人，委托乙方代为行使相关股东权利，乙方自愿接受甲方的委托并代为行使相关股东权利。

二、委托权限

甲方委托乙方代为行使的权利包括：由乙方以自己的名义在_____公司股东登记名册上具名、以_____公司股东身份参与_____公司相应活动、代为收取股息或红利、出席股东会并行使表决权，以及行使公司法与_____公司章程授予股东的其他权利。

三、甲方的权利与义务

1. 甲方作为上述代持股权的实际投资者，对_____公司享有实际的股东权利并有权获得相应的投资收益；乙方仅得以自身名义代甲方持有该等股权所形成的股东权益，而对该等股权所形成的股东权益不享有任何收益权或处置权（包括但不限于股东权益的转让、质押）。

2. 在委托持股期限内，甲方有权在条件具备时，将相关股东权益转移到自己或自己指定的任何第三人名下，届时涉及的相关法律文件，乙方须无条件同意，并无条件承受。在乙方代为持股期间，因代持股权产生的相关费用及税费（包括但不限于与代持股相关的投资项目的律师费、审计费、资产评估费等）均由甲方承担；在乙方将代持股权转为以甲方或甲方指定的任何第三人持有时，所产生的变更登记费用也应由甲方承担。自甲方负担的上述费用发生之日起 5 日内，甲方应将该费用划入乙方指定的银行账户。否则，乙方有权在甲方的投资收益、股权转让收益等任何收益中扣除。

3. 甲方作为代持股权的实际所有人，有权依据本协议对乙方不适当的受托行为进行监督与纠正，并有权基于本协议约定要求乙方赔偿因受托不善而给自己造成的实际损失，但甲方不能随意干预乙方的正常经营活动。

4. 甲方认为乙方不能诚实履行受托义务时，有权依法解除对乙方的委托并要求依法转让相应的代持股权给委托人选定的新受托人，但必须提前 30 日书面通知乙方。

四、乙方的权利与义务

1. 作为受托人，乙方有权以名义股东身份参与_____公司的经营管理或对公司的经营管理进行监督，但不得利用名义股东身份为自己谋取任何私利。

2. 未经甲方事先书面同意，乙方不得转委托第三方持有上述代持股权及其股东权益。

3. 作为_____公司的名义股东，乙方承诺其所持有的_____公司股权受到本协议内容的限制。乙方在以股东身份参与_____公司经营管理过程中需要行使表决权时至少应提前 3 日通知甲方并取得甲方书面授权。在未获得甲方书面授权的条件下，乙方不得对其所代持的股权及收益进行转让、处分或设置任何形式的担保，也不得实施任何可能损害甲方利益的行为。

4. 在乙方自身作为_____公司实际股东且所持_____公司股权比例（不含代甲方所持份额）大于_____% 的情形下，如果乙方自身作为股东的意见与甲方的意见不一致且无法兼顾双方意见时，乙方应在表决之前将自己对表决事项的意见告知甲方。在此情形下，甲方应同意乙方按照自己的意见进行表决。

5. 乙方承诺将其未来所收到的因代持股权所产生的任何全部投资收益（包括现金股息、红利或任何其他收益分配）均全部转交给甲方，并承诺将在获得该等投资收益后 3 日内将该等投资收益划入甲方指定的银行账户。如果乙方不能及时交付的，应向甲方支付等同于全国银行间同业拆借中心公布的一年期贷款市场报价利率 LPR 之违约金。

6. 在甲方拟向_____公司之股东或股东以外的人转让代持股权时，乙方应对此提供必要的协助及便利。

五、保密条款

协议双方对本协议履行过程中所接触或获知的对方的任何商业信息均有保密义务，除非有明显的证据证明该等信息属于公知信息或者事先得到对方的书面授权。该等保密义务在本协议终止后仍然继续有效。任何一方因违反该等义务而给对方造成损失的，均应当赔偿对方的相应损失。

六、违约责任

乙方违反本协议之约定，应承担违约责任。乙方负责赔偿甲方的全部经济损失，并支付一定数额的违约金。违约金为_____。

七、争议的解决

凡因履行本协议所发生的争议，甲、乙双方应友好协商解决，协商不能解决的，任何一方均有权将争议诉至有管辖权的人民法院。

八、其他事项

1. 本协议一式两份，协议双方各持一份，具有同等法律效力。

2. 本协议自甲、乙双方授权代表签字之日起生效。

甲方（签字）：　　　　　　　　乙方（签字）：

____年___月___日　　　　　　____年___月___日

文件二：设立表格

公司登记（备案）申请书

注：请仔细阅读本申请书《填写说明》，按要求填写。

□基本信息			
名　　称			
名称预先核准文号/注册号/统一社会信用代码			
住　　所	____省（市/自治区）____市（地区/盟/自治州）____县（自治县/旗/自治旗/市/区）____乡（民族乡/镇/街道）____村（路/社区）____号		
生产经营地	____省（市/自治区）____市（地区/盟/自治州）____县（自治县/旗/自治旗/市/区）____乡（民族乡/镇/街道）____村（路/社区）____号		
联系电话		邮政编码	
□设立			
法定代表人姓　　名		职　　务	□董事长 □执行董事 □经理
注册资本	____万元	公司类型	
设立方式（股份公司填写）	□发起设立		□募集设立
经营范围			
经营期限	□____年　□长期	申请执照副本数量	____个

续表

□变更		
变更项目	原登记内容	申请变更登记内容

□备案				
分公司 □增设□注销	名　　称		注册号/统一社会信用代码	
	登记机关		登记日期	
清算组	成　　员			
	负责人		联系电话	
其　他	□董事　□监事　□经理　□章程　□章程修正案 □财务负责人　□联络员			

□申请人声明

　　本公司依照《公司法》《市场主体登记管理条例》相关规定申请登记、备案，提交材料真实有效。通过联络员登录企业信用信息公示系统向登记机关报送、向社会公示的企业信息为本企业提供、发布的信息，信息真实、有效。

　　法定代表人签字：　　　　　　　　　　　　公司盖章

　　（清算组负责人）签字：　　　　　　　　　年　　月　　日

附表1

法定代表人信息

姓　　名		固定电话	
移动电话		电子邮箱	
身份证件类型		身份证件号码	

（身份证件复印件粘贴处）

法定代表人签字：　　　　　　　　　　　　　年　　月　　日

附表2

董事、监事、经理信息

姓名＿＿＿＿＿＿＿＿职务＿＿＿＿＿＿＿＿身份证件类型＿＿＿＿＿＿＿＿＿

身份证件号码＿＿＿＿＿＿＿＿

（身份证件复印件粘贴处）

姓名＿＿＿＿＿＿＿＿职务＿＿＿＿＿＿＿＿身份证件类型＿＿＿＿＿＿＿＿＿

身份证件号码＿＿＿＿＿＿＿＿

（身份证件复印件粘贴处）

姓名＿＿＿＿＿＿＿＿职务＿＿＿＿＿＿＿＿身份证件类型＿＿＿＿＿＿＿＿＿

身份证件号码＿＿＿＿＿＿＿＿

（身份证件复印件粘贴处）

附表3

股东（发起人）出资情况

股东（发起人）名称或姓名	证件类型	证件号码	出资时间	出资方式	认缴出资额（万元）	出资比例

附表4

财务负责人信息

姓　　名		固定电话	
移动电话		电子邮箱	
身份证件类型		身份证件号码	
（身份证件复印件粘贴处）			

附表5

联络员信息

姓　　名		固定电话	
移动电话		电子邮箱	
身份证件类型		身份证件号码	
（身份证件复印件粘贴处）			

　　注：联络员主要负责本企业与企业登记机关的联系沟通，以本人个人信息登录企业信用信息公示系统依法向社会公示本企业有关信息等。联络员应了解企业登记相关法规和企业信息公示有关规定，熟悉操作企业信用信息公示系统。

公司登记（备案）申请书填写说明

注：以下"说明"供填写申请书时参照，不需向登记机关提供。

1. 本申请书适用于有限责任公司、股份有限公司向公司登记机关申请设立、变更登记及有关事项备案。

2. 向登记机关提交的申请书只填写与本次申请有关的栏目。

3. 申请公司设立登记，填写"基本信息"栏、"设立"栏和"备案"栏有关内容及附表1"法定代表人信息"、附表2"董事、监事、经理信息"、附表3"股东（发起人）出资情况"、附表4"财务负责人信息"、附表5"联络员信息"。"申请人声明"由公司拟任法定代表人签署。

4. 公司申请变更登记，填写"基本信息"栏及"变更"栏有关内容。"申请人声明"由公司原法定代表人或者拟任法定代表人签署并加盖公司公章。申请变更同时需要备案的，同时填写"备案"栏有关内容。申请公司名称变更，在名称中增加"集团或（集团）"字样的，应当填写集团名称、集团简称（无集团简称的可不填）；申请公司法定代表人变更的，应填写、提交拟任法定代表人信息（附表1"法定代表人信息"）；申请股东变更的，应填写、提交附表3"股东（发起人）出资情况"。变更项目可加行续写或附页续写。

5. 公司增设分公司应向原登记机关备案，注销分公司可向原登记机关备案。填写"基本信息"栏及"备案"栏有关内容，"申请人声明"由法定代表人签署并加盖公司公章。"分公司增设/注销"项可加行续写或附页续写。

6. 公司申请章程修订或其他事项备案，填写"基本信息"栏、"备案"栏及相关附表所需填写的有关内容。申请联络员备案的，应填写附表5"联络员信息"。"申请人声明"由公司法定代表人签署并加盖公司公章；申请清算组备案的，"申请人声明"由公司清算组负责人签署。

7. 办理公司设立登记填写名称预先核准通知书文号，不填写注册号或统一社会信用代码。办理变更登记、备案填写公司注册号或统一社会信用代码，不填写名称预先核准通知书文号。

8. 公司类型应当填写"有限责任公司"或"股份有限公司"。其中，国有独资公司应当填写"有限责任公司（国有独资）"；一人有限责任公司应当注明"一人有限责任公司（自然人独资）"或"一人有限责任公司（法人独资）"。

9. 股份有限公司应在"设立方式"栏选择填写"发起设立"或者"募集设立"。有限责任公司无须填写此项。

10. "经营范围"栏应根据公司章程、参照《国民经济行业分类》国家标准及有关规定填写。

11. 申请人提交的申请书应当使用 A4 型纸。依本表打印生成的，使用黑色钢笔或签字笔签署；手工填写的，使用黑色钢笔或签字笔工整填写、签署。

十、实训法规

（一）有限公司的设立

1.《中华人民共和国公司法》第四十二条至第五十七条；

2.《最高人民法院关于适用〈中华人民共和国公司法〉若干问题的规定（三）》第十一条。

（二）股份公司的设立

1.《中华人民共和国公司法》第九十一条至第一百一十条；

2.《最高人民法院关于适用〈中华人民共和国公司法〉若干问题的规定（三）》第二条至第四条。

第二节　公司并购非诉讼法律实务实训

引例：

特变电工沈阳变压器集团有限公司是中国变压器行业的"发源地"，曾先后多次建成世界级节能输电的创新领跑工程。2011 年，基于市场需求及自身的发展需要，公司领导层决定延长自己的产业链，股权并购上海中发超高压电器有限公司，做输变电产业型企业。特变电工沈阳变压器集团有限公司分别从上海中发电气（集团）股份有限公司、中发电气股份有限公司、高建慎个人处受让上海中发超高压电器有限公司 15%、18%、18% 的股权，并购对价分别为人民币 2400 万元、2880 万元、2880 万元，共 8160 万元。

思考：

1. 特变电工沈阳变压器集团有限公司为何决定通过并购实现产业结构的调整？

2. 特变电工沈阳变压器集团有限公司在作出并购决定后，为何选择股权并购这一并购模式，而没有选择资产并购？股权并购与资产并购在投资者考量的侧重点上有何不同？

3. 确定股权并购方式，寻找适宜并购的目标公司，如特变电工沈阳变压器集团有限公司采用直接收购上海中发依帕超高压电器有限公司的股权这一方式，可能会出现哪些阻碍，这些障碍是否可以解决，通过什么方式解决？

4. 如特变电工沈阳变压器集团有限公司采用收购上海中发依帕超高压电器有限公司中日方股东股权的方式，则其是否属于外资企业并购范畴？在并购中需要格外注意哪些风险？

5. 特变电工沈阳变压器集团有限公司最终将并购目标公司确定为上海中发超高压电器有限责任公司的原因是什么？

6. 在锁定并购目标后，特变电工沈阳变压器集团有限公司委托辽宁英泰律师事务所进行并购中的法律工作，律师事务所接受委托后，在进行尽职调查工作中，发现目标公司存在以下问题：（1）缺少现代企业管理理念，企业经营混乱；（2）质量事故频发，人才大量流失，严重影响产品销售；（3）供应商产品质量差，供应链建设滞后；（4）营销模式仅仅依靠分销商渠道，未能建立起直销渠道，营销力量薄弱；（5）企业规模小，经营难以为继；（6）企业处于亏损状态。思考律师对于上述目标公司存在的问题应如何制作尽职调查报告，是否会影响本次公司并购的进行？

7. 并购后的公司整合对于并购的意义及作用是什么？在整合中需要关注哪些方面？

一、实训目标

通过本节学习，学生可以了解公司并购的含义及流程，掌握公司并购的具体方式及特点，会做简单的公司并购方案。具体要求如下：

1. 了解公司并购的背景及意义。

2. 掌握公司并购的两种类型及特点，并能结合具体案例进行类型分析和选择。

3. 能够制作简单的公司并购协议。

实训中采用学生小组讨论、角色分工，结合教师讲授与总结的互动式教学法。

二、实训素材

大阳集团，位于上海，是一家国内著名的医药企业，主要经营范围为医药的分销领域和工业领域。公司现已初步形成了跨越华东、华北、华南的全国性分销网络架构。集团加快巩固在全国的布局，继续加大在医药分销领域和医药工业领域的并购力度，公司拟发行 H 股的募集资金中，一半都将用于并购。

爱心药业是大阳集团此次收购的目标企业，公司的主要业务集中在北京市场，当地市场占有率排名第三，其中医院纯销业务占 70%，20××年的销售收入超过 60 亿元。

要求：假如你是大阳集团聘请的律师团，参与此次收购爱心药业的全部法律事务。

问题一：你需要做哪些准备工作，如何分工协调？

问题二：关于此次收购，思考会有哪些收购方案，说明每个收购方案的优劣。

问题三：如果经协商：以股权置换方式进行本次并购，大阳集团的换股价格为每股人民币 2.01 元；爱心药业的换股价格为每股人民币 5.80 元，由此确定大阳集团与爱心药业的换股比例为 1∶0.347。爱心药业总股本为358,272,910 股，大阳集团在本次合并前的总股本约为 1,050,398,280 股。根据以上信息，制作一份并购协议。

三、实训准备

（一）理论准备

1. 我国2021年新经济领域十大并购案

被收购方	行业	所在地	收购金额
飞利浦	智能硬件	上海	37 亿欧元
沐瞳游戏	游戏	上海	40 亿美元
仁孚中国	汽车交通	广东	13 亿美元
百世物流	物流	浙江	68 亿人民币
澳优乳业	电子商务	湖南	62.5 亿港元
懒人听书	文娱传媒	广东	27 亿人民币
四川大学锦城学院	教育	四川	24.46 亿人民币
热云数据	企业服务	北京	15 亿人民币
天猫好房	房产服务	浙江	18.6 亿港元
华佗药房	医疗健康	河北	14.28 亿人民币

2. 公司并购的含义及分类

公司并购，英文表述 Mergers and Acquisitions，简称 M&A，其包括兼并和收购双层含义。国际上习惯将兼并和收购合在一起使用，统称为 M&A，在我国称为并购。兼并是指企业通过现金方式购买被兼并企业或以承担被兼并企业的全部债权债务等为前提，取得被兼并企业全部产权，剥夺被兼并企业的法人资格，以实现生产要素的优化组合。收购是指企业通过现金或股票取得被收购企业部分或全部所有权的投资行为。企业之间的兼并与收购，是企业法人在平等自愿、等价有偿的基础上，以一定的经济方式取得其他法人产权的行为，是企业进行资本运作和经营的一种主要形式，但两者之间也有区别，对于被兼并企业而言，其主体资格将灭失，本质上属于公司合并中的吸收合并，而对于企业收购而言，收购方和被收购方都是继续存续的。

以不同的标准，可以对公司并购作不同的分类：

（1）以并购的方式不同，可以将公司并购分为股权并购和资产并购。前者是指并购方通过协议购买目标企业的股权或者认购目标企业增资的方式，成为目标企业股东，进而达到参与、控制目标企业的目的；后者是指并购方通过协议购买目标企业资产且运营该资产，或购买目标企业资产并以该资产投资设立企业以运营该资产。

（2）以并购双方的关系不同，可将公司并购分为横向并购和纵向并购。前者是指生产或经营同一或相似产品的企业间的兼并，其目的是迅速扩大生产规模，提高规模效益和市场占有率，如两个啤酒厂之间的并购；后者是指生产经营同一产品不同生产阶段或者具有纵向协作关系的企业之间的并购，其目的是使交易行为内部化，以减少市场风险，节省交易费用。

（3）以是否得到目标公司的同意为标准，可将公司并购分为善意收购和敌意收购。前者是指收购行为得到了目标公司的同意，收购双方友好地进行的收购活动；后者是指收购方在未经目标公司同意下所进行的收购活动，强烈对抗性是其显著特点。

（4）以是否通过证券交易所完成收购为标准，可将公司并购分为协议并购和公开并购。前者是指不通过证券交易所，由并购方直接与目标企业取得联系，通过谈判、协商达成协议，据以实现公司并购的方式；后者是指并购方通过证券交易所向目标公司所有股东发出收购要约，据以实现并购的方式。

3. 公司并购的意义

（1）通过公司并购实现经济结构调整。公司并购可以使优势企业淘汰劣势企业，效益好、管理佳的企业淘汰效益差、管理落后的企业，促使资金合理分配，生产要素得以充分流动，增强了优势企业的实力，促进了规模经济的形成，实现了产业结构的调整和升级。

（2）通过公司并购提高经济效益。公司并购是企业将其资产在全球范围内优化配置的重要方式，是提高企业自身经济效益的有效措施。公司间的横向并购可以扩大市场占有率，从而实现规模经济；公司之间的纵向并购可以使交易行为内部化，减少交易壁垒，节省交易费用。

（3）通过公司并购实现资本和生产的集中。公司并购的过程就是生产要素及经济资源的重组过程，一方面能够促进经济资源向更高效益的领域转移，实现生产和资本的集中；另一方面能够使并购后的公司实现优势互补，增强公司的资金、技术、人才、市场优势，增强市场竞争力。

（4）通过公司并购优化管理理念。公司并购可以使得并购公司的先进文化输入目标企业，将目标企业的管理方式、组织结构按照精简高效的原则重新组合，并对目标企业实行统一的监督、控制、激励，实现双方管理文化上的整合。

（二）实践准备

1. 将学生分为若干小组，每组 6～8 人为宜，方便小组讨论和角色扮演。

2. 查找阅读比较有影响力的公司并购事件的背景，掌握《公司法》《证券法》《企业破产法》《反垄断法》《最高人民法院关于审理与企业改制相关的民事纠纷案件若干问题的规定》等规范性文件。

3. 将本节课的实训案例发给学生，了解案件基本情况。

四、实训要点

（一）股权并购与资产并购

以不同的标准，可以将公司并购作不同的类型区分。以并购方式为标准，将公司并购分为股权并购和资产并购是一种最常见也是最主要的并购方式。

股权并购是指并购方通过协议购买目标企业的股权或者认购目标企业增资的方式，成为目标企业股东，进而达到参与、控制目标企业的并购方式。简言之，股权并购就是通过取得目标企业的股权而控制公司。资产并购是指并购方通过协议购买目标企业资产且运营该资产，或购买目标企业资产并以该资产投资设立企业以运营该资产，从而获得目标公司的利润创造能力，实现与股权并购类似的效果的并购方式，即取得并运营目标企业的资产。

股权并购与资产并购是现今公司并购的两大方式，二者之间既有联系又有区别，了解两者的相互关系，对于公司并购方式的选择至关重要。为了方便对比，可以参照下表。

对比项目	股权并购	资本并购
交易主体	交易主体是并购方和目标公司的股东，权利和义务只在并购方和目标企业的股东之间发生，但定向增资这一情况除外	资产并购的交易主体是并购方和目标公司，双方之间的权利和义务通常不会影响目标企业的股东
交易性质	交易性质实质为股权转让或定向增资，并购方通过上述并购行为成为目标公司的股东，并获得了在目标企业的股东权	资产并购的性质为一般的资产买卖，仅涉及买卖双方的合同权利和义务，不涉及目标公司股权的变更
并购对象	并购标的是目标企业的股权，是目标企业股东层面的变动，并不影响目标企业资产的运营	并购标的是目标企业的资产，如专利技术、厂房、土地使用权等，并不影响目标企业股权结构和企业性质的变化
操作方式	通常程序相对简单，需要进行工商等变更登记，不涉及资产的评估，无须办理资产过户手续，节省费用和时间	通常程序相对复杂，需要就每项资产进行产权转移，耗费的时间更多
调查程序	需要对企业从主体资格到企业各项资产、负债、用工、税务、保险、资质等各个环节进行详尽的尽职调查，进而争取最大限度地防范并购风险	一般仅涉及对该项交易资产的产权调查，无须对企业进行尽职调查

对比项目	股权并购	资本并购
审批程序	因目标企业性质不同相关政府部门的监管态度亦有所不同。 ①一般性股权并购，通常情况下只需要到工商部门办理变更登记； ②如果由于股权并购达到国务院规定的垄断标准，股权并购可能还需要经过省级或者国家反垄断审查机构的审批； ③涉及外资并购的，还需要商务部门、发改委部门等多个部门的审批； ④涉及国有股权并购的，还需要经过国有资产管理部门的审批或备案； ⑤涉及上市公司股权的，股权并购还需要经过证监会的审批	因目标资产性质不同相关政府部门的监管态度亦有所不同。 ①对于一般性资产的并购，通常不需要相关政府部门的审批或登记； ②对于国有资产并购，需要经过资产评估，并经国有资产管理部门的审批或备案； ③对于上市公司重大资产并购的，须报证监会批准并予以披露； ④如转让的资产属于曾享受进口设备减免税优惠待遇且仍在海关监管期内的机器设备，须在转让之前经海关批准并补缴相应税款
审批风险	如外国投资者购买目标企业的股权，则需要经过政府一定的审批手续	如外国投资者购买目标企业的产权，除知识产权外一般很少涉及政府审批
规避限制	能逾越特定行业进入的限制，规避资产并购中关于资产移转（如专利等无形资产）的限制	对于某些资产，如知识产权的转让会有限制

对比项目	股权并购	资本并购
交易风险	股权并购后，并购方须承担目标企业存在的各种法律风险，存在不可控的负债风险，如负债、法律纠纷，相关税费未缴的风险，法定证照未取得的风险，环保未达标的风险，财务资料不齐全的风险，等等	资产并购后，并购方仅需承担所购买资产存在的风险，如质量风险、权利风险，而无须承担目标企业存在的风险
税负因素	股权并购情况下目标公司并未有额外收入，因此目标公司在此情况下不存在增值税和企业所得税的问题，但目标企业的股东可能因股权转让所得而需要缴纳个人或企业所得税 通常来说，股权并购较之于资产并购比较节省税收	资产并购情况下目标公司因有收入，因此存在需要缴纳增值税和企业所得税的问题，对于并购方也会因所购买资产的不同而须缴纳不同的税种，如增值税、企业所得税、契税和印花税等 通常来说，资产并购所支出的税费较多
交易效果	如并购的股权存在质押，在未获得质权人同意下，无法完成股权并购交易	资产并购需要承担所购买资产的权利瑕疵和质量瑕疵
第三方权益影响	会对同企业未放弃优先购买权的其他股东、股权的质权人或以股权出资设立的公司产生影响	会对资产的他物权人或公司的债权人产生影响

需要说明的是，在税费承担上，股权并购只是涉及的税种少于资产并购，股权并购的税费负担要少于资产并购这一结论也是基于此得出的通常结论，

但在具体并购中还是要予以准确计算，而不能用通常结论适用于每一具体并购案件。

（二）公司并购的基本流程

公司并购是由一整套业务流程完成的，在此过程中不仅有并购方与目标公司，还有律师事务所、注册会计师事务所等中介机构的介入，如为上市公司还涉及证券、外汇等其他机构。具体来说，公司并购一般按照以下基本流程进行。

1. 确立并购目标。并购方进行并购并不是一时兴起、即兴而为，而是出于公司长远发展、合理布局的考虑。并购的动因可能在于目标公司的营销网络，可能在于目标公司的行业领域，可能在于目标公司无形资产等，但无论出于何种考虑，并购方都是基于自身发展需求寻找并确立其并购目标。

2. 谈判。在确立并购目标后，并购方首先要与目标公司接触，了解目标公司关于公司并购的意向，如果目标公司有意并购，则双方进入并购细节的谈判中。由于最终能否成功并购并不确定，因此双方在谈判之初就要对谈判中可能涉及的商业秘密签订保密协议。

3. 签订并购意向书。在并购方与目标公司经过谈判初步达成并购合意后，双方签订并购意向书。意向书是对并购双方并购意向的一个体现，并不涉及并购双方的具体权利义务。

4. 对目标公司进行尽职调查。在签署并购意向书之后，并购方须对目标公司予以尽职调查，以防并购风险。尽职调查的主要内容有：（1）拟投资目标公司主体资格的合法性；（2）目标公司的资产及财务情况；（3）目标公司的债权债务情况；（4）重要交易合同的真实性及合法性；（5）知识产权等无形资产情况；（6）目标公司的管理人员与普通员工的管理用工情况；（7）目标公司治理结构及规章制度；（8）目标公司的诉讼或仲裁情况等。

5. 签署并购协议并完成权利转让登记。在对目标公司进行调查后，并购方会根据尽职调查的情况考虑是否继续进行并购工作，如继续并购，则双方基于尽职调查的结果就并购的细节进行进一步磋商，并在双方达成一致的基础上签署并购协议并按要求完成资产或股权的转让登记。转让中如涉及特殊性质的资产或股权，则还须经过特别的审批程序。

（三）国有产权转让的相关法律问题

公司并购中的目标公司如涉及国有资产或国有股权，则由于国有资产及国有股权在使用、管理等事项上的特殊性，因此有必要就国有产权转让中的特殊问题予以说明。

1. 国有产权的转让流程

国有产权转让首先要在其内部进行可行性研究、制定转让方案并通过内部审议，在得到管理部门批准后进行清产核资、资产评估与财务审计，以上述资产评估和审计结果为产权转让的底价，之后再进行招拍挂或协议转让的程序。需要提醒的是，按照《企业国有资产交易监督管理办法》的规定，除"国—国"外，其他的股权转让和资产转让均需进场交易，即走招拍挂的流程。之后，在确定受让方之后签订国有产权转让（收购）合同，支付对价并进行权利转让登记。

2. 国有产权的转让类型

以产权转让方式的不同，可以将国有产权转让分为通过证券交易系统或产权交易机构的转让和通过协议转让两种。

为了保证国有产权转让中的公平公正，防止国有资产流失，通过证券交易系统或产权交易机构是国有产权转让的主要方式。对于国有产权的协议转让，有严格的条件限制，而且同样需要将转让信息予以公开，由国有产权方选择受让方、确定受让价、签订转让协议并报国务院国有资产监督管理机构审核批准。核准后，受让方支付转让价格，双方办理变更登记完成权利变更。

3. 国有产权转让中的职工安置问题

（1）职工安置方案的主要内容

不同于一般的公司并购，国有产权转让一定会涉及国有企业的职工安置问题，如该方案不能经过企业职工代表大会和劳动保障行政部门的审核同意，则国有产权转让就不能继续进行下去。

职工安置方案的内容主要包括劳动关系的变更、对国有企业职工的经济补偿、拖欠职工债务的处理方案以及社会保险续接手续等。

（2）职工安置中的注意事项

国有产权转让中的职工安置方案需要注意以下关键问题：第一，职工安置方案必须在内部决策程序中经过企业职工代表大会的审议通过；第二，职工安置方案的内容应在产权转让合同中予以体现，如以合同附件的形式；第三，职工安置方案须经过劳动保障行政部门的审核同意；第四，职工安置方案中须有优先安置国有企业职工的内容。

4. 国有产权转让中的债务处理问题

国有产权转让中如涉及国有企业债务的承担问题，首先不得遗漏、隐匿或逃避债务，在确定债务的基础上，与债权人就债务承担及清偿的具体措施进行协商并予以明确，并对债务清偿方案提出行之有效的保障措施，以保证国有产权转让的顺利进行。

（四）外资企业并购的相关法律问题

1. 外资企业并购的含义及特点

外资企业并购是指外国投资者购买境内非外商投资企业股东的股权或认购境内非外商投资企业的增资，使该境内企业变更为外商投资企业，其中外国投资者不包括在中国境内设立的外商投资企业。

外资企业并购具有并购方是外国投资者、被并购企业是中国境内的企业、并购交易应当按照中国法律进行三个特点。

2. 外资企业并购中的行政审批

外国投资者并购境内企业，无论被并购的境内企业的经营范围如何，其并购均需要经过审批机关的审批。

根据商务部令2009年第6号《关于外国投资者并购境内企业的规定》，商务部和省级对外贸易经济主管部门分别作为外资企业并购中的中央和地方审批机关，负责审查批准我国的外资企业并购事项。

审批程序上，商务部和国家市场监督管理总局如认为外国投资者的并购行为没有涉嫌垄断，则在收到全部报送文件30日内依法决定批准或不批准；如认为并购行为涉嫌垄断，则自收到报送的全部文件之日起90日内，共同或经协商单独召集有关部门、机构、企业以及其他利害关系方举行听证会，并依法决定批准或不批准。

3. 外资企业并购中的外汇登记

外国投资者于我国境内进行外资企业并购，需要按照我国外汇管理局的要求，在我国开立外国投资者专用账户，并予以外汇登记。

4. 外资企业并购中的反垄断审查

（1）外资企业并购的反垄断审查标准

外资企业并购中有下列情形之一的，外国投资者应就所涉情形向商务部和国家市场监督管理总局报告：

第一，并购一方当事人当年在中国市场营业额超过 15 亿元人民币；

第二，1 年内并购国内关联行业的企业累计超过 10 个；

第三，并购一方当事人在中国的市场占有率已经达到 20%；

第四，并购导致并购一方当事人在中国的市场占有率达到 25%；

第五，境外并购一方当事人直接或间接参股境内相关行业的外商投资企业将超过 15 家。

（2）外资企业并购中的垄断行为豁免

外资企业并购中，虽然需要对外资并购行为予以反垄断审查，但对下列外资并购中的垄断行为是予以豁免的：

第一，具有一定自然垄断性质的公用公益事业；

第二，知识产权领域；

第三，特定时期和特定情况下的垄断行为和联合行为；

第四，企业之间为技术进步与经济发展而实行的协作，对中小企业的联合行为，发展对外贸易中的国内企业之间的协调行为。

（3）外资企业并购中的反垄断审查豁免申请

有下列情况之一的并购，并购一方当事人可以向商务部和国家市场监督管理总局申请审查豁免：

第一，可以改善市场公平竞争条件的；

第二，重组亏损企业并保障就业的；

第三，引进先进技术和管理人才并能提高企业国际竞争力的；

第四，可以改善环境的。

5. 外资企业并购中的注意事项

如外资企业并购为股权并购，则其目标企业只限于境内非外商投资的股权式结构的公司，若目标企业是有限责任公司，外国投资者不但要与目标企业拟出让股权的股东进行谈判，还必须征得目标企业其他股东的一致同意。

如外资企业并购为资产并购，则外国投资者可以采用设立外商投资企业，再以该外商投资企业的名义购买目标企业的资产的方式，或者由外国投资者直接购买目标企业的资产，然后以该资产作为出资设立外商投资企业的另一种方式。

五、实训过程

1. 学生以小组为单位，回顾案例的基本情况。

2. 对于案例的第一个问题，以小组为单位进行思考，并拟订工作计划。

3. 对于案例的第二个问题，以小组为单位进行思考，观察拟订并购方案的可行性，注意并购方案的选择。

4. 对于案例的第三个问题，制作一份并购协议。

六、实训作业

大阳集团收购爱心药业协议

一、公司简介

收购企业大阳集团，位于上海，是一家国内著名的医药企业，主要经营范围为医药的分销领域和工业领域。公司现已初步形成了跨越华东、华北、华南的全国性分销网络架构。集团加快巩固在全国的布局，继续加大在医药分销领域和医药工业领域的并购力度，公司拟发行 H 股的募集资金中，一半都将用于并购。

二、目标公司情况

爱心药业是大阳集团此次收购的目标企业，公司的主要业务集中在北京市场，当地市场占有率排名第三，其中医院纯销业务占 70%，20××年的销售收入超过 60 亿元。

三、并购目的

通过并购爱心药业，与大阳集团形成有效互补，形成整合华北市场的平台，加快向北京以外地区扩展，进一步提升集团的市场地位。

四、并购方式

通过股权置换以达到对目标公司绝对控股的地位。由爱心药业进行增资扩股，大阳集团以其持有的本公司的股权作为投资，收购爱心药业新增的股份，从而成为爱心药业的股东。

五、并购流程

第一步，由爱心药业召开股东大会，决议增发新股。

第二步，大阳集团召开股东大会，决议将其持有本公司的股权转让给爱心药业，或者直接由大阳集团其他股东放弃优先购买权，同意大阳集团股东将股权转让给爱心药业。

第三步，爱心药业聘请评估机构对大阳集团股权进行价值评估。

第四步，大阳集团聘请会计师事务所对爱心药业股权进行验资。

第五步，爱心药业办理工商变更登记，向大阳集团颁发股东出资证明，并将大阳集团纳入股东名册。同时，大阳集团办理工商变更登记，向爱心药业颁发股东出资证明，并将爱心药业纳入股东名册。

七、实训点评

学生制作的公司并购协议更像是一份草拟的并购方案，不仅有关公司并购的应有条款是欠缺的，如成交及投资额的支付、并购双方的陈述与保证、协议的补充、变更和解除、违约责任、不可抗力、信息披露、竞业禁止等条款，而且合同制定中的基本条款也有遗漏，如违约责任、争议解决、保密条款等。上述问题的出现可能源于学生对于公司并购这一非诉讼法律业务接触较少、较为陌生，因此在制作并购协议中不知哪些为并购协议中的必备条款，甚至连合同制作这一最基本的非诉讼法律业务都遗忘了，因此对于公司并购还是要加深认识和了解。

对本节内容可作出以下总结：

公司并购是一项较为复杂的非诉讼法律业务，通常将其作为一个专项性的非诉讼法律业务，其中包含如尽职调查、合同制定等基础性的非诉讼法律业务，只是处于公司并购这一特定背景中。律师在公司并购中发挥着十分重要的作用，在进行尽职调查工作中，要明白并购的背景、动因，在进行审慎性调查的基础上以促进并购为工作原则；在选择并确定并购方案上，要综合考虑各种因素，并尽量减少公司并购中可能出现的障碍；在并购协议的制定上，要包含有并购应有的基本条款并结合合同制定的要点。另外，对于公司并购，也要注重之后的整合，这对于公司并购也至关重要。

八、实训文书

案例范例：

股权置换协议

本《股权置换协议》（本协议）由以下各方于〔　　年　月　日〕在中国××市签署。

大阳集团，是一家依法在中国合法注册成立的公司，以下简称为投资方，注册地址：上海浦东新区××街×号。

爱心药业，是一家依法在中国合法注册成立的公司，以下简称"公司"，注册地址：北京市西城区××路×号。

鉴于：协议双方本着平等互利的原则，经友好协商，依据《中华人民共和国外商投资法》、《中华人民共和国公司法》、《中华人民共和国市场主体登记管理条例》及中华人民共和国其他有关法律和法规、规章等，就标的股权购买事宜达成以下协议。

1. 股权购买

1.1　标的股权。公司增发 3,031,000,000 股新股，每股价格 5.80 元。

1.2　投资方同意且公司股东会决议，为购买标的股权，投资方以其所有大阳集团 1,050,398,280 股、每股 2.01 元，作为并购对价。

2. 成交及股权置换的开始

2.1 公司及投资方应于不迟于成交日向相对方提交以下文件：

2.1.1 适格市场监督管理部门签发的转股工商登记完成后的新的营业执照。

2.1.2 适格市场监督管理部门签发的并令相对方满意的工商变更登记证明，包括书面同意并签署的合资经营合同及公司章程、董事委派书及公司董事名单。

2.2 公司及投资方应于相对方所提交的文件完全满足成交条件后，进行股权置换。

3. 投资方的陈述与保证

3.1 投资方的法律地位与能力。投资方具有完全、独立的法律地位和法律能力签署、交付并履行本协议，可以独立地作为一方诉讼主体。投资方签署本协议并履行本协议项下义务不会违反任何有关法律、法规以及政府命令，亦不会与以其为一方或者对其资产有约束力的合同或者协议产生冲突。

3.2 置换股权的合法性。投资方保证其依据本协议认购标的股权的置换股权无权利瑕疵，并且其有足够的能力依据本协议的条款与条件向转让方转让置换股权。

4. 公司的陈述与保证

4.1 公司保证其账目、资产负债、无形资产、劳动制度及管理、诉讼仲裁与行政处罚等情况均与公司对投资方的陈述一致，具体见公司的陈述。

4.2 公司知道投资方系基于这些保证才签订本协议。不得以投资方知道或者应当知道或者已经大概知道前述情形下的导致索赔请求的任何信息，对抗由此而向任何保证方提出的索赔请求。

4.3 在不限制投资方权利或影响投资方要求损害赔偿的能力的情况下，如果任何的保证义务被违反或者被证明不真实或具有误导性，公司应在投资人的要求下赔偿投资人损失。

4.3.1 使投资方恢复假如保证义务没有被违反，或假如保证是真实，非误导性的原始状态所必需的数额。

4.3.2 （在相关的法庭裁判的约束下）与该等违反相关的，或因该等违反所造成的所有投资方所遭受的成本和费用和由投资方所承担的在任何法律程序开始之前或进行中的成本和费用（包括法律服务费用）。

4.3.2.1 任何保证义务被违反或不真实、误导性而引起的任何的法律程序中法官判决给予投资方的赔偿。

4.3.2.2 任何法庭裁判的和解和执行费用及有关的成本、费用和其他义务性花费。

4.4 公司应在置换前和置换后向投资人及其法律顾问、会计师提供所有和公司相关的信息和文件。投资人有权提出合理的要求以保证该等文件的准确性和符合保证义务的要求。

4.5 公司在此承诺：本协议签署后和置换前，一旦其获悉任何相同或相似事件、情形（包括任何的行为的遗漏）且此等情形构成（a）对保证义务的违反或不一致，（b）已经或可能对公司的财务状况或者预期产生不利影响，其将立即以书面形式通知投资人。

5. 进一步承诺

5.1 获取信息。自本协议签订之日至置换完成日，公司同意投资方有权在任何时间对公司的财务、资产、负债及运营状况进行审慎审查。

5.2 成交日后的运营。公司承诺自本协议签订至本协议约定的工商变更登记完成日期间，投资方有权依股东协议的约定参与公司运营决策，行使作为新股东可享有的相应权利。

6. 协议的补充、变更和解除

6.1 本协议签署后，经各方协商一致，可以进行补充、修改或变更，制成书面文件，经协议各方签署后生效。

6.2 协议的解除。本协议可通过下列方式解除：

6.2.1 本协议的签约方共同以书面协议解除并确定解除生效时间。

6.2.2 下列情形发生时，本协议的签约方的一方（解除方）可于解除生效日前至少十个工作日以书面形式通知本协议的签约方的他方（接收方）解除本协议，并于通知中载明解除生效日期。

6.2.2.1 接收方的陈述或保证在作出时或在成交日之前是不真实的或有

重大遗漏；

6.2.2.2 若接收方未按本协议的规定履行本协议项下的约定、承诺、义务，并经解除方发出书面催告后十天内未采取有效的补救措施。

6.3 协议解除的效力。

6.3.1 协议解除后，本协议各方应本着公平、合理、诚实信用的原则返还从对方得到的本协议项下的对价、恢复本协议签订时的状态。

6.3.2 本协议解除后，本协议各方在本协议项下的所有权利和义务即时终止，除按本协议第七条应承担的责任外，一方对另一方在本协议项下或对于本协议之解除没有其他任何索赔权利。

7. 违约责任

7.1 本协议任何一方违反或拒不履行其在本协议中的陈述、保证、义务或责任，即构成违约行为。

7.2 除本协议特别约定外，本协议的任何一方（违约方）违反本协议，致使另一方（损失方）承担任何费用、责任或蒙受任何损失，违约方应就上述任何费用、责任或损失（包括但不限于因违约而支付或损失的利息以及律师费）赔偿损失方。违约方向损失方支付的补偿金总额应当与因该违约行为产生的损失相同，上述补偿包括损失方因履约而应当获得的利益，但该补偿不得超过违约方的合理预期。

8. 不可抗力

8.1 本协议的任何一方由于不可抗力且自身无过错造成部分不能或者全部不能履行该方在本协议项下的义务将不视为违约，但应在条件允许的情况下采取一切必要的补偿措施，以减少因不可抗力造成的损失。

8.2 遇有不可抗力的本协议的任何一方应在事件发生之日起3个工作日内，将事件的发生情况以书面形式通知另一方。遇有不可抗力的本协议的任何一方应在事件发生后15个工作日内，向另一方提供不可抗力的详情，以及不能履行，或者部分不能履行，或者需要延期履行的有效证明，该证明文件应由不可抗力发生地的公证机构出具。按不可抗力对本协议的影响程度，协议双方协商决定是否解除本协议，或者部分免除履行本协议，或者延期履行本协议。如果本协议双方自不可抗力发生之日起60日内不能协商一致，遇有不可抗力的一方有权终止本协议，由此给本协议另一方造成的损失，任何一方不承担赔偿责任。

9. 法律适用和争议解决

9.1　凡因执行本协议所发生的或与本协议有关的一切争议，各方应通过友好协商解决。若任何争议无法在争议发生后 30 天内通过协商解决，则应将争议提交到合同签订地有管辖权的人民法院予以诉讼解决。

9.2　仲裁或诉讼期间，各方继续拥有各自在本协议项下的其他权利并应继续履行其在本协议项下的相应义务。

10. 通知和送达

10.1　任何与本协议有关的由一方发送给另一方的通知或其他通信往来（通知）应当采用书面形式（包括传真、电子邮件），并按照下列通信地址或通信号码送达被通知人，并注明下列各联系人的姓名。

投资方　　联系人：　　通信地址：　　　邮政编码：　　电话：

公司　　　联系人：　　通信地址：　　　邮政编码：　　电话：

10.2　上款规定的各种通信方式以下列方式确定其送达时间：

10.2.1　面呈的通知在被通知人签收时视为送达，被通知人未签收的仍视为有效的送达，无论是否接收。

10.2.2　以邮寄方式进行的通知均应采用挂号快件或特快专递的方式进行，并在投寄后 7 日视为已经送达通知人。

10.2.3　任何以传真方式或电子邮件的方式发出的通知，需经收件方确认后方可视为有效送达，收件方确认的日期视为送达的日期。

10.3　若任何一方的上述通信地址或通信号码发生变化（以下简称变动方），变动方应当在该变更发生后的 7 日内通知其他方。变动方未按约定及时通知的，变动方应承担由此造成的损失。

11. 信息披露

有关本协议约定投资的条款和细则均属保密信息而不得向任何第三方透露，除非本协议有其他约定。若根据法律必须透露信息，则透露信息的一方应在透露或提交信息之前的合理时间与其他方商讨有关信息披露和提交，且应在他方要求披露或提交信息情况下尽可能让获知信息方对所披露或提交信息部分作保密处理。但是在股权置换完成后，各方仅向任何第三方透露本次股权置换存在的事实不受上述约定的限制。

12. 附则

12.1 本协议的附件是本协议不可分割的组成部分，与本协议正文互为补充具有同等的法律效力，本协议附件与本协议正文冲突的，以本协议正文约定为准。

12.2 如果本协议中的任何条款由于对其适用的法律而无效或不可强制执行，则该条款应当视为自始不存在而不影响本协议其他条款的有效性。本协议各方应当在合法的范围内协商确定新的条款，以保证最大限度地实现原有条款的意图。

12.3 本协议对本协议的签约方的继承人和受让人有效，上述继承人和受让人可享有本协议项下的权益。

投资方可以将其在本协议项下的权利、权益和义务让与和转让给其附属公司，全资子公司以及控股公司的全资子公司。

除了上述规定以外，本协议的签约方中任何一方均不得向第三方转让本协议项下的任何权利或义务。

12.4 除非协议另有规定，本协议的签约方中任何一方未行使或迟延行使本协议项下的权利、权力或特权并不构成放弃这些权利、权力和特权，而单一或部分行使这些权利、权力和特权并不排斥其行使本协议赋予的任何其他权利、权力和特权。

12.5 本协议自本协议的签约方的各方法定代表人或授权代表签字、盖章后生效。

12.6 本协议正式签署正本一式四份，本协议的签约方各执两份，各份具有同等法律效力。

投资方：大阳集团　　　　　　　公司：爱心药业

法定代表人或授权代表：　　　　法定代表人或授权代表：

　年　月　日　　　　　　　　　　年　月　日

九、实训拓展

（一）课后思考

1. 公司并购的原因有哪些？

2. 完成引例中的作业。

（二）补充资料

文件一：引例范例

特变电工沈阳变压器集团有限公司是中国变压器行业的"发源地"，曾先后多次建成世界级节能输电的创新领跑工程。2011年，基于市场需求及自身的发展需要，公司领导层决定延长自己的产业链，股权并购上海中发超高压电器有限公司，做全输变电产业型企业。特变电工沈阳变压器集团有限公司股权并购上海中发超高压电器有限公司的典型案例，不仅为课堂教学提供了生动教材，更是了解和学习公司并购的重要素材。

本次公司并购所涉相关主体：

1. 并购项目承担方：特变电工沈阳变压器集团有限公司。

2. 并购目标公司：上海中发超高压电器有限公司。

3. 参与并购项目的专业机构：

（1）参与并购项目的法律咨询机构为辽宁英泰律师事务所。

（2）参与并购项目的资产评估机构为上海银信汇业资产评估有限公司。

（3）参与并购项目的技术支持方是沈阳工业大学电气工程学院。

一、并购项目承担方概况

（一）并购项目承担方简介

并购项目承担方：特变电工沈阳变压器集团有限公司

所属行业：装备制造业

注册资本：人民币壹拾亿零捌佰万元整

企业性质：民营企业

主导产品：变压器、电抗器

公司成立日期：2003年11月11日

住所：辽宁省沈阳经济技术开发区开发大路 32 号

法定代表人：叶军

经营范围包括：变压器、电抗器的设计、制造、销售、安装、维修服务；自营和代理各类商品和技术的进出口（但国家限定公司经营或禁止进出口的商品和技术除外）；经营本企业的进料加工和"三来一补"业务；承包境外与出口自产设备相关的工程和境内国际招标工程；上述境外工程所需的设备、材料出口；对外派遣实施上述境外工程所需的劳务人员；输配电及控制设备制造，输配电及控制设备技术开发、咨询服务、成果转让。

（二）并购项目承担方的行业地位

特变电工沈阳变压器集团有限公司是中国变压器行业的"发源地"，始于 1938 年，是我国行业技术、标准、人才培养的摇篮。公司曾先后承建世界首条商业运行的 1000 千伏特高压交流，世界首条及世界传输容量最大的 ±800kV 特高压直流、百万千瓦大型水电、火电、核电及可再生能源基地等世界节能输电的创新领跑工程。"十一五"期间，实现了 103 项变压器研制技术的自主突破，28 项世界首创，75 项国产首台套，三次荣获"国家科学技术进步奖一等奖"。

1. 并购项目承担方的经营概况

特变电工沈阳变压器集团有限公司主要从事变压器、电抗器的设计、制造、销售、安装、维修业务，公司为变压器行业内的龙头企业，目前主要承担我国特高压交直流输变电产品的设计、生产，成功完成了特高压交流 1000kV 变压器、1000kV 可控电抗器和特高压直流 ±800kV 换流变压器基础研究和项目攻关工作，形成了适合特高压输变电设备的专有技术，拥有自主知识产权。特变电工沈阳变压器集团有限公司销售收入年均增长 47.44%；利税年均增长 59.10%；产值年均增长 45.50%；产量年均增长 20.10%，2010 年公司实现销售收入约 51 亿元，利润总额约 5.2 亿元。

2. 并购项目承担方近三年的财务概况

特变电工沈阳变压器集团有限公司近三年的财务状况可用表 1 反映。

表 1　特变电工近三年的财务状况

年份	资产总额（万元）	负债率	销售收入（万元）	利润（万元）	税金（万元）	研发投入（万元）	出口创汇（万美元）	行业排名（按销售收入）
2009 年	639182	62%	408377	59499	32546	24185	3004	1
2010 年	682682	49%	509931	52003	47000	36770	5577	1
2011 年	750950	65%	500000	50000	18500	36800	5600	1

二、目标公司概况

（一）目标公司简介

目标公司：上海中发超高压电器有限公司

所属行业：装备制造业

注册资本：人民币壹亿元整

企业性质：民营企业

主导产品：GIS、HGIS、GCB 设备

公司成立日期：2004 年 5 月 25 日

住所：上海市奉贤区金汇镇浦星公路 1288 号

法定代表人：高建慎

经营范围包括：高压、超高压及特高压输配电及智能控制设备、变压器、电抗器、断路器、组合电器、隔离开关、互感器及其配件的开发、设计、制作、销售、施工、维修服务、从事货物及技术进出口业务，房地产开发及物业管理与经营。（经营涉及行政许可的，凭许可证件经营）

员工人数：144 人，其中科研人员 16 人，占公司员工总数的 11.11%。

（二）目标公司的生产经营概况

上海中发超高压电器有限公司不进行生产经营活动，目前其拥有上海中发依帕超高压电器有限公司 75% 的股权和 50 亩土地。上海中发依帕超高压电器有限公司是进行高压开关生产、销售的公司，其股权结构为上海中发超高压电器有限公司持股 75%；日本 AE 帕瓦株式会社持股 22.2%；日本日立

高新株式会社持股 2.8%。

上海中发依帕超高压电器有限公司的厂房设计产能为 126kV 产品 300 间隔/年，252kV 产品 200 间隔/年，550kV 产品 50 间隔/年，产值约为 10 亿元。目前生产能力为 126kV 产品 150 间隔/年，252kV 产品 100 间隔/年，550kV 产品 20 间隔/年，产值约为 5 亿元。

（三）目标公司的行业地位

目标公司控股的上海中发依帕超高压电器有限公司是进行高压开关生产、销售的实体企业，专业从事 126kV 至 550kV 六氟化硫断路器（GCB）、六氟化硫复合电器（H – GIS）、气体绝缘金属封闭开关设备（GIS）的开发、设计、制造和销售，是目前国内仅有的一家中方绝对控股的与世界一流高压开关企业合资的公司。

上海中发依帕超高压电器有限公司园区占地 15 万平方米，有先进的 10 万级大型净化装配间，高水平的大型装配、屏蔽试验室，可以进行 550kV 开关装置研究、试验的高压实验室，1000kV 工频试验变压器以及 3000kV 冲击电压发生装置等全套设备。其技术来自日本 AE 帕瓦株式会社，引进技术涵盖了 126kV、245kV、550kV 三个电压等级的 GCB、GIS、H – GIS 三个系列的 9 种产品。上海中发依帕超高压电器有限公司与日方在已引进的技术上保持同步，同时可根据公司发展需要协商引进其他技术。目前其制作的 252kV 和 550kV 样机，已通过国际著名卡玛试验站的试验，并取得认证证书；而日方已具备了 800kV、1100kV 的技术，存在继续引进的技术基础。

（四）目标公司的资产概况

截至 2010 年 12 月 31 日，上海中发超高压电器有限公司的资产总额为 48764 万元，负债率为 65%，销售收入 15474 万元，利润 1.57 万元，税金 99 万元。

（五）目标公司的股权结构

上海中发超高压电器有限公司的股权结构为两个法人股和一个自然人股。其中法人股为上海中发电气（集团）股份有限公司持股 15%，中发电气股份有限公司持股 50%，自然人股为高建慎个人持股 35%，高建慎为上海中发超高压电器有限公司的法定代表人。

（六）目标公司的不动产情况

上海中发超高压电器有限公司有一块50亩的工业用地的土地使用权，其控股的上海中发依帕超高压电器有限公司占地92354.3m²（138.6亩）（注：土地证为150亩，可用面积138.6亩，合资部分为100亩），现有办公楼及生产厂房一幢，辅助用房一幢（见表2），仓库一幢，厂区尚有43846m²空地。

表2　上海中发依帕超高压电器有限公司厂房情况

序号	名称	规格	数量	备注
1	辅助厂房	9000m²	1	部件装配、零件仓库、机加工、产品装箱
2	灭弧室装配大厅	1500m²	1	10万等级，层高24m
3	试验屏蔽大厅	2000m²	1	100万等级，层高24m
4	总装配厂房	5500m²	1	100万等级，层高24m
5	立体仓库（规划）	1500m²	1	零件调配自动化

（七）目标公司的工艺流程

目标公司控股的上海中发依帕超高压电器有限公司的产品生产按照以下工艺流程进行：零部件进厂检查—清洗烘干—表面处理（对筒体等零件）—入库—分装—烘干—总装—调试—试验测量—工频、局放试验—简易包扎—存栈。

三、并购动因

（一）市场需求的内在推动

特变电工沈阳变压器集团有限公司始于1938年的沈阳变压器厂，其发展历史与中国电力的发展密不可分。我国自从改革开放以来，由于经济的快速发展、工业总量的不断增加和人民生活水平的不断提高，对电力的需求也在日益增长。在1980年至1990年的十年间，我国用电量由3006亿千瓦时上升到6230亿千瓦时，年均增长率为7.6%。在1990年至2000年的十年间，我国用电量年均增长率更是达到了8.1%。

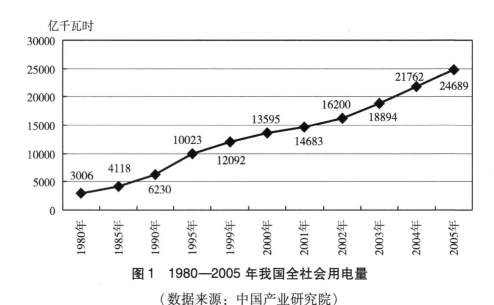

图1　1980—2005年我国全社会用电量

（数据来源：中国产业研究院）

"十五"期间，我国电力需求快速上升，2002年以来，我国电力消费年增长率均在10%以上。2005年，全社会用电量达24689亿千瓦时，比2000年增加了11094亿千瓦小时，年均增长率为12.7%。

表3　2000—2005年全社会用电量及增长率

年份	全社会用电量（亿千瓦时）	增长率
2000 年	13595	12.43%
2001 年	14683	8.00%
2002 年	16200	10.30%
2003 年	18894	16.63%
2004 年	21762	15.18%
2005 年	24689	13.45%

（数据来源：中国产业研究院）

随着我国经济的发展，全社会用电量年增长率逐年递增。2003年以来，虽然我国全社会用电量增幅有所下滑，但仍然保持在10%以上，呈高速增长态势。为了保证我国持续增长的用电需求，国家采取了两项措施：一是大力加强电厂建设，二是建设覆盖全国的输电网络。这种建设大潮在国家电业局拆分为国家电网和南方电网以及五大发电集团——华能集团、大唐集团、华电集团、国电集团、中电投集团以后尤为迅猛。随着电厂、电网的大规模建设，发电机、变压器、电缆等大型电气设备的需求量也日益猛增。由于变压器生产的人员流动较快、生产工艺要求不高、技术水平相对较低，大量技术难关被一一攻破，以特变电工、西变国际和保变天威为代表的几十家变压器设备提供商迅速发展起来，无论是技术还是生产能力都得到极大的提升。

2008 年的世界经济危机也严重影响到了变压器行业，由于基建项目的大量下马和前期变压器行业整体的野蛮生长，国内变压器开始出现产能过剩的情况，历次投标都成为"血拼"，行业的整体利润不断下滑。在这种行业背景和市场现状下，特变电工沈阳变压器集团有限公司要生存就必须改变原来的经营思路，大力调整产业结构，开阔思路将企业做大做强，否则将会丧失公司多年来在变压器和新能源行业所取得的领军地位。

为了缓解和转变上述不利局面，特变电工沈阳变压器集团有限公司除降低产品成本、扩大销售队伍和投入、扩大产品的市场占有率、积极开拓国际市场外，还需要延长自己的产业链，做输变电产业型企业。

（二）跨行业发展的便捷途径

变压器和高压开关是输变电行业两种最主要的设备，是整个输变电设施的核心装置，是与变压器关系最紧密、最容易拓展的行业，尤其是随着输变电产业的发展、智能电网的实施以及减少土地占用的刚性要求，高压开关产品更是具有广阔的发展空间，因此高压开关是特变电工沈阳变压器集团有限公司延长自己的产业链、做输变电产业型企业的最佳选择。另外，特变电工沈阳变压器集团有限公司作为目前国内著名的变压器供应商，要想成为如ABB、西门子、东芝这样世界级的电力设备供应商，除了继续做大做强变压器产业外，也需要尽快进入高压开关领域，实现特变电工在输变电产业的全面发展。

特变电工沈阳变压器集团有限公司既没有接触过高压开关的生产，也没有任何高压开关的生产经验，对这一行业较为陌生，此时并购从事高压开关生产的企业就是进入这一行业最为便捷和快速的途径，其不仅可以越过行业陷阱和壁垒,而且可以直接承接被并购公司的相关硬件设施及人员、技术等,直接获得此行业的管理经验。

在这种思维的指导下,特变电工沈阳变压器集团有限公司及其子公司开始在全球范围内寻找合适的企业进行并购。

(三)目标公司的技术吸引

上海中发依帕超高压电器有限公司在高压开关生产上拥有领先的技术。

除控股股东上海中发超高压电器有限公司外,上海中发依帕超高压电器有限公司的另两个股东分别为日本 AE 帕瓦株式会社和日本日立高新株式会社。日本 AE 帕瓦株式会社是由"日立制作所""富士电机""明电舍"三家日本公司合资组建的企业,其主要从事送变电、配电设备及机器的研究、开发、设计、制造、销售、安装及维修服务业务。三家日本公司均始建于 20 世纪初期,均为世界著名的电力电器公司。日本日立高新株式会社是"日立制作所"控股的高新技术和贸易公司。作为"日立制作所"的直属商社,日本日立高新株式会社自创立以来,精心致力于日立集团及国内外一流厂家的合作,现已发展为以电子产品为中心,横跨科学系统到产业系统和工业原料领域,在日本国内和国外均有其庞大的销售网络,用户遍及全球并以其完善的服务享有盛名的著名公司。

上海中发依帕超高压电器有限公司与日方股东签订了技术协议,约定双方在技术上保持同步、无偿互用,同时可以根据公司发展需要提出其他技术转让。

1. 目标公司引进的技术产品

按照技术协议约定,上海中发依帕超高压电器有限公司已经从日方股东引进以下系列产品:126kV GIS、H - GIS、GCB 全系列产品(额定电压:126/145kV;额定短路开断电流:40kA;额定电流:2000A/3150A);252kV GIS、H - GIS、GCB 全系列产品(额定电压:252kV;额定短路开断电流:50kA;额定电流:3150A/4000A);550kV GIS、H - GIS、GCB 全系列产品(额定电压:550kV;额定短路开断电流:63kA;额定电流:4000A/5000A/6300A)。

其中,126kV GIS 产品已处于运行状态;252kV GIS 产品已处于运行状态，已有上海电力青浦 220 站、东汽多晶硅 220 站、南京供电局沿泰 220 站等变电站投入运行，正在安装的如重庆供电局北碚户外 220 站；252kV H－GIS 处于生产阶段已承接云南云铝 252 H－GIS 工程订单；550kV GCB 产品处于运行状态，已有包头北 550 GCB 投运；550kV GIS、H－GIS 已完成型式试验，处于销售阶段。

2. 目标公司的技术研发中心

按照技术协议的约定，上海中发依帕超高压电器有限公司的产品研发与日本 AE 帕瓦公司保持同步更新，公司设立的重点研发规划 750kV～1100kV 高压开关设备生产的技术中心已于 2008 年 4 月获得上海市奉贤区企业技术中心的认定。

表4 上海中发依帕超高压电器有限公司技术中心的主要生产设备

序号	名称	规格	数量	备注
1	烘箱	$3 \times 3 \times 5$（45kW）	3	分子筛干燥处理
		$2 \times 2 \times 2$（8kW）	6	
2	SF6 气体回收充放装置	HSF－PF478VS	2	日本进口
		LH－38Y－160W	2	
3	抽真空充气装置	RKS－030	2	日本进口
		LGD/LL－18L	2	
4	SF6 气体检漏仪	LF－ID	4	定性检测
		GD5000	1	定量检测
		DILO	1	定量检测，进口
5	SF6 气体露点仪	DP19－SH－Ⅲ	2	
6	SF6 气体微水测量仪	DW－Ⅱ	2	
7	产品及零部件移动设备	手推车、平板车、铲车等	多台	

序号	名称	规格	数量	备注
8	工位器具	装配工位器具、周转箱、托盘、游标卡尺等	多套	
9	量具、工具	度尺、角度尺、划线平台等	多套	

表5　上海中发依帕超高压电器有限公司技术中心主要试验检测设备

序号	名称	规格	数量	备注
1	谐振试验变压器	XZL－3000/2×300	1	满足550kV开关设备
2	谐振试验变压器	XZL－3000/2×300	1	频耐压试验
3	冲击电压发生器	3600kV	1	满足550kV雷电冲击耐压试验
4	机械寿命测试仪	CMM－3	1	
5	机械特性测试仪	GKCHD420	2	配激光传感器
6	回路电阻测试仪	PCIμΩ/4200A	3	
7	工频耐压试验台	YDGT－3/5	2	
8	互感器特性测试仪	HGY	1	CT测量检验
9	局部放电测试仪	KJF2000	1	
10	高压电桥	QS－1A（指针式）	1	
11	三相调压器	TSGC2（3kVA380V/0~450V）	2	
12	单相调压器	TSGC2（1kVA220V/0~250V）	2	
13	常用仪表		1	
14	剪叉式升降机	YSD11－300 11米	1	

3. 目标公司的自主知识产权

上海中发依帕超高压电器有限公司拥有多项实用新型专利，具体如下。

2005 年 12 月，220kV 六氟化硫罐式断路器获实用新型专利证书。

2005 年 12 月，220kV 六氟化硫组合电器用断路器系统获实用新型专利证书。

2005 年 12 月，550kV 六氟化硫组合电器用断路器系统获实用新型专利证书。

2009 年 5 月，具有自动伴热装置的户外高压 SF6 罐式断路器获实用新型专利证书。

2009 年 6 月，上海市自主创新产品 220kV GIS SF6 气体绝缘开关设备。

（四）目标公司的销售优势

上海中发依帕超高压电器有限公司在高压开关领域经营多年，除积累了大量的生产技术外，还培养了一批能力很强的销售队伍，并与"两网""五厂"等主要的电器设备需求商建立了良好的合作关系，并购后可以直接获得其现有的全部客户资源和市场份额。

表 6　上海中发依帕超高压电器有限公司 2010 年前十名主要客户

序号	客户名称	项目名称	合同金额	备注
1	上海电力公司	马陆、大场、青浦变电站 252kVGIS	4596.5 万元	国网
2	江苏省电力公司	沿泰、南徐变电站 252kVGIS	4450 万元	国网
3	华中电网公司	重庆北碚变电站 252kVGIS	4448.8 万元	国网
4	海南电网公司	海口大英山项目 126/252kVGIS	2678 万元	南网
5	云南铝业集团	昆明涌鑫金属加工项目 252kVHGIS	2485 万元	

续表

序号	客户名称	项目名称	合同金额	备注
6	华电集团公司	黄石西塞山电厂252kVGIS	2393万元	华电
7	太原太钢	太钢袁家村铁矿项目126/252kVGIS	2336.2万元	
8	北京市电力公司	西北旺输变电工程252kVGIS	1898.2万元	国网
9	天津市电力公司	天津空港252kVGIS	1413.36万元	
10	保定供电公司	保定涞水变电站新建工程252kVGIS	1298.4万元	国网

（五）目标公司的地区优势

华东地区经过多年的发展，已经形成了合理的产业布局和完善的配套服务，成为极具发展潜力和投资前景的制造业集聚区和密集区，我国有四分之一的开关企业均在华东地区，该地区开关总产值占全国总产值的50%以上，这也使得华东地区形成了完善的开关配套产业，能够及时提供质优价廉的筒件、液压机构、机械装置等开关配件，大幅降低产品成本，提升企业竞争力。

另外，华东地区具有良好的装备制造业基础，拥有大批高素质的劳工队伍，完善的基础性配套服务，如技术、人才、金融、贸易、通信、交通、物流等。其中，上海、江苏地区更是吸引了大量开关行业的高级技术人才，为并购后公司的发展提供了人才培养和技术支持，同时华东地区良好的发展环境也有利于面向全国甚至海外招纳人才，促进企业的快速发展。

（六）并购方案的选择

鉴于特变电工沈阳变压器集团有限公司是要进入高压开关这一新的领域，因此对于特变电工沈阳变压器集团有限公司来说，其需要的不仅仅是高压开关企业的某一具体资产，而是整个企业。在此情况下，特变电工沈阳变压器集团有限公司宜采用股权并购的并购方式。

　　由于上海中发依帕超高压电器有限公司的另两个股东为日方企业，因此考虑到优先购买权等因素直接收购困难较大，而上海中发依帕超高压电器有限公司的控股股东为上海中发超高压电器有限公司，通过控股上海中发超高压电器有限公司，就可以最终实现对上海中发依帕超高压电器有限公司的实际控制，因此特变电工沈阳变压器集团有限公司将本次股权并购的目标公司锁定为上海中发超高压电器有限公司。

　　四、并购经过

　　（一）并购标的

　　并购标的为上海中发电气（集团）股份有限公司持有的上海中发超高压电器有限公司15%的股权，中发电气股份有限公司持有的上海中发超高压电器有限公司18%的股权和高建慎个人持有的上海中发超高压电器有限公司18%的股权。

　　（二）并购对价

　　1. 并购对价：人民币8160万元。

　　2. 定价依据：该股权的定价依据为沪银信汇业评报字（2011）第269号评估报告，该评估报告认定经用基础法评估上海中发超高压电器有限公司于评估基准日2011年3月31日的全部股东权益评估值为人民币一亿七千五百八十二万一千九百六十三元六角（RMB175,821,963.60元）。51%股权价格应为89,669,201.436元，但经过各方协商确定并购对价为：人民币8160万元。

　　3. 支付方式：银行转账。

　　4. 并购款的接收机构：上海中发电气（集团）股份有限公司的2400万元的接收机构为：上海中发电气（集团）股份有限公司和上海中发依帕超高压电器有限公司；中发电气股份有限公司的2880万元股权转让款的接收机构为：中发电气股份有限公司和上海中发依帕超高压电器有限公司；高建慎的2880万元股权转让款的接收机构为：上海跨越金属材料有限公司和上海中发依帕超高压电器有限公司。

　　5. 并购资金来源：8160万元股权转让款为特变电工沈阳变压器集团有限公司自筹。

（三）并购合同的签署

2011 年 6 月 15 日，特变电工沈阳变压器集团有限公司董事长叶军与上海中发电气（集团）股份有限公司董事长陈邓华、中发电气股份有限公司董事长陈邓华和高建慎在上海市签订了特变电工沈阳变压器集团有限公司以 2400 万元人民币收购上海中发电气（集团）股份有限公司持有的上海中发超高压电器有限公司 15% 的股权，以 2880 万元人民币收购中发电气股份有限公司持有的上海中发超高压电器有限公司 18% 的股权，以 2880 万元人民币收购高建慎持有的上海中发超高压电器有限公司 18% 的股权，以达到特变电工沈阳变压器集团有限公司通过收购中发超高压 51% 的股权，最终实现对中发依帕的实际控制的股权转让协议书。

（四）并购完成时间

并购款的支付时间为 2011 年 5 月 5 日、2011 年 6 月 16 日和 2011 年 8 月 19 日。产权交割时间为 2011 年 7 月 4 日。

（五）股权变更时间和股权变更确认机构及方式

股权变更时间为 2011 年 7 月 4 日；股权变更确认机构为：上海市工商行政管理局奉贤分局；股权变更确认方式为：审批。

五、并购后的整合

（一）并购后公司的基本情况

并购后的上海中发电气（集团）股份有限公司更名为特变电工中发（上海）超高压电器有限公司，其原股东同意由控股股东特变电工沈阳变压器集团有限公司进行经营。新公司设董事会，董事会由全体董事组成，其成员为 5 人。其中特变电工沈阳变压器集团有限公司委派 3 名董事，中发电气股份有限公司及高建慎共同委派 2 名董事。董事每届任期 3 年，任期届满可以连选连任。董事会设董事长 1 名，董事长由特变电工沈阳变压器集团有限公司委派。特变电工沈阳变压器集团有限公司间接控股的上海中发依帕超高压电器有限公司更名为特变电工中发依帕公司，公司设董事会，董事会由全体董事组成，其成员为 5 人。其中特变电工沈阳变压器集团有限公司委派 2 名董事；中发电气股份有限公司、高建慎等其他三方共同委派 1 名董事；日方公司（两个）共同委派 2 名董事。董事每届任期 3 年，董事任期届满可以连选连任。董事会设董事长1名，董事长由特变电工沈阳变压器集团有限公司委派。总经理、副总经理、财务总监，由董事会聘任或解聘。

新公司发展理念为：坚持以客户为中心，以市场为导向，以科技发展为主题，坚持以创新求变为指导思想，积极调整公司的产品结构、市场结构及组织架构；坚持以科技兴企为重点，加强原始创新、集成创新、引进消化吸收再创新，攀登开关产业技术创新的制高点；坚持以人为本的发展理念，发展为了员工、发展依靠员工，以最大限度调动员工的积极性、能动性，实现人企共赢。

新公司经营思路及指导方针为：抓管理——引入特变电工沈阳变压器集团有限公司文化，招聘管理及专业技术人员，调整组织机构及高层分工，组建人力、管理、技术、销售团队；抓技术——完善产品资质，消化吸收引进技术，实施系列产品开发，完善产品资质证书，建立研究开发体系，奠定合资公司的技术基础；抓市场——建立销售体系，尽快实现9个品种的首台生产，努力实现销售目标；降成本——完善生产体系，积极推进国产化，降低产品成本。

（二）并购后公司的生产经营情况及主要财务指标

新公司成立后主要是生产110kV～1100kV电压等级高压开关，达产后，年生产能力2200间隔，含税产值为202000万元。以下是其主要财务指标：

表7 并购后公司项目达产后生产能力估算表

单位：万元

额定电压		2011年	2012年	2013年	2014年	2015年	平均售价
126kV GIS	数量	60	480	600	1200	1200	40
	销售额	2400	19200	24000	48000	48000	
252kV GIS	数量	80	240	360	720	900	100
	销售额	8000	24000	36000	72000	90000	
550kV GIS	数量	0	15	30	30	30	400
	销售额	0	7500	15000	15000	15000	

续表

额定电压		2011 年	2012 年	2013 年	2014 年	2015 年	平均售价
500kV GCB	数量	0	20	20	20	50	250
	销售额	0	5000	5000	5000	12500	
800kV GCB/HGIS	数量	0	0	0	2	10	650
	销售额	0	0	0	1300	6500	
1100kV HGIS	数量	0	0	0	3	10	3000
	销售额	0	0	0	9000	30000	
合计	数量	140	755	1010	1975	2200	—
	销售额	10400	55700	80000	150300	202000	

表 8　并购后公司制作成本预测

单位：万元

区分	2011 年	2012 年	2013 年	2014 年	2015 年
销售额	14600	55700	80000	150300	202000
材料费	11972	41775	58400	105210	137360
人工费	876	3342	4800	9018	12120
折旧费	345	445	445	445	500
制造经费	789	3899	5600	10521	14140
总制成本	8%	8%	8%	7%	7%
制造成本占比	85%	84%	78%	73%	73%
人均人工	4	10	11	17	20
人员数（人）	220	320	420	520	620

表9　并购后公司达产指标

单位：万元

项目		2011 年	2012 年	2013 年	2014 年	2015 年
销售额		14600	55700	80000	150300	202000
销售成本	材料费	11680	38433	53600	97695	127260
	人工费	876	3342	4800	9018	12120
	折旧费	345	445	445	445	500
	制造费	789	3899	5600	10521	14140
	小计	13690	46119	64445	117679	154020
销售总利润	金额	910	9581	15555	32621	47980
	比率	6%	17%	19%	22%	24%
销售税金及附加	金额	292	1114	2400	4509	6060
销售费用	金额	1100	3960	4752	8554	11120
财务费用	金额	1074	1536	1536	1404	1074
管理费用	金额	760	1900	2660	3990	993
税前利润	金额	−2316	1071	4207	14164	28733
	比率		2%	5%	9%	14%
所得税费（15%）	金额		161	631	2125	4310
税后利润	金额		910	3576	12040	24423

（三）并购后企业经营情况预测

以科学发展观和十八字经营方针为指引，坚持"四特"精神，坚持"走出去"发展战略。强化质量、工艺、流程管理，提升技术能力。寻求海外基地建设，大力开拓国际市场，建立快速反应的服务机制，提升适应国际市场的能力。抓紧研究开关领域的新技术、新产品，迎接低碳经济的到来。力争并购后 5 年内实现销售收入 10 亿元、达到 20 亿元的企业规模。

1. 市场发展战略

特变电工沈阳变压器集团有限公司经过 20 多年的快速发展，已经形成了覆盖全球的完善的销售网络，同时在生产能力、产品质量和售后服务等各方面均得到了用户的一致好评，形成了良好的品牌影响力。特变电工变压器产品与并购后新公司的高压开关产品的销售对象完全一致，因此，完善的销售网络和广泛的人脉关系，可以为合资公司所用，降低销售成本。新公司可借助特变电工销售团队和销售网络，采用代理销售与直销销售相结合的方式，一方面，继续保持并拓宽原有的代理销售渠道；另一方面，依托特变电工沈阳变压器集团有限公司完整的销售体系，建立和培养自己的销售团队。最终形成以直销为主，代理为辅的营销模式。

并购后 5 年内，公司将通过持续的市场结构调整和产品结构调整，形成以两大电网、五大电源为主导，核电、轨道交通、石油石化为支撑，其他非电力市场为重要补充的市场结构。抓住特高压智能电网及新疆大开发等市场机遇，围绕市场需求开发产品，加强营销队伍建设和市场细分，进行市场结构和产品结构的调整，抓好基础管理工作，制定具备竞争力的营销策略，做好重点领域、重大项目的开拓。

2. 科技发展战略

以市场需求为导向，产学研结合的技术创新体系为突破口，以获取自主知识产权为重点，不断提升开关产业的核心技术竞争力。加大科研费用投入力度，年度科研费用投入不低于全年销售收入的 5%。营造有利于推动自主创新的良好环境，加大自主创新力度，及时对技术体制进行创新改革，为公司科学发展提供强有力的基础保障。

3. 人才发展战略

为满足并购后经营发展的人力资源需要，公司将加快人才队伍结构调整，逐步构建金字塔尖人才团队。确保并购后 2 年内实现金字塔尖核心人才占 10%、骨干员工占 20% 的调整目标。

改善激励机制，要对激励机制进行创新，包括提供有竞争力的薪酬水平、年金制度、股权激励等更大范围的激励创新，促进创造和分享的融合，达到人企共赢。

文件二：公司变更表格

有限责任公司变更登记申请书

注册号：

项　　目	原登记事项	申请变更登记事项
名　　称		
住　　所		
邮政编码		
联系电话		
法定代表人姓名		
注册资本	（万元）	（万元）
实收资本	（万元）	（万元）
公司类型		
经营范围	许可经营项目： 一般经营项目：	许可经营项目： 一般经营项目：
营业期限	长期　/_____年	长期　/_____年
股　　东		
出资时间		
出资方式		
备案事项	□董事　□监事　□经理　□章程　□章程修正案	

　　本公司依照《公司法》《市场主体登记管理条例》申请变更登记，提交材料真实有效。谨此对真实性承担责任。

　　公司盖章：　　　　　　　　法定代表人签字：

年　月　日

注：1. 手工填写表格和签字请使用黑色或蓝黑色钢笔、毛笔或签字笔，请勿使用圆珠笔。2. 原登记事项、申请变更登记事项均只填写申请变更的栏目。3. "股东"栏只填写股东名称或姓名，出资情况填写《有限责任公司变更登记附表—股东出资信息》。4. 变更登记同时申请备案的无须提交《公司备案申请书》，请在"备案事项"栏的□中打√。申请变更法定代表人、注册资本、实收资本、股东出资方式或者同时申请董事、监事、经理备案的，应当分别提交《变更登记附表—法定代表人信息》《变更登记附表—股东出资信息》《变更登记附表—董事、监事、经理信息》。

股份有限公司变更登记申请书

注册号：

项　　　目	原登记事项	申请变更登记事项
名　　　称		
住　　　所		
邮政编码		
联系电话		
法定代表人姓名		
注册资本	（万元）	（万元）
实收资本	（万元）	（万元）
公司类型		
经营范围	许可经营项目： 一般经营项目：	许可经营项目： 一般经营项目：
发起人姓名或者名称		
营业期限	长期　／_____年	长期　／_____年

续表

项 目	原登记事项	申请变更登记事项
出资时间		
出资方式		
备案事项	□董事 □监事 □经理 □章程 □章程修正案	

  本公司依照《公司法》《市场主体登记管理条例》申请变更登记，提交材料真实有效。谨此对真实性承担责任。

  公司盖章：　　　　　　　　法定代表人签字：

　　　　　　　　　　　　　　　　　　　年　　月　　日

  注：1. 手工填写表格和签字请使用黑色或蓝黑色钢笔、毛笔或签字笔，请勿使用圆珠笔。2. 原登记事项、申请变更登记事项均只填写申请变更的栏目。3. 变更登记同时申请备案的无须提交《公司备案申请书》，请在"备案事项"栏的□中打√。申请变更法定代表人，或者同时申请董事、监事、经理备案的，应当分别填写《变更登记附表—法定代表人信息》《变更登记附表—董事、监事、经理信息》。

  变更登记附表

法定代表人信息

姓　名		联系电话	
职　务		任免机构	
身份证件类型			
身份证件号码			

续表

（身份证件复印件粘贴处）

法定代表人签字：_____

年　　月　　日

以上法定代表人信息真实有效，身份证件与原件一致，符合《公司法》《市场主体登记管理条例》关于法定代表人任职资格的有关规定，谨此对真实性承担责任。

（公司/非公司企业法人）加盖公章

年　　月　　日

注：公司、非公司企业法人变更法定代表人填写此表。

公司撤销变更登记申请书

注册号：

名　称	
申请撤销的变更登记事项及登记时间	
准予变更登记通知书文号	
申请撤销登记的原因	
人民法院裁判文书文号	

　　本公司依照《公司法》《市场主体登记管理条例》申请撤销变更登记，提交材料真实有效。谨此对真实性承担责任。

　　公司盖章：　　　　　　法定代表人签字：

年　月　日

　　注：手工填写表格和签字请使用黑色或蓝黑色钢笔、毛笔或签字笔，请勿使用圆珠笔。

十、实训法规

（一）非股权变更

《中华人民共和国公司法》第九条、第十条、第三十三条、第二百一十八条、第二百二十条、第二百二十一条。

（二）股权变更

1.《中华人民共和国公司法》第八十四条、第八十七条、第八十九条、第一百五十七条至第一百六十三条。

2.《最高人民法院关于适用〈中华人民共和国公司法〉若干问题的规定（三）》第二十五条、第二十七条。

第三节　公司解散清算的非诉讼法律实务实训

引例：

大连传海养殖有限公司成立于 2003 年，是一家主要从事海参养殖的公司。近年来由于海洋环境的不断污染，使得海参养殖事业遭受了巨大冲击，企业也损失惨重。2024 年 4 月，经公司全体股东一致决定公司解散。清算组在工作中发现，甲于 2023 年 1 月曾向公司借款 20 万元，其后甲将一部分资产转移至其弟弟名下，将另一部分资产以低价转让给其生意伙伴乙。

针对案例中的情况，假设你作为清算组成员之一，清算组该如何维护公司权益？

一、实训目标

通过本节学习，学生可以了解公司解散的含义，掌握公司解散的流程，熟知公司解散中的律师工作内容，能够制作简单的公司清算报告。需要学生掌握的技能如下：

1. 了解公司解散的含义和解散原因，能够做到很好的区分。

2. 熟知公司解散的流程，对于其中的常见风险能够有效防控。

3. 能够制作简单的公司清算报告。

实训过程中仍然坚持以学生讨论、角色扮演为主，教师讲授和要点提示为辅。

二、实训素材

案例一：

沈阳大华假肢有限公司是一家从事假肢生产的福利企业，成立于 2013 年 1 月，位于沈阳市大东区××街××号。由于经营不善，现公司股东一致决定将公司解散。公司自行组成清算组，清算组由公司股东组成。在清算过程中遇到以下问题：

（1）公司第二大股东辽宁荣誉假肢厂以其自有的房产认缴出资，于公司成立之日起两年内完成房产的转移过户，但由于该房产被动迁拆除，加之并未到两年缴纳出资期限，因此至清算之时，辽宁荣誉假肢厂尚未完成缴纳出资义务。

（2）甲作为大华假肢有限公司的员工，与公司签订有三年劳动合同，公司清算之时，甲的劳动合同尚未到期。甲对于清算组计算的解除劳动合同下工资、福利及法定补偿金的数额有异议。

对于案例中的第一个问题，假设你作为清算组的成员之一，请问清算组该如何维护公司权益？

对于第二个问题，假如你是甲的委托律师，你该如何维护甲的权利？

案例二：

A 集团的全资子公司——B 药业，成立于 2000 年 8 月，现由于其工作人员违反有关规定，在生产"亮菌甲素注射液"时将"丙二醇"代替"二甘醇"，致使数十名患者在医院接受治疗被注射后出现肾衰竭等中毒反应，其中 15 名患者相继离世。此后，11 名受害者及其家属将 B 药业告上法庭，要求 B 药业赔偿人民币 2000 万元。

由于诉讼案件的影响，B 药业经营不善，但尚未到达资不抵债的状况，2024 年 4 月 8 日，控股股东 A 集团决定对 B 药业进行解散。

假设你作为 B 药业清算组的成员之一，请问公司解散清算的流程有哪些，并制作一份公司清算方案。

三、实训准备

（一）理论准备

1. 公司解散的含义及分类

论及公司解散，就一定要涉及公司终止这一概念。公司终止是指公司根据法定程序彻底结束经营活动并使公司的法人资格归于消灭的事实状态和法律状态，公司解散与公司破产是公司终止的两种情形。

公司解散是指公司因不能存续而停止积极活动并清理财产关系的状态。根据公司解散原因的不同，可将其分为自愿解散和强制解散。自愿解散是指基于公司自身意志导致的解散，包括公司章程规定的营业期限届满或者股东协商一致或者因公司合并、分立的解散。强制解散非为公司自愿，而是由于其违反国家法律、行政法规等被国家行政机关强行退出市场，或者由人民法院判决解散。强制解散包括被市场监督管理机关吊销法人营业执照、被主管机关撤销或者关闭、人民法院判决解散公司或者法人成立无效等情况。

广义上的公司解散包括自愿解散和强制解散两种，但狭义上的解散只指自愿解散一种。由于强制解散涉及法院或行政机关的强制程序，不属于非诉法律业务范畴内，因此本节所称的解散如未特别注明，就是指狭义上的公司解散，即自愿解散。

需要说明的是，强制解散中的由人民法院判决解散与公司破产并不相同，应予以区分。由人民法院判决解散来自股东对公司的解散之诉，其依据的是《公司法》第二百三十一条的规定："公司经营管理发生严重困难，继续存续会使股东利益受到重大损失，通过其他途径不能解决的，持有公司百分之十以上表决权的股东，可以请求人民法院解散公司。"

2. 公司解散之诉

在处理公司解散之诉时，一定要采取审慎态度，尽可能在保护个别股东利益与保护其他股东和公司利益中寻求一种公平、公正的解决方式。在判决解散公司前尽可能采取股东退出、法院调解等方式，在维护中小股东利益的同时，尽量维护公司的法人人格，促进公司的正常运转，将对股东和公司的损害降到最低。

由于法院通常对股东解散公司之诉比较慎重，因此即便在前述方式仍不能解决公司问题的情况下，法院也不会当然判定公司解散，因此律师仍须对此次诉讼做好应对。

通常法院会审查是否存在提起解散之诉的股东在起诉前曾以内部救济方式向董事会、股东会提出决议而被遭到拒绝，或者转让股权受到阻碍的客观事实；是否有证据证明存在公司僵局这一情况；另外，很多法院还会要求提起解散之诉的股东提供一定财产担保，以防止其因恶意诉讼、滥用诉讼权利而损害其他股东和公司的利益。

3. 公司解散清算的程序

公司清算是指公司解散时，为终结现存的财产和其他法律关系，依照法定程序，对公司的财产和债权债务进行清理、处分和分配，以终结其债权债务关系，使公司法人资格最终归于消灭的法律行为。按照法律规定，除因合并和分立而引发的公司解散外，其他原因引起的公司解散，均须经过清算程序。

公司解散清算程序如下：

（1）股东会决议公司解散。公司在解散事由出现之后，股东会作为公司的最高决策机构应及时召开股东会会议，作出是否同意公司解散的决议。

（2）清算组的成立和备案。公司在解散事由出现之日起15天内成立清算组，清算组由董事（清算义务人）组成，但是公司章程另有规定或股东会决议另选他人的除外。股东会另选他人可选任注册会计师、律师或其他熟悉清算事务的专业人员作为清算组成员，清算组成员不得少于三人。

（3）清算公告和债权登记。清算组应当在备案的同一期间将公司解散清算的情况通知债权人，并于成立之日起60日内在报纸上公告。

债权人应当自接到通知书之日起30日内，未接到通知书的自公告之日起45天内，向清算组申报其债权。债权人申报其债权，应当说明债权的有关事项，并提供证明材料。清算组应当对债权进行登记。清算组核定债权后，应当将核定结果书面通知债权人。

（4）编制财产清单并清算财产。公司清算期间的财产不仅包括清算开始时公司所有的或者经营管理的财产，还包括清算开始后至清算终结前公司所取得的财产。对于清算开始后公司取得的财产，要区分是否为公司所有，对于不属于公司的财产则要予以归还，对于公司担保物的价值超过所担保的债务的部分则列入清算财产范畴。

（5）制定清算方案。清算组在清理公司财产、登记公司债务之时，如果发现公司财产不足清偿债务的，应当立即向人民法院申请宣告破产；否则应当制定清算方案，清算方案须经股东会确认方可执行。

清算方案中的财产清偿顺序如下：①清算费用；②职工工资、社会保险费用以及法定补偿金；③税款；④企业债务（对于企业未到清偿期的债务，也应予以清偿，但应相应地减去未到期的利息；对于因债权争议或诉讼原因致使债权人、股东暂时不能参加分配的，清算组应当从清算财产中按比例提存相应金额）；⑤清算财产清偿后的剩余财产，按出资比例分配给股东。

职工工资包括标准工资、奖励工资、津贴和其他工资收入。社会保险是法律、法规规定的，公司应为职工缴纳各种保险费，包括职工养老、疾病、死亡、伤残、生育、失业等特殊情况下的社会保险费用。职工工资和社会保险都与职工切身利益有关，因此《公司法》规定，拨付清算费用后，首先支付职工工资及社会保险费。法定补偿金是指依照《劳动合同法》第四十六条的规定用人单位应当向劳动者支付经济补偿的情况。

（二）实践准备

1. 将学生分成小组，每组 6~7 人为宜，方便小组讨论和角色扮演。

2. 掌握《公司法》、最高人民法院关于适用《中华人民共和国公司法》若干问题的规定（一）—（五）等规范性文件。

3. 将实训素材中的案例资料发给学生，要求思考案例中的解散清算工作流程是什么，律师应准备哪些法律文件，其中需要注意哪些问题及风险。

四、实训要点

（一）公司解散清算期间的性质界定

《公司法》第二百三十六条第三款规定："清算期间，公司存续，但不得开展与清算无关的经营活动……"这说明清算期间的公司只能在清算的目的范围内享有权利能力，而不能从事其他与清算目的无关的经营活动。

由于此阶段的公司并未办理注销登记，因此其法人资格仍然存续。《公司法》第二百二十九条第二款规定了在解散事由出现后的 10 日内公示的法定义务，因此对于善意第三人而言，风险在一定程度上确有降低。

（二）清算组清算不善的法律风险

清算组是负责公司清算的专门组织，负有忠实义务和勤勉义务，其须依照法定程序，严格履行清算职责。对于实践中出现的清算组未履行向债权人通知和公告义务，导致债权人未及时申报债权而未获清偿的情况、清算组执行未经确认的清算方案给公司或债权人造成损失的情况、清算组违反法律、行政法规或公司章程从事清算事务给债权人造成损失的情况，债权人、股东或公司可依不同情况分别向清算组要求赔偿损失。

（三）清算义务人妨碍清算、非法注销的法律风险

《最高人民法院关于适用〈中华人民共和国公司法〉若干问题的规定（二）》中对清算义务人妨碍清算、非法注销的责任承担问题作了相应的规范。

1. 《最高人民法院关于适用〈中华人民共和国公司法〉若干问题的规定（二）》第十八条规定："有限责任公司的股东、股份有限公司的董事和控股股东未在法定期限内成立清算组开始清算，导致公司财产贬值、流失、毁损或者灭失，债权人主张其在造成损失范围内对公司债务承担赔偿责任的，人民法院应依法予以支持。有限责任公司的股东、股份有限公司的董事和控股股东因怠于履行义务，导致公司主要财产、账册、重要文件等灭失，无法进行清算，债权人主张其对公司债务承担连带清偿责任的，人民法院应依法予以支持。上述情形系实际控制人原因造成，债权人主张实际控制人对公司债务承担相应民事责任的，人民法院应依法予以支持。"以上法律规定揭示了有限责任公司的股东、股份有限公司的董事和控股股东怠于清算、妨碍清算下须对债权人承担连带清偿责任。

2. 《最高人民法院关于适用〈中华人民共和国公司法〉若干问题的规定（二）》第十九条规定："有限责任公司的股东、股份有限公司的董事和控股股东，以及公司的实际控制人在公司解散后，恶意处置公司财产给债权人造成损失，或者未经依法清算，以虚假的清算报告骗取公司登记机关办理法人注销登记，债权人主张其对公司债务承担相应赔偿责任的，人民法院应依法予以支持。"第二十条第一款规定："公司解散应当在依法清算完毕后，申请办理注销登记。公司未经清算即办理注销登记，导致公司无法进行清算，债权人主张有限责任公司的股东、股份有限公司的董事和控股股东，以及公司的实际控制人对公司债务承担清偿责任的，人民法院应依法予以支持。"以上法律规定揭示了有限责任公司的股东、股份有限公司的董事和控股股东未经清算、违法注销下对债权人须承担清偿责任。

需要强调的是，《公司法》明确除公司章程规定或股东会另选他人外，董事为清算义务人，因此上述妨碍清算、非法注销的责任主体在实践中更多为董事。

（四）公司解散清算中"承诺还债"的法律风险

由于公司解散清算是公司的自主行为，因此很多公司在清算过程中经常采用很多非法做法以达到未经清算而注销的非法目的。如公司清算组在债权人不易查知的报纸上刊登公司清算公告以避免债权人申报债权，从而减少对债权人的偿付金额；又如公司的开办单位申请办理公司注销登记，进而使债权人无法向公司主张债权等。在这种情况下，很多债权人认为是市场监督管理部门的过错导致其债权无法实现，因此市场监督管理部门通常均要求在注销申请书中做"还债承诺"，否则将不予办理公司的注销登记。

虽然"还债承诺"有很多制度上和法律上的症结，如使得债权申报制度虚设、加重公司的偿还责任、导致大量公司处于休眠状态进而引发公司管理的混乱等，但依据《最高人民法院关于适用〈中华人民共和国公司法〉若干问题的规定（二）》第二十条第二款的规定："公司未经依法清算即办理注销登记，股东或者第三人在公司登记机关办理注销登记时承诺对公司债务承担责任，债权人主张其对公司债务承担相应民事责任的，人民法院应依法予以支持。"由此可见，司法实践中，对于清算过程中的"还债承诺"是认可的。

（五）股东出资不足的法律风险

按照《公司法》《最高人民法院关于适用〈中华人民共和国公司法〉若干问题的规定（三）》的相关规定，未足额缴纳出资的股东，在公司解散清算之时，即使未到缴纳出资的期限，也负有在未缴出资范围内对公司债务承担连带清偿责任。

（六）职工持股分配的法律风险

职工持股在很多公司中大量存在，但由于相关制度并不健全，因此由职工持股引发的矛盾日益增多，这一矛盾在公司解散清算中格外突出。常见的问题有，工会持股无主体资格，职工作为一个整体持股，但其内部无股权划分或股权比例混乱，这些均给公司清算留下后患。对于职工持股的清算问题，应采取职工持股成员召开职工代表大会或职工大会的方式，由全体职工以一定的表决权通过，分配方案才可执行。

另外，在公司解散清算之中还可能会有行政和刑事法律风险。行政法律风险，如清算组成员利用职权徇私舞弊、牟取非法收入或者侵占公司财产的，由市场监督管理机关责令退还公司财产，没收违法所得，并可以处以违法所得一倍以上五倍以下的罚款；刑事法律风险，如《刑法》第一百六十二条规定的妨害清算罪和第一百六十二条之一规定的隐匿、故意销毁会计凭证、会计账簿、财务会计报告罪。

（七）公司注销登记提交材料规范

第一，公司清算组负责人签署的《公司注销登记申请书》（公司加盖公章）；公司破产程序终结后办理注销登记的，由破产管理人签署。

第二，公司签署的《指定代表或者共同委托代理人的证明》（公司加盖公章）及指定代表或者委托代理人的身份证件复印件；应标明指定代表或者共同委托代理人的办理事项、权限、授权期限。公司破产程序终结后办理注销登记的，由破产管理人签署。

第三，人民法院的破产裁定、解散裁判文书，公司依照《公司法》作出的决议或者决定，行政机关责令关闭或者公司被撤销的文件。

第四，股东会、一人有限责任公司的股东或者人民法院、公司批准机关备案、确认清算报告的确认文件。

有限责任公司提交股东会确认决议，股份有限公司提交股东会确认决议。有限责任公司由代表三分之二以上表决权的股东签署；股份有限公司由股东会会议主持人及出席会议的董事签字确认。

国有独资有限责任公司提交国务院、地方人民政府或者其授权的本级人民政府国有资产监督管理机构的确认文件。

一人有限责任公司提交股东签署的确认文件。

股东会、一人有限责任公司的股东或者人民法院、公司批准机关在清算报告上已签署备案、确认意见的，可不再提交此项材料。

公司破产程序终结后办理注销登记的，不提交此项材料。

第五，经确认的清算报告。

公司破产程序终结后办理注销登记的，不提交此项材料，提交人民法院关于破产程序终结的裁定书。

第六，清算组成员《备案通知书》。

公司破产程序终结后办理注销登记的，不提交此项材料。

第七，法律、行政法规规定应当提交的其他文件。

国有独资公司申请注销登记，还应当提交国有资产监督管理机构的决定，其中，国务院确定的重要的国有独资公司，还应当提交本级人民政府的批准文件。

设有分公司的公司申请注销登记，还应当提交分公司的注销登记证明。

第八，公司《企业法人营业执照》正、副本。

需要注意及说明的是：首先，依照《公司法》《市场主体登记管理条例》设立的公司申请注销登记适用上述规范。其次，《公司注销登记申请书》《指定代表或者共同委托代理人的证明》可以通过各地政务服务平台下载或者到工商行政管理机关领取。再次，提交的申请书与其他申请材料应当使用 A4型纸。以上各项未注明提交复印件的，应当提交原件；提交复印件的，应当注明"与原件一致"并由公司签署（公司破产程序终结后办理注销登记的，由破产管理人签署），或者由其指定的代表或委托的代理人加盖公章或签字。因合并、分立而办理公司注销登记的，无须提交第4、5、6项材料，提交合并或分立协议。最后，以上涉及签署的，自然人由本人签字；非自然人加盖公章。

五、实训流程

（一）清算中债权债务的确认训练

1. 通过投影仪，与学生共同回顾实训准备案例一的基本案情。

2. 以小组讨论的方式，思考对于案例中的第一个问题，辽宁荣誉假肢厂是否仍负有出资义务？如果辽宁荣誉假肢厂在动迁时选择的是产权置换，而清算时新置换的房屋并未建成，也无相关手续，则清算组应如何处理？如诉讼，则诉讼主体及具体管辖法院应是什么？

3. 以小组讨论的方式，思考对于案例一中的第二个问题，劳动者可以通过哪些途径主张自己的权利？如诉讼，则诉讼主体及诉讼请求是什么？

（二）清算程序训练

1. 通过投影仪，与学生共同回顾实训准备案例二的基本案情。

2. 以小组讨论的方式，思考清算组的工作流程。

（三）公司清算方案的制作训练

对于案例二，在清算组工作流程的基础上，制作一份公司清算方案。

六、实训作业

案例二作业：

B 药业清算方案

B 药业因经营不善，经公司股东会决议解散，现将公司解散清算方案编制如下：

一、清算组组成：公司清算组由公司股东组成。

二、清算组职权：

（一）清理公司财产，清理债权、债务；

（二）通知、公告债权人；

（三）处理与清算本公司未了结的业务；

（四）清缴所欠税款以及清算过程中产生的税款；

（五）代表公司参与民事诉讼活动。

三、公司资不抵债，则清算组及时向法院申请破产，公司资产能够清偿公司债务的，清算组按下列顺序清偿：

（一）支付清算费用；

（二）支付职工工资和社会保险费用及法定补偿金；

（三）缴纳所欠税款；

（四）清偿公司债务。

公司财产按前款规定清偿后的剩余财产，按照股东的实缴出资的比例分配。

四、清算结束后，清算组应当制作清算报告，报股东会或者人民法院确认，并报送公司登记机关，申请注销公司登记，公告公司终止。

针对本节内容，可做如下总结：

1. 公司清算方案是公司解散清算工作中的重中之重，清算方案的内容须包括整个清算进程、清算分配顺位和清算剩余财产处置方法。

2. 清算方案须经过股东会的确认方可执行，如有审批机关，还需经审批机关批准。

3. 清算过程中债权债务的确认以及职工的安置是整个清算工作的重点和难点，对于有异议的债权债务，可以在清算过程中以诉讼方式请求法院予以最终确认。

七、实训点评

案例二教师点评：

本案例主要考查学生对于清算组组成、清算流程、清偿顺序等知识点的掌握，并在此基础上锻炼学生制作清算方案的能力。首先，学生对于清算组的职权及流程的掌握只限于法律规定，在清算方案中没有具体化，没有针对案例中的公司予以明确化，因此清算方案的可操作性和指引性比较差。其次，公司清算注重实体与程序的结合，因此清算方案中对于清算程序性的内容是一定要有的，但学生却对此内容不予注意，尤其对时间性要求比较忽视，如对清算组组成时间、通知债权人时间、公告时间、注销时间等均没有在方案中予以体现。最后，清算方案需经股东会确认方可执行，如在清算方案中没有股东会确认或股东签字这一项的内容，则需以后附股东会决议的方式予以效力确认。

八、实训文书

案例二范本：

B 药业公司解散清算方案

B 药业成立于 2000 年 8 月，是 A 集团的全资控股子公司。近年来，由于公司自身存在的经营问题及诉讼案件影响，一直处于亏损状态，公司在寻求各种有效方法解决目前问题无果的情况下，控股股东 A 集团决定对公司进行解散清算。经过前期调研、论证，公司解散清算方案如下：

一、清算原则

1. 依照国家有关法律、行政法规的规定，以经批准的、有效的公司合同、章程为基础。

2. 公平、合理原则。

3. 保护公司、投资者、债权人合法权益的原则。

二、清算期限

1. 公司清算开始之日为公司经营期限届满之日，即 2024 年 4 月 8 日。

2. 公司在清算期间，不得开展新的经营活动。

三、清算组织

1. 清算组应当自清算开始之日起 15 日内成立，即 2024 年 4 月 23 日之前。

2. 清算组在清算期间行使下列职权：

（1）清理公司财产，编制资产负债表和财产清单，制定清算方案；

（2）公告未知债权人并书面通知已知债权人；

（3）处理与清算有关的公司未了结的业务；

（4）提出财产评估作价和计算依据；

（5）清缴所欠税款；

（6）清理债权、债务；

（7）处理公司清偿债务后的剩余财产；

（8）代表公司参与民事诉讼活动。

3. 清算组编制的资产负债表和财产清单、提出的财产评估作价和计算依据、制定的清算方案，须经公司股东会确认方可执行。

4. 清算组成立后，有权责令公司有关人员在指定的期限内将公司的会计报表、财务账册、财产目录、债权人和债务人名册以及与清算有关的其他资料，提交清算组。

5. 清算组成员应当忠于职守，不得利用职权收受贿赂或者牟取非法收入，不得侵占公司财产。

四、通知与公告

1. 公司应当自清算开始之日起 7 日内，即 2024 年 4 月 15 日之前，将公司名称、地址、清算原因和清算开始日期等以书面方式通知公司审批机关、公司主管部门、公司登记机关、税务机关和公司开户银行等有关单位。

2. 清算组应当自成立之日起 10 日内，书面通知已知的债权人申报债权，并应当自成立之日起 60 日内，在一种全国性报纸、一种当地省或者市级报纸上刊登公告。

3. 清算公告应当写明公司名称、地址、清算原因、清算开始日期、清算组通信地址、成员名单及联系人等。

4. 债权人应当自接到通知书之日起 30 日内，未接到通知书的自公告之日起 45 日内，向清算组申报债权。债权人在上述规定的期限内申报债权，须提交有关债权数额以及与债权有关的证明材料。

未在规定的申报债权期限内申报债权的，按照以下规定处理：

（1）已知债权人的债权，应当列入清算；

（2）未知债权人的债权，在公司剩余财产分配结束前，可以请求清偿；公司剩余财产已经分配结束的，视为放弃债权。

五、债权、债务与清偿

1. 对债权人申报的债权，清算组应当进行登记，并在核定债权后，将核定结果书面通知债权人。

2. 债权人对清算组关于债权的核定结果有异议的，可以自收到书面通知之日起 15 日内，要求清算组进行复核。债权人对复核结果仍有异议的，可以自收到复核的书面通知之日起 15 日内向公司住所地的人民法院提起诉讼；债权人与公司有仲裁约定的，应当依法提交仲裁。

诉讼或者仲裁期间，清算组不得对有争议的财产进行分配。

3. 清算组对清算期间发生的财产盘盈或者盘亏、变卖，无力归还的债务或者无法收回的债权，以及清算期间的收入或者损失等，应当书面向股东会说明原因、提出证明并计入清算损益。

4. 下列清算费用从清算财产中优先支付：

（1）管理、变卖和分配公司清算财产所需要的费用；

（2）公告、诉讼、仲裁费用；

（3）在清算过程中需要支付的其他费用。

5. 清算开始之日前成立的有财产担保的债权，债权人享有就该担保物优先受偿的权利。

6. 有财产担保的债权，其数额超过变卖担保物所得的价款，债权人未受清偿的部分，作为一般债权。

7. 清算财产优先支付清算费用后，按照下列顺序清偿：

（1）职工的工资、劳动保险费；

（2）国家税款；

（3）其他债务。

8. 清算费用未支付、公司债务未清偿以前，公司财产不得分配。

公司支付清算费用，并清偿其全部债务后的剩余财产，按照投资者的实际出资比例分配。

9. 清算过程中发现公司财产不足清偿债务的，清算组应当向人民法院申请宣告公司破产；被依法宣告破产的，依照有关破产清算的法律、行政法规办理。

六、清算财产的评估作价与处理

对清算财产评估作价，应当按照以下规定办理：

1. 公司合同、章程有规定的，按照公司合同、章程的规定办理。

2. 公司合同、章程没有规定的，由清算组依照国家有关规定及参照资产评估机构的意见确定，并报股东会确认。

七、清算终结

1. 清算组完成清算方案所确定的工作后，应当制作清算报告。清算报告应当包括以下内容：

（1）清算的原因、期限、过程；

（2）债权、债务的处理结果；

（3）清算财产的处理结果。

2. 清算报告经公司股东会确认后 30 日内报送公司登记机关，办理公司注销登记，缴销营业执照，并负责在一种全国性报纸、一种当地省或者市级报纸上公告公司终止。

3. 公司清算结束，在办理公司注销登记手续之前，应当将其所保管的各项会计凭证、会计账册及会计报表等资料移交给控股股东 A 集团。

九、实训拓展

（一）课后思考

1. 思考公司解散清算中是否会涉及法律诉讼。

2. 完成引例中的作业。

（二）补充资料

文件一：

×××公司注销清算报告

根据《公司法》及×××公司（以下简称公司）《章程》的有关规定，公司已经于××××年××月××日召开的股东会决议解散，并成立清算组于××××年××月××日开始对公司进行清算。现将公司清算情况报告如下：

一、清算组成员组成情况。清算组成员由董事×××、×××、×××组成，由×××担任清算组负责人。

二、通知和公告债权人情况。公司清算组于××××年××月××日通知了公司债权人申报债权，并于××××年××月××日在×××报向公司债权人发出公告。

三、公司财务状况。截至××××年××月××日，公司资产总额为×××元，其中，净资产为×××元，负债总额为×××元。

四、公司财产构成状况。（应以"财产清单"的形式罗列公司财产的名称、数量、价值、存放地点；银行存款应注明开户行及银行账户）

五、公司债权、债务的清算情况。

1. 债权的清收情况（包括债权的具体种类及金额，是否已清收等情况）。

2. 债务的清偿情况（包括债务的具体种类及金额，是否已清偿等情况）。

六、公司剩余财产的分配情况。

1. 公司剩余的财产由全体股东按出资比例分配。

2. 公司的会计凭证、账册等会计资料的保存情况。

3. 公司的会计凭证、账册等会计资料由×××负责保存。

七、其他有关事项说明。

清算组成员签字：

董事签字（盖章）：

×××公司（盖章）

××××年××月××日

文件二：公司解散清算表格

公司注销登记申请书

注册号：

名　称	
公司类型	
清算组成员《备案通知书》文号	
申请注销登记的原因	□ 1. 公司章程规定的营业期限届满或者公司章程规定的其他解散事由出现； □ 2. 股东、股东会、股东大会决议解散； □ 3. 因公司合并或者分立需要解散； □ 4. 依法被吊销营业执照、责令关闭或者被撤销； □ 5. 人民法院依法予以解散； □ 6. 其他法律、行政法规规定的情形。 注：注销原因在备选项□上画"√"，选其他解散情形应具体注明。
债权债务清理情况	□已清理完毕　□未清理完毕
分公司注销登记手续办理情况	□已办理完毕　□未办理完毕
对外投资清理情况	□已清理完毕　□未清理完毕
公告情况	公告报纸名称
	公告日期

本公司依照《公司法》《市场主体登记管理条例》申请注销登记，提交材料真实有效，谨此对真实性承担责任。

公司盖章：　　　　　清算组负责人签字：

年　月　日

注：1. 手工填写表格和签字请使用黑色或蓝黑色钢笔、毛笔或签字笔，请勿使用圆珠笔。2. 因公司合并、分立而申请注销登记的，清算组负责人签字栏由公司法定代表人签字。

文件三：破产清算申请书

破产清算申请书

申请人：××文化传媒有限公司

统一社会信用代码：91210102MA0×××××

住所地：××省××市中山路65-1号

法定代表人：杨×× 职务：经理兼执行董事

被申请人：××文化传媒有限公司

统一社会信用代码：91210102MA0×××

住所地：××省××市中山路65-1号

法定代表人：杨×× 职务：经理兼执行董事

申请事项

请求贵院依法裁定对××文化传媒有限公司（以下简称"被申请人"）进行破产清算。

事实和理由

一、被申请人基本情况

被申请人成立于20××年12月7日，登记机关为××市和平区市场监督管理局，统一社会信用代码为91210102MA0××××，公司住所地为××省××市中山路65-1号，公司类型为有限责任公司，注册资本总额为100万元人民币，股东为××持股60%，××持股40%。

二、被申请人资产已不足以清偿全部债务

《中华人民共和国企业破产法》第二条第一款规定："企业法人不能清偿到期债务，并且资产不足以清偿全部债务或者明显缺乏清偿能力的，依照本法规定清理债务。"第七条第二款规定："债务人不能清偿到期债务，债权人可以向人民法院提出对债务人进行重整或者破产清算的申请。"《最高人民法院关于适用〈中华人民共和国企业破产法〉若干问题的规定（一）》第三条规定："债务人的资产负债表，或者审计报告、资产评估报告等显示其全部资产不足以偿付全部负债的，人民法院应当认定债务人资产不足以清偿全部债务，但有相反证据足以证明债务人资产能够偿付全部负债的除外。"

光明会计师事务所有限责任公司出具的×光会专审［2023］294号《专

项审计报告》显示，截至 20××年5月24日，被申请人账面资产总额 146,148.25 元，负债 6,076,306.28 元，所有者权益 - 5,930,158.03 元，资产负债率 4,157.63%。根据上述法律规定，被申请人已完全符合前述关于资产不足以清偿全部债务的认定标准。

三、被申请人破产清算案件的管辖

《中华人民共和国企业破产法》第三条规定，破产案件由债务人住所地人民法院管辖。被申请人登记机关为沈阳市和平区市场监督管理局，故针对被申请人的破产清算案件应由沈阳市和平区人民法院管辖。

综上所述，被申请人不能清偿到期债务且资产不足以清偿全部债务情形显著、证据确凿，完全符合《中华人民共和国企业破产法》第二条、第七条及《最高人民法院关于适用〈中华人民共和国企业破产法〉若干问题的规定（一）》第二条、第三条的认定标准。请求贵院依法裁定对被申请人进行破产清算。

此致
××市××区人民法院

申请人：××文化传媒有限公司

20××年　　月　　日

附件：材料清单

序号	资料名称
1	破产申请书
2	营业执照
3	法定代表人身份证明
4	法定代表人身份证复印件
5	授权委托书

序号	资料名称
6	受委托人身份证复印件及劳动合同/律师手续
7	股东会决议
8	关于职工工资支付和社会保障费用缴纳情况说明
9	关于财产状况的说明
10	债务清册
11	关于公司明显缺乏清偿能力的说明及依据
12	诉讼执行情况
13	审计报告

十、实训法规

1.《中华人民共和国公司法》第二百二十九条至第二百四十二条；

2.《最高人民法院关于适用〈中华人民共和国公司法〉若干问题的规定（二）》第一条至第二十四条。

第四节　公司上市非诉讼法律实务

引例：

中国石油天然气股份有限公司是我国油气行业占主导地位的最大的油气生产和销售商，在由全球能源领域权威机构普氏能源公布的"2006年全球能源企业250强"中，该公司位列第六，连续五年位居亚太区第一，成为全球石油石化产品重要的生产和销售商之一。

中国石油天然气股份有限公司成立于1999年11月5日，是由中国石油集团独家发起设立的股份有限公司。该公司于2000年4月完成了境外H股发行，并在中国香港联交所和美国纽约证交所上市。2007年，公司领导层决定开始投入建设长庆油田、大庆油田、冀东油田等五个项目，公司董事会决定采用境内市场 IPO 方式进行融资用于这五个项目的建设。2007 年 11 月 5 日，中国石油天然气股份有限公司于上海证券交易所成功上市，股票代码 601857。

一、实训目标

通过本节学习，学生可以了解证券股票的基本知识，知晓公司上市的流程，掌握公司上市的条件和方式。最终需要学生掌握的技能有：

1. 了解公司上市的意义、证券市场的参与主体、股票的分类等基本知识。

2. 掌握公司上市的流程，以及律师在各个流程中的具体工作。

3. 掌握公司上市的两种途径及各自的特点。

4. 熟知不同途径下公司上市的要件。

在实训过程中，将学生讨论与教师讲授相结合。

二、实训素材

案例一：

广发证券借壳 S 延边路上市过程

第一步，S 延边路以全部资产负债定向回购并注销第一大股东所持股份：S 延边路以全部资产及负债定向回购并注销吉林敖东持有的 50,302,654 股非流通股，以及吉林敖东拟受让的深圳国投持有的本公司 34,675,179 股非流通股，合计回购 84,977,833 股非流通股，占公司总股本的 46.15%。

第二步，新增股份吸收合并广发证券：S 延边路以新增股份的方式吸收合并广发证券，换股比例为 1∶0.83，即每 0.83 股广发证券股份换 1 股延边公路股份，吸收合并的基准日为 2006 年 6 月 30 日。同时，广发证券向吉林敖东支付 4000 万元补偿款。

第三步，非流通股股东缩股获得上市流通权：其他非流通股股东按每 10 股缩为 7.1 股的比例单向缩股，缩股完成后，其他非流通股股东持有的股份将减少为 422.32 万股，该等股份即可获得上市流通权，在公司股权分置改革完成一年后可上市流通。本次股改及以新增股份换股吸收合并完成后，S延边将更名为"广发证券股份有限公司"，注册地迁往现广发证券注册地。

借壳上市中各方权益划分：（1）S延边路的第一大股东：获得S延边路的全部资产负债和人员，获得4000万元现金补偿。对价为出让46.15%的控股权，退出S延边路。（2）S延边路原来的其他非流通股股东：获得存续公司0.17%的股权以及上市流通权，对价为每股净资产和每股收益摊薄。（3）S延边路的流通股股东：获得存续公司3.72%的股权，其在原公司中的股权比例合计50.61%。（4）广发证券的原股东：以股权扩张比例为1.2的换股方式获得存续公司96.11%的股权；对价为支付4000万元补偿金。

案例二：

海通证券借壳都市股份上市股份

第一步，都市股份向第一大股东——光明食品（集团）有限公司出售资产，腾出净壳。都市股份向光明食品（集团）有限公司转让全部资产、负债和人员，转让价款为75600万元。

第二步，都市股份以新增股份吸收合并海通证券。海通证券的换股价格为每股人民币2.01元，公司的换股价格以2006年10月13日的收盘价为基准确定为每股人民币5.8元，由此确定海通证券与公司的换股比例为1：0.347，即每1股海通证券股份换0.347股本公司股份。海通证券在本次合并前的总股本约为87.34亿股，换为都市股份约为30.31亿股，合并完成后都市股份总股本将增加至约33.89亿股。同时，赋予都市股份除光明集团之外的所有股东现金选择权，具有现金选择权的股东可以全部或部分行使现金选择权，行使选择权的股份将按照每股人民币5.80元换取现金，相应的股份过户给第三方光明集团下属全资子公司上海市农工商投资公司。本次合并生效后，都市股份相应修改章程、变更住所、变更经营范围并更名为"海通证券股份有限公司"。

第三步，定向增发做大净资产。在吸收合并海通证券完成后，公司向经中国证监会核准的特定投资者非公开发行不超过10亿股的新股，发行价格不低于公司与海通证券合并时的换股价每股人民币5.8元。

借壳上市中各方权益划分：（1）都市股份原控股股东——光明集团：获得存续公司 7.12% 股权，获得都市股份全部资产负债和人员；对价为支付 7.56 亿元现金，相对都市股份账面净资产溢价 7%。（2）都市股份原流通股东：获得存续公司 3.45% 股权，对价为每股净资产和每股收益大幅摊薄。（3）海通证券原 66 家股东：获得存续公司 89.43% 股权，对价为股权缩股比例 0.347。

三、实训准备

（一）理论准备

1. 证券市场的参与主体

证券市场中有证券发行人、证券投资人、证券市场中介机构、自律性组织、证券监管机构五大类主体。

（1）证券发行人。证券发行人是指为筹措资金而发行债券、股票等证券的发行主体。它包括公司企业和政府及其部门机构。

（2）证券投资人。证券投资人是指通过证券而进行投资的各类主体，其中包括机构投资者和个人投资者。对于机构投资者，其主要包括政府机构、金融机构、企业和事业单位及各类基金。

政府机构参与证券投资的主要目的是调剂资金余缺和进行宏观调控，其主要表现在中央银行以公开市场操作作为政策手段，通过买卖政府债券或金融债券，影响货币供应量进行宏观调控；国有资产管理部门或其授权部门通过国家控股、参股来实现国有资产的保值增值；各级政府及政府机构在出现剩余资金时，则通过购买政府债券、金融债券投资于证券市场。

参与证券投资的金融机构包括证券经营机构、银行业金融机构、保险公司及保险资产管理公司、合格境外机构投资者（QFII）、主权财富基金及其他金融机构，如信托投资公司、企业集团财务公司、金融租赁公司等。

企业通过自身的积累资金或闲置资金进行证券投资，增加企业收入；事业法人则可用自有资金和有权自行支配的预算外资金进行证券投资。

证券投资基金、社保基金、企业年金和社会公益基金均可进行证券投资。

具体来说，证券投资基金是通过公开发售基金份额来筹集资金，由基金管理人管理，基金托管人托管，为基金份额持有人的利益，以资产组合方式投资于股票、债券和国务院证券监督管理机构规定的其他证券品种；我国社保基金可分为社会保障基金和社会保险基金。对于前者其资金来源于国有股减持划入的资金和股权资产、中央财政拨入资金、发行彩票公益金及经国务院批准以其他方式筹集的资金及其投资收益。社会保障基金可投资于银行存款、国债、证券投资基金、股票、信用等级在投资级以上的企业债、金融债等有价证券，其中银行存款和国债投资的比例不低于50%，企业债、金融债不高于10%，证券投资基金、股票投资的比例不高于40%。对于社会保险基金，其主要累积项目就是养老保险基金，其可依据人力资源和社会保障部的相关规定予以运作；企业年金是企业及其职工在依法参加基本养老保险的基础上，自愿建立的补充养老保险基金，其可由年金受托人或受托人指定的专业投资机构进行证券投资；社会公益基金是将收益用于指定的社会公益事业的基金，如福利基金、科技发展基金等，其也可以用于证券投资。

（3）证券市场中介机构。证券市场中介机构是指为证券的发行、交易提供服务的各类机构，其包括证券公司、证券登记结算机构、证券服务机构。证券公司又称券商，是指依照《公司法》规定和经国务院证券监督管理机构批准经营证券业务的有限责任公司或股份有限公司，如银河证券公司、华泰证券公司、中信证券公司等。证券登记结算机构是为证券交易提供集中的登记、托管与结算服务的专门机构。证券服务机构是指依法设立的从事证券服务业务的法人机构，主要包括证券登记结算公司、会计师事务所、资产评估机构、律师事务所和证券信用评级机构等。

（4）自律性组织。证券市场中的自律性组织主要包括证券交易所和证券业协会。证券交易所是为证券集中交易提供场所和设施，组织和监督证券交易，实行自律管理的法人，如我国上海证券交易所与深圳证券交易所。证券业协会是证券公司加入的自律性组织。

（5）证券监管机构。我国的证券监管机构是中国证券监督管理委员会（以下简称证监会），是国务院直属的证券监督管理机构。

2. 有价证券的分类

有价证券是指标有票面金额，证明持有人有权按期取得一定收入并可自由转让和买卖的所有权或债权凭证。有价证券是虚拟资本的一种形式，它本身没有价值，但却可以凭此取得一定收入，因此其有价格。

有价证券以不同的标准，可以做不同的分类。按发行证券的主体不同，可将有价证券分为政府证券、金融证券、企业证券；按能否在证券交易所挂牌交易，可将有价证券分为上市证券和非上市证券；按募集方式的不同，可将有价证券分为公募证券与私募证券；按照证券性质的不同，可将有价证券分为股票、债券及其他证券，股票和债券是最基本的两个品种。

根据股票发行对象的不同，可以将股票发行方式分为公开发行和非公开发行，本节所讲述的股票首次公开发行（Initial Public Offerings，IPO）就是股票公开发行方式的一种，只是其将股票公开发行的条件限定在"首次"这一特定条件下，而股票非公开发行是指上市公司采用非公开方式，向特定对象发行股票的行为，其显著的特点就是募集对象的特定性及发售方式的限制性。非公开发行股票的优点是给予非公开发行一定的监管豁免，可以使发行人大大节省筹资成本与时间，也使监管部门减少了审核负担，从而可以把监管的精力更多地集中在公开发行股票的监管、查处违法活动及保护中小投资者上，这在经济上无疑是有效率的。同时，对非公开发行给予审核豁免。由于可以获得审核豁免，从而大大降低筹资成本，因而对于许多企业来说，非公开发行具有很大吸引力。

以计价货币及发行对象的不同，可将股票作以下分类：A 股是以人民币计价，面对中国公民发行且在境内上市的股票；B 股是以美元港元计价，面向境外投资者发行，但在中国境内上市的股票；H 股是以港元计价在香港发行并上市的境内企业的股票。此外，中国企业在美国、新加坡、日本等地上市的股票，分别称为 N 股、S 股和 T 股等。

3. 证券市场的构架

我国证券市场的基本构架可以分为主板、中小企业板、创业板、新三板及科创板。

主板市场就是指上海、深圳两个证券交易所，其股票代码分别为 60 和

00，主板主要面向经营相对稳定、盈利能力较强的大型成熟企业；中小企业板是在现行法律法规不变、发行上市标准不变的前提下，在深圳交易所设立的一个独立运行、独立监察、代码独立的板块，其股票代码是02，中小企业板的设立源于创业板迟迟未出台，但在2009年创业板设立之后，其主要面向进入成熟期但规模较小的企业；创业板是于2009年设立的一个独立运行的板块，其股票代码是30，创业板主要面对广大进入成长期早期阶段的企业，重点支持创新能力强、经营模式新、高成长的企业；新三板是相对于旧三板而言的，旧三板指代2001年的股权代办转让系统，而现今新三板不再仅限于中关村科技园区非上市股份有限公司，而是全国性的非上市股份有限公司股权交易平台；科创板是上海证券交易所设立的独立于现有主板市场的板块，主要服务于符合国家战略、突破关键核心技术、市场认可度高的科技创新企业。以依靠核心技术进行生产经营为主的科创板，有极高的市场认可度、良好的社会形象。科创板服务的主要是科技型、创新型中小企业，帮助一些科技型、创新型企业挂牌上市。

4. 公司上市的意义

公司上市是指公司所发行的股票经过国务院或者国务院授权的证券管理部门批准在证券交易所上市交易。公司上市可以借助资本市场的力量，迅速发展壮大。

（1）通过公司上市实现规范发展。企业改制上市的过程，就是企业明确发展方向、完善公司治理、夯实基础管理、实现规范发展的过程。企业改制过程中，保荐人、律师事务所和会计师事务所等众多专业机构通过清产核资、上市辅导等一系列过程，帮助企业明晰产权关系，规范纳税行为，完善公司治理结构、建立现代企业制度。企业改制上市后，仍要保持企业持续发展，努力达到公司的上市条件以防出现退市风险。

（2）通过公司上市获得融资资本。公司通过发行股票进入资本市场，可以打破融资"瓶颈"的束缚，获得长期稳定的资本性资金，改善企业的资本结构，还可以通过配股、增发、可转债等多种金融工具实现低成本的持续融资。与银行贷款等间接融资方式不同，直接融资不存在还本付息的压力，从而实现股权权益的最大化。

（3）通过公司上市实现品牌提升。从传统意义上讲，企业传播品牌或形象主要通过口碑、广告和营销三大途径，但除此之外，公司上市也是企业提升自我形象、加强品牌营销的重要渠道。公司能够上市就说明公司的成长性、市场潜力和发展前景得到承认，是投资者进行投资必看的广告；媒体也会对公司拓展新业务和资本运作新动向予以追踪报道，这些均是公司无形的广告，帮助公司实现品牌提升。

（4）通过公司上市实现股权增值。公司上市，增强了公司股票的流动性，实现了股权增值，为公司股东、员工带来财富，而且通过公开交易平台有利于发现公司价值，评估公司发展和业绩。对于业绩优良、成长性好、讲诚信的公司，其股价会保持在较高的水平上，不仅可以以较低的成本持续筹集大量资本，不断扩大经营规模，而且可以将股票作为工具进行并购重组，进一步培育和发展公司的竞争优势和竞争实力，对于管理不善、持续亏损的公司来说，投资者会选择用脚投票的方式将其予以逐步淘汰，进而优化资本市场的结构。

5. 公司上市的条件

公司公开发行股票与股票上市是两个不同的问题，不能予以混淆。原则上，公司公开发行股票在先，股票上市在后，但在某些特定情况下，股票发行与股票上市也可能同时进行，如有限责任公司转变公司形式，并于创业板上市。

根据《证券法》规定，公司公开发行新股，应当符合下列条件：第一，具备健全且运行良好的组织机构；第二，具有持续盈利能力，财务状况良好；第三，最近三年财务会计文件无虚假记载，无其他重大违法事项；第四，经国务院批准的国务院证券监督管理机构规定的其他条件。

2024年4月30日，上交所、深交所分别发布《股票发行上市审核规则》等规则，对拟在主板、科创板及创业板上市的企业标准进行了修订，提高了股票上市的门槛。需要说明的是，科创板的上市条件分为板块定位、负面清单、基本条件、股本要求、市值及财务指标五个大的方面，在板块定位这个条件中，对于"科创属性"的要求极为严格，具体表现为：支持和鼓励科创板定位规定的行业领域中，同时符合下列四项指标的企业在科创板上市：

（1）最近三年研发投入占营业收入比例5%以上，或者最近三年研发投入金额累计在8000万元以上；（2）研发人员占当年员工总数的比例不低于10%；（3）应用于公司主营业务并能够产业化的发明专利7项以上；（4）最近三年营业收入复合增长率达到25%，或者最近一年营业收入金额达到3亿元。如未达到上述指标，但符合下列情形之一也可以在创业板上市：（1）拥有的核心技术经国家主管部门认定具有国际领先、引领作用或者对于国家战略具有重大意义；（2）作为主要参与单位或者核心技术人员作为主要参与人员，获得国家自然科学奖、国家科学技术进步奖、国家技术发明奖，并将相关技术运用于主营业务；（3）独立或者牵头承担与主营业务和核心技术相关的国家重大科技专项项目；（4）依靠核心技术形成的主要产品（服务），属于国家鼓励、支持和推动的关键设备、关键产品、关键零部件、关键材料等，并实现了进口替代；（5）形成核心技术和应用于主营业务，并能够产业化的发明专利（含国防专利）合计50项以上。

（二）实践准备

1. 将学生分成小组，每组6~7人为宜。

2. 查找并理解公司上市的主要法律规范，包括《公司法》《证券法》《上市公司治理准则》《上市公司股权激励管理办法》《上市公司章程指引》《上市公司股东大会规则》《上市公司证券发行注册管理办法》《首次公开发行股票注册管理办法》《上市公司收购管理办法》《上海证券交易所股票发行上市审核规则》《深圳证券交易所股票发行上市审核规则》等。

3. 将实训素材中的案例资料发给学生，了解案件情况。

四、实训要点

（一）公司上市的途径

股票首次公开发行与买壳上市是公司上市的两大途径。

1. 股票首次公开发行（IPO）是指按照有关法律法规的规定，公司向证券管理部门提出申请，证券管理部门经过审查，符合发行条件的，同意公司通过发行一定数量的社会公众股的方式直接在证券市场上市，其是公司上市的主要途径之一。

2. 买壳上市是指在证券市场上通过买入一个已经合法上市的公司（壳公司）的控股比例的股份，掌握该公司的控股权后，通过资产的重组，把自己公司的资产与业务注入壳公司而直接取得上市的资格，其是公司上市的另一重要途径。

各个证券公司的上市之路体现了借壳上市的主要三种方式：

（1）壳公司未进行股改，在具体运作中将壳公司的股改与券商的借壳上市相结合。首先，壳公司以全部资产负债定向回购并注销大股东所持公司的非流通股份，造出"净壳"；其次，壳公司以新增股份吸收合并证券公司，从而实现证券公司的上市。如广发证券、长江证券、东北证券三家券商的借壳上市就是通过这一路径来实现的。

（2）壳公司已经完成股改，在具体运作中由壳公司以现金方式向第一大股东出售全部资产负债，腾出"净壳"；然后，再由壳公司以新增股份吸收合并证券公司，如海通证券的借壳上市。

（3）首先以证券公司的第一大股东为主，将所持的证券公司股权与壳公司的全部资产和负债进行置换，随即再以这些资产和负债为支付对价收购壳公司第一大股东所持壳公司的股权，即券商第一大股东在造出"净壳"的同时也实现了自身对壳公司的控股；其次由壳公司吸收合并证券公司或整体收购证券公司，如国金证券、首创证券的借壳上市。

3. IPO上市与买壳上市的比较。

由于IPO上市的要件比较高，加之某些产业不符合国家鼓励的产业政策，因此并不是每个企业均能达到IPO上市要求、通过证券监管部门的审查而实现上市的目的。较之IPO上市，买壳上市无须考虑IPO上市对经营历史、股本结构、资产负债结构、盈利能力、重大资产（债务）重组、控股权和管理层的稳定性、公司治理结构等诸多方面的特殊要求，同时避开IPO对产业结构政策的硬性规定，无须漫长等待，只要企业有足够的经济实力，符合《公司法》关于对外投资的比例限制，就可以实现公司上市。

买壳上市可以避开IPO上市的严格条件，但为了加大上市监管力度，中国证监会发布《关于修改上市公司重大资产重组与配套融资相关规定的决定》，专门针对《上市公司重大资产重组管理办法》新增加了重要内容，对拟借壳对应的经营实体、经营时间及利润情况均作出了具体规范，对借壳上市的标准已接近 IPO 标准。

（二）公司上市的流程

1. 改制与设立

申请上市的公司必须是股份有限公司，因此对于先前是有限责任的公司形式或根本不是公司制的企业，其首要任务就是要改制设立股份有限公司。股份公司的设立是否规范，直接影响到发行上市的合规性。

设立股份有限公司的方式，可以采用由 2 个以上发起人出资设立股份有限公司的新设设立的方式，也可以采用将企业原有的全部或部分资产经评估或确认后作为原投资者出资而设立股份有限公司的改制设立的方式，或者将先前的有限责任公司直接变更为股份有限公司的整体变更的方式。

在设立程序上，新设设立、改制设立与整体变更设立各有不同，以下分别介绍。

新设设立的主要程序是，先由发起人制定股份公司设立方案、签署发起人协议并拟定公司章程草案，并取得国务院授权的部门或省级人民政府对设立公司的批准；再由发起人认购股份；接着召开创立大会并建立公司的组织机构；最后向公司登记机关申请设立登记。

需要说明的是，虽然《公司法》对企业不再有最低注册资本的要求，公司登记也实行注册资本认缴制，但对于公司上市而言，在发起人未足额缴纳认缴资本前不允许公开募集股份。

改制设立的程序与新设设立大致相同，但由于改制设立是由原企业改制为股份有限公司这一组织形式，因此需要对原企业予以清产核资，这需要聘请中介机构开展相关的工作。另外，改制设立多涉及国有资产，对于国有资产部分要做好评估，且要得到国有资产相关管理部门的确认和批复，同时要做好国有企业职工的安置工作。

整体变更程序需要注意的是，由于整体变更设立是将原有限责任公司的股东作为股份公司的发起人，因此需要将原有限责任公司的净资产予以审计评估，然后将其以 1∶1 的比例投入拟设立的股份有限公司中。

2. 上市辅导

上市辅导是指有关机构对拟上市的股份有限公司进行的规范化培训、辅导与监督。股份公司在提出首次公开发行股票申请前，应聘请辅导机构进行辅导。辅导期至少为一年。

（1）上市辅导的主要流程。

拟上市的股份有限公司首先应与具有保荐资格的证券经营机构以及其他经有关部门认定的辅导机构签署协议，并于公司所在地的证监局办理辅导备案登记手续。

辅导工作开始以后，由辅导机构针对公司存在的问题提出整改建议，督促公司完成整改。辅导期间，辅导机构每 3 个月要向当地证监局报送 1 次辅导工作备案报告。辅导期间，辅导机构至少要对公司进行一次书面考试，全体人员最终成绩均须合格。辅导协议期满，辅导机构如认为辅导工作达标，则要向当地证监局提交辅导评估申请，证监局验收后将向证监会出具辅导监管报告。公司在辅导期满 6 个月之后的 10 天内，就接受辅导、准备发行股票的事宜在当地至少 2 种主要报纸上连续公告 2 次以上，以接受社会监督。

（2）上市辅导的主要内容。

上市辅导的主要内容包括：督促股份有限公司的董事、监事、高级管理人员、持有 5% 以上（含 5%）股份的股东（或其法定代表人）进行全面的法规知识学习或培训；督促股份公司按照有关规定初步建立符合现代企业制度要求的公司治理基础；核查股份公司在设立、改制重组、股权设置和转让、增资扩股、资产评估、资本验证等方面是否合法、有效，产权关系是否明晰，股权结构是否符合有关规定；督促股份公司实现独立运营，做到业务、资产、人员、财务、机构独立完整，主营业务突出，形成核心竞争力；督促股份公司规范与控股股东及其他关联方的关系；督促股份公司建立和完善规范的内部决策和控制制度，形成有效的财务、投资以及内部约束和激励制度；督促股份公司建立健全公司财务会计管理体系，杜绝会计造假；督促股份公司形成明确的业务发展目标和未来发展计划，制定可行的募股资金投向及其他投资项目的规划；对股份公司是否达到发行上市条件进行综合评估，协助开展首次公开发行股票的准备工作。

3. 发行申报与审核

（1）首先要检验拟上市公司是否达到申请公开发行股票的基本条件，在此之后为股票公开发行制作好申请文件。

公司上市申请文件主要有：招股说明书及招股说明书摘要；最近三年审计报告及财务报告全文；股票发行方案与发行公告；保荐机构向证监会推荐公司发行股票的函；保荐机构关于公司申请文件的核查意见；辅导机构报证监局备案的《股票发行上市辅导汇总报告》；律师出具的法律意见书和律师工作报告；企业申请发行股票的报告；企业发行股票授权董事会处理有关事宜的股东大会决议；本次募集资金运用方案及股东大会的决议；有权部门对固定资产投资项目建议书的批准文件；募集资金运用项目的可行性研究报告；股份公司设立的相关文件；其他相关文件，主要包括关于改制和重组方案的说明、关于近三年及最近的主要决策有效性的相关文件、关于同业竞争情况的说明、重大关联交易的说明、业务及募股投向符合环境保护要求的说明、原始财务报告及与申报财务报告的差异比较表及注册会计师对差异情况出具的意见、历次资产评估报告、历次验资报告、关于纳税情况的说明及注册会计师出具的鉴证意见等、大股东或控股股东最近一年又一期的原始财务报告。

（2）在股票发行申报后，就是股票发行审核阶段。

在申报文件被受理后，首先要经过初审审查，如发行部提出反馈意见、发行人及中介机构落实反馈意见、发行部审核反馈意见落实情况、发行部形成初审报告等。在这一过程中，证监会还就公司募股投向是否符合国家产业政策征求国家发展和改革委员会以及商务部的意见。在初审审查通过后，即是发行审核委员会审核，最后依据发行审核委员会的审核意见，证监会对发行人的发行申请作出核准或不予核准的决定。予以核准的，出具核准公开发行的文件。不予核准的，出具书面意见，说明不予核准的理由。证监会应当自受理申请文件之日起 3 个月内作出决定。

4. 股票发行与挂牌上市

（1）股票发行。一般来说，股票发行工作主要包括：刊登招股说明书摘要及发行公告；发行人通过互联网采用网上直播方式进行发行路演；投资者通过各证券营业部申购新股，深圳证券交易所向投资者的有效申购进行配号，将配号结果传输给各证券营业部，证券营业部向投资者公布配号结果；主承销商在公证机关监督下组织摇号抽签，主承销商在中国证监会指定报纸上公布中签结果，证券营业部张贴中签结果公告；各证券营业部向中签投资者收取新股认购款；中国证券登记结算公司深圳分公司进行清算交割和股东登记，并将募集资金划入主承销商指定账户，承销商将募集资金划入发行人指定账户；发行人聘请会计师事务所进行验资。

（2）股票上市。股票发行申请文件通过后，发行人即可提出股票代码与股票简称的申请，报证券交易所核定；证券交易所上市委员会在收到上市申请文件并审查完毕后，发出上市通知书；发行人在收到上市通知后，与证券交易所签订上市协议书，以明确相互间的权利义务；发行人在股票挂牌前3个工作日内，将上市公告书刊登在中国证监会指定报纸上；申请上市的股票将根据证券交易所安排和上市公告书披露的上市日期挂牌交易。一般要求，股票发行后7个交易日内挂牌上市。

（三）公司上市中的律师工作

1. 公司上市中的律师工作内容

律师在公司上市中的工作贯穿整个上市过程的始终。在上市辅导工作中，律师作为辅导机构中必不可少的人员参与整个辅导工作。律师需要对拟上市的公司进行尽职调查，在调查中发现问题，并提出整改建议。

通常，律师在公司上市中特别关注的问题有：

（1）公司治理结构是否完善问题，如是否依法建立健全股东大会、董事会、监事会、独立董事、董事会秘书等制度。

（2）上市主体资格是否存在法律与政策瑕疵问题。

（3）上市股东资格或者控股股东是否存在法律与政策瑕疵问题。

（4）企业原始出资的不合法合规问题，如虚假出资，代出资，出资方式有问题，出资不实或不到位，以公司自己的资产评估出资，资本验资手续不全，创业板企业知识产权与无形资产涉及法律问题等。

（5）纳税不合法合规问题，如业务不规范导致公司纳税不规范，存在偷税、漏税或不及时纳税行为，公司未依法独立纳税等。

（6）存在违法违规行为问题，如是否存在违规进行委托理财、违规借款担保与诉讼、违规发行过证券等行为，违反工商、税收、土地、环保、海关的相关规定等。

（7）股权激励、职工持股、管理层收购、股份代持、关联交易等问题。

2. 公司上市中的律师工作要求

（1）注重团队合作的重要性。公司上市非诉讼法律业务，一个律师很难独立办理，要借助律师事务所的整体实力、依靠有经验的专业律师共同开拓共同办理，在本所不能胜任的情况下，则与其他专业律师事务所开展平台合作。除此之外，在公司上市过程中还要注重与券商、会计师、评估师、咨询公司、清算公司建立良好的合作关系，在非法律专业知识问题上，要善于咨询听取其他专业机构的意见。

（2）注重专业知识的复杂性。

公司上市需要涉及法律、会计、审计、评估、外汇等行业的专业知识，因此这就要求律师必须具有良好的学习能力，这样才能保证上市工作的正常进行。

（四）公司上市中的法律风险

公司申请上市前，各中介机构需比照上市条件和法律要求，认真做好上市前的准备工作。

除了前述律师在上市中特别关注的问题，公司上市前需要重点审核的其他问题有：公司会计核算处理是否存在随意、会计基础工作不规范问题；公司会计政策、会计估计方法是否不正确或随意变更；新商业模式公司的非线性成长特征，盈利波动性较大问题；公司的特殊会计处理问题，如创新型公司的收入确认、研发费用资本化问题、无形资产的价值确认问题、如何确定股票期权公允价值、股权激励的会计核算问题等等；财务规范化问题对公司上市的影响及其应对等；主营业务及募集资金投向问题，如公司主营业务、行业状况、市场状况、营销网络、管理团队、人才技术、政策支持、发展前景、优劣势分析、募投项目可行性研究等。

在上述风险中，股权不清、虚设出资、关联交易、募投项目问题是公司上市的四大最突出问题。

1. 股权不清

证监会《首次公开发行股票注册管理办法》第十二条第二项明确规定，"发行人的股份权属清晰，不存在导致控制权可能变更的重大权属纠纷"，因此股权清晰是境内公司上市的必备条件，但股权不清同时也是公司上市的致命伤。

2010 年 7 月 16 日于深交所中小板上市的河南省中原内配股份有限公司（中原内配，002448），曾在 2008 年首次闯关 A 股 IPO，但当时并未通过审核，其被否决的主要原因是存在股权纠纷。

2003 年 4 月，中原内配董事长薛德龙等 38 名高管，用 1 元/股的价格收购了 2955 名自然人股东所持的 1505.13 万股公司股份，但所签订的 2955 份收购协议中，转让人署名与股东名册姓名不符，且中原内配当时的申报材料称这类协议仅有 280 份。在当时申请 IPO 期间，有举报信反映上述股份转让存在未经员工同意等情况，但中原内配申报材料认为其股份不存在纠纷。最终，证监会认为中原内配的陈述缺乏说服力，否决了中原内配的上市申请。

2. 虚设出资

证监会《首次公开发行股票注册管理办法》第十二条第一项明确规定，资产完整是发行必备条件。现实中，虚设出资却成为很多公司申请 IPO 的硬性障碍。

2010 年 2 月 2 日于上交所上市的中国二重集团重型装备股份有限公司（二重重装，601268），其在 2008 年 4 月 24 日的 IPO 申请未获批准，其被否决的主要原因便是虚设出资问题。

深交所披露信息显示，2007 年 7 月二重重装的国有大股东中国第二重型机械集团公司（机械公司），以原由二重重装无偿使用的 58 项专利和 136 项非专利技术，向申请人前身重装公司增资，评估价为 2.16 亿元，但问题是重装公司设立时，集团公司已将设计研究院、工艺研究所等科研部门投入重装公司，相关权利及非专利技术已由重装公司和二重重装掌握并使用多年，并已体现在二重重装过往的业绩中。

证监会认为上述无形资产作价增资的合理性严重不足，如果将这些无形资产按综合年限 10 年进行摊销，将导致二重重装过往经营期间的盈利能力的可比性存在严重缺陷，对投资者造成误导，因此当时否决了二重重装的上市申请。

3. 关联交易

证监会《首次公开发行股票注册管理办法》第十二条第一项明确规定，"业务及人员、财务、机构独立，与控股股东、实际控制人及其控制的其他企业间不存在对发行人构成重大不利影响的同业竞争，不存在严重影响独立性或者显失公平的关联交易"，以关联交易为代表的独立性缺失是公司上市申请中的又一突出问题。

广东白云电器设备股份有限公司（白云电器）于 2012 年 2 月 22 日首发申请被否决，其被否决的主要原因就是存在关联交易。

白云电器招股书显示，该公司控股股东、实际控制人胡氏五兄妹的子女们投资并控制了白云电器集团，并且通过白云电器集团直接或间接投资 6 家控股公司和 3 家参股公司。在其投资的南京电器集团以及桂林电容两家企业中，无一例外地出现了与白云电器的重合客户国家电网以及南方电网。证监会认为，白云电器的子女投资的关联方与白云电器同属于输变电设备行业，并且存在同一客户，因此对白云电器 2012 年的首发申请进行了否决。

4. 募投项目问题

证监会《首次公开发行股票注册管理办法》第四十二条明确规定："发行人应当披露募集资金的投向和使用管理制度，披露募集资金对发行人主营业务发展的贡献、未来经营战略的影响。首次公开发行股票并在科创板上市的，还应当披露募集资金重点投向科技创新领域的具体安排。首次公开发行股票并在创业板上市的，还应当披露募集资金对发行人业务创新、创造、创意性的支持作用。"

2010 年 9 月 8 日于深交所上市的北京二六三通讯股份有限公司（二六三，002467），其在 2008 年申请 IPO 时被否决，原因就是其募集资金的募投项目问题。

在二六三 2008 年申请上市时提供的招股书称，其 IPO 募集资金中的 1.19 亿元将用以补充未来三年营运资金。证监会认为，招股书中表述的营运资金规模，只是申请人依据报告期内营业收入及与营运资金的比例关系的平均水平的推算数，并无未来用于补充营运资金的事实和法律依据，且申请人未能说明该项投入的盈利能力或该项募集资金使用的效益情况；同时，二六三申请 IPO 前三年的经营性现金流状况较好，使用募集资金的理由不充分，且根据申请人的募集资金使用计划，其 IPO 募资将出现资金闲置情况，因此证监会否决了二六三的上市申请。

除此之外，虚构收入也是公司申请 IPO 之路上一个致命点。公司虚构收入的主要方式有对开发票、虚开发票、持货开票等，这会导致货币资金、应收款项、存货、投资、固定资产、无形资产等资产虚增，如有上述情况也会导致上市申请被否决。

五、实训过程

（一）买壳上市的方案训练

1. 学生以小组为单位，共同回顾实训素材中案例一的基本情况。

2. 以小组讨论的方式，思考案例一中广发证券选用买壳上市这一上市途径的长处，并举例归纳什么类型的企业宜于采用买壳上市的上市途径。

（二）买壳上市的过程训练

1. 学生以小组为单位，共同回顾实训素材中案例二的基本情况。

2. 以小组讨论的方式，思考案例二中海通证券买壳上市的经过，总结其买壳上市的步骤，尝试找寻此买壳上市过程中的关键点。

六、实训点评

1. 公司上市是一个复杂的非诉讼法律实务问题，其包含法律、会计、证券、税务、外汇等多个专业领域，当然也是多行业人共同参与、团队合作的工作。

2. IPO 与买壳上市是公司上市的两大途径，各有利弊，其要求、步骤均有不同，应依申请人条件而决定。

3. 律师工作贯穿整个公司上市过程的始终，无论是尽职调查还是公司整改，均须审慎、客观、规范，注重沟通与反馈，树立职业风险意识。

七、实训拓展

（一）课后思考

1. 思考整体上市、分拆上市的含义，其与 IPO 及买壳上市的关系。

2. 查找并阅读引例中关于中国石油天然气股份有限公司的上市过程及相关的法律文件。

（二）补充资料

资料一：

×××××股份有限公司首次公开发行股票项目
律师尽职调查文件清单（一）

×××××股份有限公司：

根据工作进展和《调查问卷》回馈信息，请贵司向本所提供以下文件资料，并请贵司确认对所提供文件资料不存在虚假记载、误导性陈述及重大遗漏，并对其真实性、准确性和完整性承担相应的法律责任。

（1）发行人关于本次股票发行上市召开股东大会的会议通知

（2）发行人关于本次股票发行上市的股东大会决议

（3）发行人关于本次股票发行上市的股东大会会议记录

（4）公司章程（现行）

（5）《审计报告》

（6）发行人完整工商登记注册资料（股改后）、自动化所完整工商档案

（7）发行人营业执照

（8）×××××市地方税务局高新技术产业开发区分局证明

（9）×××××市国家税务局高新技术产业开发区分局证明

（10）×××××市高新技术产业开发区劳动和社会保障局证明

（11）×××××市工商行政管理局证明

（12）×××××市环境保护局证明

（13）×××××市技术监督局证明

（14）发行人出具的发行人近三年不存在重大违法行为、财务文件不存

在虚假记载的书面保证

（15）上海子公司完整工商档案

（16）深圳子公司完整工商档案

（17）沈阳子公司完整工商档案

（18）北京子公司完整工商档案

（19）发行人劳动人事工资管理制度规定（加盖印章版）

（20）××××市国家税务局核发的税务登记证

（21）××××市地方税务局核发的税务登记证

（22）发行人《股东大会议事规则》

（23）发行人《董事会议事规则》

（24）发行人《监事会议事规则》

（25）发行人《关联交易的决策制度》

（26）发行人《独立董事工作细则》

（27）发行人《总经理工作细则》

（28）发行人《董事、监事选举累积投票制操作规则》

（29）发行人主营业务说明

（30）近三年发行人（包括发行人子公司）与关联方关联交易明细、合同（内容、数量、金额、比重）

（31）关联公司（包括发行人子公司等其他股东及控制企业）主营业务及过去三年的主营业务收入的说明，公司主要产品、行业与用户情况的说明及经审计的该公司近三年财务报表

（32）建设用地规划许可证（已竣工建筑）

（33）建设用地规划许可证（未竣工建筑）

（34）建设工程施工许可证（已竣工建筑）

（35）建设工程施工许可证（未竣工建筑）

（36）建设工程施工合同（已竣工建筑）

（37）建设工程施工合同（未竣工建筑）

（38）近三年重大资产合同

（39）土地出让金专用票据

（40）契税完税凭证

（41）发行人近三年购买设备的发票

（42）发行人所有机动车行驶证

（43）发行人购买车辆的发票、附加费缴费收据

（44）发行人近三年重大合同（100万元以上）

类别	标号/名称	标的额（万元）	合同对方	签订日期	是否履行完毕	备注

（45）发行人纳税申报表

（46）发行人控股子公司的纳税申报表

（47）发行人组织结构图

（48）发行人主要财产明细

房产：如是在建工程，说明位置、造价、建筑面积、竣工日期等。

位置	房屋所有权证号	房屋面积（m²）

土地使用权：

地号	国有土地使用证号	使用权类型	用途	土地面积（m²）

注册商标：

注册证号	有效期限	使用类别

专利权：

序号	专利名称	申请日	专利号

专利申请权：

序号	专利名称	申请日	专利申请号

非专利技术或特许经营权等其他无形资产：

主要生产经营设备：

名　　称	型号（编号）	单位	数量	净值（元）	取得方式

（49）发行人、持有发行人5%以上的主要股东、发行人的控股公司涉及的尚未了结的重大诉讼、仲裁、行政处罚相关判决、裁定、行政处罚决定书等

（50）发行人与银行之间的《借款合同》、《土地抵押合同》、抵押登记等文件、同意借款及抵押的股东会、董事会决议

上述文件请贵司务必于2023年12月30日前向本所律师提供，如不能提供的，请向本所说明事由。

此致

顺颂商祺！

×××××律师事务所

2023年12月21日

资料二：

×××××股份有限公司首次公开发行股票项目

律师尽职调查问卷（一）

×××××股份有限公司：

×××××律师事务所接受贵司（贵司在问卷中称发行人）委托，为贵司首次公开发行股票项目提供专项法律服务。为完成尽职调查，我所律师特制作本《律师尽职调查问卷》，请贵司如实作答，并请贵司确认对问卷的作

答不存在虚假记载、误导性陈述及重大遗漏，并对其真实性、准确性和完整性承担相应的法律责任。

请在选项栏打"√"：

1. 发行人自公司成立后，是否一直持续经营？　　　　　是□，否□。

2. 发行人的注册资本是否已足额缴纳？　　　　　　　　是□，否□。

3. 发起人或者股东用作出资的资产的财产权转移手续是否已办理完毕？

是□，否□。

4. 发行人最近 3 年内主营业务和董事、高级管理人员、实际控制人是否发生变化？　　　　　　　　　　　　　　　　　　　　是□，否□。

5. 发行人是不是现拥有的土地、厂房、机器设备以及商标、专利、非专利技术的所有权人？　　　　　　　　　　　　　　　　是□，否□。

6. 发行人的总经理、副总经理、财务负责人和董事会秘书等高级管理人员是否在控股股东、实际控制人及其控制的其他企业中担任除董事、监事以外的其他职务？　　　　　　　　　　　　　　　　　是□，否□。

7. 上述人员是否在控股股东、实际控制人及其控制的其他企业领薪？

是□，否□。

8. 发行人的财务人员是否在控股股东、实际控制人及其控制的其他企业中兼职？　　　　　　　　　　　　　　　　　　　　是□，否□。

9. 发行人是否与控股股东、实际控制人及其控制的其他企业共用银行账户？　　　　　　　　　　　　　　　　　　　　　　是□，否□。

10. 发行人是否与控股股东、实际控制人及其控制的其他企业间存在机构混同情形？　　　　　　　　　　　　　　　　　　　是□，否□。

11. 发行人是否存在资金被控股股东、实际控制人及其控制的其他企业以借款、代偿债务、代垫款项或者其他方式占用的情形？　是□，否□。

12. 发行人是否存在欠税情况？　　　　　　　　　　　　是□，否□。

13. 发行人现时是否享受税收优惠政策、财政补贴等政策？是□，否□。

作答后的问卷请贵司于 2023 年 12 月 22 日前向本所律师提供，如不能提供，请向本所说明缘由。

根据问卷作答结果，本所律师将就专项问题另向贵司相关人员进行询问，并制作《调查笔录》,请贵司予以协助和配合。

×××××律师事务所

2023 年 12 月 9 日

×××××股份有限公司(盖章)

答卷人(签字):

资料三:

关于×××××股份有限公司首次公开发行股票项目的

律师尽职调查笔录

说　明

本所接受×××××股份有限公司委托,为贵司首次公开发行股票项目提供专项法律服务。本所律师根据《中华人民共和国律师法》《中华人民共和国公司法》《中华人民共和国证券法》等有关法律、法规,按照律师行业公认的业务标准、道德规范和勤勉尽责精神,为本次项目作尽职调查。

×××××股份有限公司及接受询问人员保证,为配合本次尽职调查工作,已经向本所律师提供了为完成本次股权转让所必需的真实、准确、完整的原始书面材料、副本材料或者口头证言。本所律师未授权任何单位或个人对本调查问卷作任何修改、删除、解释或说明。本调查问卷仅供本次公开发行股票之目的使用,未经本所同意,不得用作任何其他目的。

调查时间:20××年×月×日

调查地点:××公司

经办律师:××、×××律师

被询问人:×××××股份有限公司

×××××律师事务所

20××年×月×日

询问事项:

问:贵司目前坐落于×××市产业区××街××号的建筑在什么时间

竣工？是否已通过验收？面积是多少？

答：

问：上述建筑贵司是否向房产部门申请办理房屋所有权证？为什么至今没有办理房屋所有权证？

答：

问：上述建筑是否存在房屋权属纠纷？

答：

问：与施工方关于工程决算的债务纠纷，贵司有何解决方案？

答：

××××股份有限公司（盖章）　　　　　经办律师（签字）：

被询问人（签字）：　　　　职务：　　　　时间：

资料四：

沈阳新松机器人自动化股份有限公司非公开发行股票案

一、本次非公开发行股票的背景介绍

沈阳新松机器人自动化股份有限公司，成立于 2000 年 4 月 30 日，隶属中国科学院，是一家以机器人独有技术为核心，致力于数字化智能高端装备制造的高科技上市企业，并以近 300 亿元的市值成为沈阳最大的企业，是国际上机器人产品线最全厂商之一，也是国内机器人产业的领导企业。随着机器人引领的新工业革命的展开以及我国已经成为全球机器人第一大市场，机器人产业发展已上升至国家级战略层面。从全球制造业发展趋势来看，数字化工厂正逐渐成为未来制造业发展的趋势。

受上述制造业发展趋势的影响与推动，公司领导层决定实施公司股票的非公开发行，以扩大资金来源，提升研发与生产能力，第五届董事会于 2014 年 8 月 20 日审议通过了关于公司符合非公开发行股票条件的相关议案。

2014 年 8 月 20 日，公司在中国证监会创业板指定信息披露网站上刊登了《沈阳新松机器人自动化股份有限公司关于召开 2014 年第一次临时股东大会的通知》的公告。

2014 年 9 月，自动化所就本次非公开发行股票事宜上报中国科学院；之后中国科学院条件保障与财务局、中国科学院国有资产经营有限责任公司批复同意自动化所上报的发行人本次非公开发行股票方案。

2014 年 9 月 15 日，发行人依法召开 2014 年第一次临时股东大会，经出席会议的股东所持表决权的三分之二以上同意通过了有关本次非公开发行股票的相关决议。

二、本次非公开发行股票的法律依据

根据《公司法》《证券法》《创业板上市公司证券发行管理暂行办法》等并参照《公开发行证券公司信息披露的编报规则第 12 号——公开发行证券的法律意见书和律师工作报告》等有关法律、法规以及中国证券监督管理委员会的有关规定，上市公司非公开发行股票必须依照严格的程序进行，并符合相应的条件。非公开发行股票必须符合下列规定。

1. 发行对象：发行对象不超过 10 名。

2. 发行价格：不低于定价基准日（通常为董事会决议公告日）前 20 个交易日公司股票均价的 90%。

3. 锁定期间：本次发行的股份自发行结束之日起，12 个月内不得转让；控股股东、实际控制人及其控制的企业认购的股份，36 个月内不得转让。

4. 募集金额：募集资金数额不超过项目需要量。

不得非公开发行股票的情形：

1. 上市公司的权益被控股股东或实际控制人严重损害且尚未消除。

2. 上市公司及其附属公司违规对外提供担保且尚未解除；现任董事、高级管理人员最近 36 个月内受过中国证监会的行政处罚，或者最近 12 个月内受过证券交易所公开谴责。

3. 上市公司或其现任董事、高级管理人员因涉嫌犯罪正被司法机关立案侦查或涉嫌违法违规正被中国证监会立案调查。

4. 最近一年及一期财务报表被注册会计师出具保留意见、否定意见或无法表示意见的审计报告。保留意见、否定意见或无法表示意见所涉及事项的重大影响已经消除或者本次发行涉及重大重组的除外。

三、本次非公开发行股票的工作流程

除上述发行条件外，上市公司非公开发行股票还必须遵循下图所示的主要工作流程。

上市公司非公开发行股票主要流程

1 中介机构进场尽职调查	2 确定募集资金投资项目	3 非公开发行董事会	4 国资部门批复（如需要）
·初步尽职调查 ·详细尽职调查	·项目可行性报告 ·项目核准、环评、土地相关文件 ·项目审计、评估、收购协议	·非公开发行方案 ·非公开发行预案 ·前次募集资金使用情况报告	·省级国资部门的批准文件（如为国有控股）

发行上市 8	证监会审核 7	保荐人推荐申报 6	非公开发行股东大会 5
·发行情况报告书 ·股份变动公告	·反馈意见 ·发行批文	·保荐机构、律师会计师等全套申报文件	·发行方案、发行预案、前次募集资金使用情况报告等

上述工作流程严格依照我国有关上市公司非公开发行股票的相关规定进行，以确保在发行过程中能够避免各种法律问题的出现，从而保证上市公司顺利地进行股票发行，吸收资金，扩大资本，最终完成公司的成长作业，而具体的操作流程如下。

（一）停牌申请（选）

上市公司在筹划非公开发行股票过程中，预计该信息无法保密且可能对公司股票及其衍生品种交易价格产生较大影响并可能导致公司股票交易异常波动的，可向深交所申请公司股票停牌，直至公告董事会预案之日起复牌。

（二）发行对象为下列人员的，在董事会召开前1日或当日与发行对象签订附条件生效的股份认购合同

1. 上市公司的控股股东、实际控制人或其控制的关联人。

2. 通过认购本次发行的股份取得上市公司实际控制权的投资者。

3. 董事会拟引入的境内外战略投资者。

（三）董事会决议

上市公司申请非公开发行股票，董事会应当作出决议，并提请股东大会批准。

决议事项：（1）本次股票发行的方案；（2）本次募集资金使用的可行性报告；（3）前次募集资金使用的报告；（4）其他必须明确的事项。另见《上市公司非公开发行股票实施细则》第十三条。

表决：上市公司董事与非公开发行股票事项所涉及的企业有关联关系的，不得对该议案行使表决权，也不得代理其他董事行使表决权。该董事会会议由过半数的无关联关系董事出席即可举行，董事会会议所作决议须经无关联关系董事过半数通过。出席董事会的无关联关系董事人数不足三人的，应将该事项提交上市公司股东大会审议。

表决通过后，决议在 2 个交易日内披露，将非公开发行股票预案与决议同时刊登。表决通过后，2 个工作日内报告深交所，公告召开股东大会的通知。

（四）向深交所报送文件并公告

董事会作出决议后，上市公司应当在 2 个交易日内向深交所报送下列文件并公告。

文件：（1）董事会决议；（2）本次募集资金使用的可行性报告；（3）前次募集资金使用的报告；（4）具有执行证券、期货相关业务资格的会计师事务所出具的关于前次募集资金使用情况的专项审核报告；（5）深交所要求的其他文件。

《深圳证券交易所上市公司非公开发行股票业务指引》第八条规定，非公开发行股票涉及以资产认购新增股份的，上市公司除提交上述文件外，还需提交下列文件：（1）重大资产收购报告书或关联交易公告；（2）独立财务顾问报告；（3）法律意见书；（4）经具有执行证券、期货相关业务资格的会计师事务所或评估事务所出具的专业报告。

（五）股东大会

股东大会通知：应当在股东大会通知中注明提供网络投票等投票方式，对于有多项议案通过股东大会网络投票系统表决的情形，上市公司可按《关于对上市公司股东大会网络投票系统进行优化有关事项的通知》的规定向股东提供总议案的表决方式。

发行涉及资产审计、评估或上市公司盈利预测的，结果报告至迟应随召开股东大会通知同时公告。

决议事项：上市公司股东大会就非公开发行股票事项作出的决议，至少应包括下列事项：

（1）本次发行股票的种类和数量；（2）发行方式和发行对象；（3）定价方式或价格区间；（4）募集资金用途；（5）决议的有效期；（6）对董事会办理本次发行具体事宜的授权；（7）其他必须明确的事项。

表决：上市公司股东大会就非公开发行股票事项作出决议，必须经出席会议的股东所持表决权的三分之二以上通过。向上市公司特定的股东及其关联人发行股票的，股东大会就发行方案进行表决时，关联股东应当回避表决。上市公司就发行证券事项召开股东大会，应当提供网络或者其他方式为股东参加股东大会提供便利。

公布：股东大会通过非公开发行股票议案之日起两个交易日内，上市公司应当公布股东大会决议。

（六）保荐人保荐、向证监会申报

上市公司向证监会提交发行申请文件包括：律师出具的法律意见书和律师工作报告，保荐人出具发行保荐书和尽职调查报告等。

结束公告：上市公司收到中国证监会关于非公开发行股票申请不予受理或者终止审查的决定后，应当在收到上述决定的次一交易日予以公告。

向深交所报告审核时间：上市公司应在发审委或重组委会议召开前向深交所报告发审委或重组委会议的召开时间，并可申请公司股票及衍生品种于发审委或重组委会议召开之日起停牌。

上市公司决定撤回非公开发行股票申请的，应当在撤回申请文件的次一交易日予以公告。

审核结果公告：上市公司应当在该次发审委或重组委会议作出决定后次日起的两个交易日内公告会议审核结果，并说明尚需取得证监会的核准文件。

（七）向深交所提交核准文件

上市公司在获得中国证监会的核准文件后，应当于当日向深交所提交下列文件：（1）中国证监会的核准文件；（2）发行核准公告；（3）深交所要求的其他文件。

证监会：收到申请文件—5日内决定是否受理—初审—发行审核委审核—核准或不核准决定。

非公开发行股票涉及以资产认购新增股份的，上市公司除提交上述文件外，还需提交下列文件：（1）经中国证监会审核的重大资产收购报告书或关联交易公告；（2）独立财务顾问报告；（3）法律意见书。

董事会决议未确定具体发行对象的，取得证监会核准文件后，由上市公司及保荐人在批文的有效期内选择发行时间；在发行期起始的前1日，保荐人向符合条件的对象提供认购邀请书。之后，上市公司及保荐人应在认购邀请书约定的时间内收集特定投资者签署的申购报价表。申购报价过程由律师现场见证。之后，签订正式认购合同、缴款、验资、备案。

（八）刊登发行核准公告

上市公司提交的上述文件经深交所登记确认后，上市公司应当刊登发行核准公告。

发行核准公告的内容应包括：（1）取得核准批文的具体日期；（2）核准发行的股份数量；（3）其他必须明确的事项。

刊登：非公开发行新股后，应当将发行情况报告书刊登在至少一种中国证监会指定的报刊，同时刊登在证监会指定的网站，置备于证监会指定的场所，供公众查阅。

（九）办理发行认购事宜

发行：自中国证监会核准发行之日起，上市公司应当在6个月内发行股票，并到深交所、中国结算深圳分公司办理发行、登记、上市的相关手续。超过6个月未发行的，核准文件失效，须重新经中国证监会核准后方可发行。上市公司非公开发行股票完成前发生重大事项的，应暂缓发行，并及时报告中国证监会。该事项对本次发行条件构成重大影响的，发行证券的申请应重新经过中国证监会核准。

销售方式：上市公司发行证券，应当由证券公司承销；非公开发行股票，发行对象均属于原前十名股东的，可以由上市公司自行销售。

代销——报告证监会：上市公司非公开发行股票的，发行人及其主承销商应当在发行完成后向中国证监会报送下列文件：

1. 发行情况报告书；

2. 主承销商关于本次发行过程和认购对象合规性的报告；

3. 发行人律师关于本次发行过程和认购对象合规性的见证意见；

4. 会计师事务所验资报告；

5. 中国证监会要求的其他文件。

手续：上市公司刊登发行核准公告后，应当尽快完成发行认购资金到账或资产过户等相关手续，并向中国证监会报备。

股权登记：上市公司完成发行认购程序后，应按照《中国证券登记结算有限责任公司深圳分公司上市公司非公开发行证券登记业务指南》的要求提供相关文件，向中国结算深圳分公司申请办理股份登记手续。

限售处理：中国结算深圳分公司完成非公开发行股票新增股份（以下简称新增股份）的登记手续后，对新增股份按其持有人承诺的限售时间进行限售处理，并向上市公司出具股份登记完成的相关证明文件。

（十）办理新增股票上市——由保荐人保荐

新增股份登记完成后，上市公司应申请办理上市手续。

上市公司申请新增股份上市，应当向深交所提交下列文件：（1）新增股份上市的书面申请；（2）经中国证监会审核的全部发行申报材料；（3）具体发行方案和时间安排；（4）发行情况报告暨上市公告书；（5）发行完成后经具有执行证券、期货相关业务资格的会计师事务所出具的验资报告；（6）资产转移手续完成的相关证明文件及律师就资产转移手续完成出具的法律意见书（如涉及以资产认购股份）；（7）募集资金专项账户开户行和账号等（如适用）；（8）中国结算深圳分公司对新增股份登记托管情况的书面证明；（9）保荐机构出具的上市保荐书；（10）保荐协议；（11）保荐代表人声明与承诺书；（12）深交所要求的其他文件。

刊登：新增股份上市申请经深交所核准后，上市公司应当在新增股份上市日前的 5 个交易日内，在指定媒体上刊登《发行情况报告暨上市公告书》。

《发行情况报告暨上市公告书》应包括下列内容：

1. 本次发行概况。应披露本次发行方案的主要内容及发行基本情况，包括：本次发行履行的相关程序，本次发行方案，发行对象情况介绍，本次发行导致发行人控制权发生变化的情况，保荐人关于发行过程及认购对象合规性的结论意见，律师关于发行过程及认购对象合规性的结论意见，本次发行相关保荐机构、律师。

2. 本次发行前后公司基本情况。应披露本次发售前后前 10 名股东情况，本次发行前股份结构变动情况，董事、监事和高级管理人员持股变动情况，本次发售对公司的变动和影响。

3. 财务会计信息及管理层讨论与分析。应披露最近三年又一期的主要财务指标，按非公开发行股票完成后上市公司总股本计算的每股收益等指标，发行人对最近三年又一期财务状况、盈利能力及现金流量等的分析。

4. 募集资金用途及相关管理措施。应披露本次募集资金运用概况、募集资金投资项目市场前景、募集资金投资项目具体情况、募集资金专户存储的相关措施。

5. 新增股份的数量和上市时间。应披露上市首日股票不设涨跌幅限制的特别提示。

6. 中国证监会及深交所要求披露的其他事项。

（十一）其他

上市公司新增股份上市首日，深交所对该公司股票不设涨跌幅限制；上市公司总股本、每股收益按《发行情况报告暨上市公告书》中的相关指标进行调整。

上市公司非公开发行股票导致上市公司控制权发生变化或相关股份权益变动的，还应当遵守《上市公司收购管理办法》等相关规定。

上市公司及其股东、保荐人应当履行其在《发行情况报告暨上市公告书》中作出的相关承诺。

上市公司应建立募集资金专项存储制度，并遵守募集资金使用的相关规定。

四、沈阳新松机器人自动化股份有限公司非公开发行股票的律师工作报告及法律意见书（略）

八、实训法规

1. 《中华人民共和国公司法》
2. 《中华人民共和国证券法》
3. 《上市公司治理准则》
4. 《上市公司股权激励管理办法》
5. 《上市公司章程指引》
6. 《上市公司股东大会规则》
7. 《上市公司证券发行管理办法》
8. 《首次公开发行股票注册管理办法》
9. 《上市公司收购管理办法》
10. 《上海证券交易所股票发行上市审核规则》
11. 《深圳证券交易所股票发行上市审核规则》